法藏知津

六編

杜潔祥 主編

第5冊

「文明論」與佛教世界觀
——現代中國反「現代性」的思想與詩學個案（上）

盧 冶 著

花木蘭文化事業有限公司

國家圖書館出版品預行編目資料

「文明論」與佛教世界觀——現代中國反「現代性」的思想與
詩學個案（上）／盧冶 著 — 初版 — 新北市：花木蘭文化事
業有限公司，2019〔民 108〕
目 4+214 面；19×26 公分
（法藏知津六編 第 5 冊）
ISBN 978-986-485-714-2（精裝）
1. 思想史 2. 中國
030.8   108001214

法藏知津六編
第 五 冊
　　　　　　　　　　ISBN：978-986-485-714-2

「文明論」與佛教世界觀
——現代中國反「現代性」的思想與詩學個案（上）

作　　者　盧冶
主　　編　杜潔祥
副總編輯　楊嘉樂
編　　輯　許郁翎
出　　版　花木蘭文化事業有限公司
社　　長　高小娟
聯絡地址　235 新北市中和區中安街七二號十三樓
　　　　　電話：02-2923-1455／傳真：02-2923-1452
網　　址　http://www.huamulan.tw 信箱 hml810518@gmail.com
印　　刷　普羅文化出版廣告事業
初　　版　2019 年 3 月
定　　價　六編 17 冊（精裝）新台幣 36,000 元

「文明論」與佛教世界觀
——現代中國反「現代性」的思想與詩學個案(上)

盧冶 著

作者簡介

盧冶，女，1982 年生於瀋陽。2016 年博士畢業於北京大學中文系現當代文學專業，現供職於遼寧大學。2013 年於《讀書》雜誌開設學術隨筆專欄《倒視鏡》，2015 年起於《上海書評》開設民俗文化隨筆專欄《夢野間》。出版有專著《否定的日本》（2014，秀威出版社）、《倒視鏡》（2016，生活・讀書・新知三聯書店）；與他人合著影評集《讀電影》（2013，深圳海天出版社）。

提　要

　　儘管儒家思想是東亞文明圈近乎「公約數」的存在，但在近代以來的亞洲面對「西方實學」的壓迫、亟待重塑自我之際，更具有症候意義的，卻是強調「空性」的佛教。佛教話語的突顯，不僅涉及到東亞傳統「三教」資源的再分配和「東方文明」的內部調節，也是近代民族國家開闢「另類選擇」的路徑之一。不僅梁啓超 章太炎等晚清以降的學人曾祭起「佛教救國」的大旗，大乘佛學也成爲世界範圍內「反現代的現代性」思潮中種種流派的重要精神資源。與親近「實體論」的儒家思想相比，秉持心性論的大乘佛教，常常以既「反現代」又「反傳統」的激進面目出現。特別是革命時期的章太炎以唯識學爲資源，建立了一種不同於儒教「獨／群」關係和西方啓蒙主義的「個體——集體」模式的、以「個體——個體」的關係爲基礎的共同體理念，形成一種與浪漫主義和啓蒙主義「懷舊過去，寄望未來」不同的烏托邦景觀：即使在「民族危亡」之際，中華文明也不曾死亡，更不在他方，它就棲息在主體「覺悟」的「現場」和「當下」。

　　本書在「文明論」的話語平臺上，採擷晚清以來中國思想、詩學史上較爲典型的個案，以發隱和鉤沉這條被歷史所壓抑的佛學認識論線索，將佛學與西學共享的知識框架問題化，讓種種「身在山中」的盲視及被遮蔽的心理位次，在「文明」「宗教」的刺挑和映照下得以顯影。

此書爲國家社會科學基金重點項目
《文化政治視閾中的延安文藝研究》(18AZW020) 成果

目

次

導　論

第一節　清末民初的儒佛辨正：老問題的新語境

　　學者蔣海怒在其論著《晚清政治與佛學》中提示我們注意一個奇妙的現象：甲午海戰之後，中國的思想者以異乎尋常的熱情談論著佛學。1896年，梁啓超、譚嗣同、汪康年、宋恕、孫寶瑄、吳嘉瑞、胡惟志等七位「新黨」在「海上（上海）」光繪攝影棚裏合影的姿勢，幾乎都是佛教徒的姿態。他們「或趺坐，或倚坐，或偏袒左臂右膝著地，或跽兩足而坐，狀類不一」〔註1〕。

　　曾經是「儒教中國」的「士大夫」、「讀書人」，如今卻在一派佛門祥和的景象中打開「革命」新局，這幅剪影在清末到民國的社會政治格局中的確顯得意味深長。眾所周知，晚清革命的理論資源一直缺乏統一性。自「西洋」如沙入蚌，在疼痛中分泌汁液、掙扎著創造自我之「珍珠」的中國，幾乎把「黃金三代」、湯武革命到明季的「遺民情懷」都重新發掘了出來。這其中，「佛教復興思潮」只持續了相對短暫的時間，卻產生了深遠的影響。歷史上的中國佛教常被認爲遠離政治實踐，僅僅是儒士政治失意時的情感補充，它在近代的這次復興卻直接建立在與「群治」的關係上，被梁啓超稱爲「應用佛學」〔註2〕。自清末著名居士楊文會（字仁山，1837～1911）與日本佛教學

〔註1〕　參見蔣海怒：《晚清政治與佛學》，上海：上海古籍出版社，2012 年版，第 1～2 頁。
〔註2〕　梁啓超《論佛教與群治之關係》（1902），《飲冰室合集》第 2 冊（《飲冰室文集之十》（中華書局影印本），1936 年，第 45～46 頁。

者南條文雄、錫蘭居士摩訶波羅、英國教士李摩提太等人共襄「在世界範圍內復興佛教」盛舉以來，幾乎沒有哪個晚清學人沒有受過此一思潮的薰染〔註3〕。楊氏所創辦的南京「金陵刻經處」、祇洹精舍等佛教典籍翻譯流通處和佛學院，使明清以來幾乎散失殆盡的佛教典籍重新流傳，並培養了大批僧俗人才。除釋太虛、歐陽竟無等著名僧伽和居士之外，譚嗣同、梁啓超、章太炎、蘇曼殊、湯用彤、梁漱溟、熊十力等有影響力的學人、革命者和作家都曾對楊仁山執弟子禮。如梁啓超所說，晚清的「新學家」「殆無一不與佛學有關係」，「凡有眞信仰者，率皈依文會」；「晚清思想家有一伏流，曰佛學」〔註4〕；不論是改良派還是革命派，都曾以佛教作爲介入政治改革、創建新的共同體理想的契機：「若康南海，若譚瀏陽，皆有得於佛學之人也。兩先生之哲學固未嘗不戞戞獨造，淵淵入微，至其所以能震撼宇宙，喚起全社會之風潮，則不恃哲學，而仍恃宗教思想之爲之也。」〔註5〕從「甲午」以降的譚嗣同、康有爲、夏曾佑，到「辛亥」前後的章太炎、蔡元培，皆曾以「宗教救國」爲旗幟，而這裡的「宗教」在很多時候都特指佛教〔註6〕。誠如蔣海怒所說，晚清思想界以佛學爲主要資源，形成了一個「知識——信仰共同體」〔註7〕；主要由儒學修養較深的經學家所推動的「居士佛教」「人間佛教」，在主流的「僧伽佛教」以外形成一股強大的社會實踐動能，從「排滿革命」到無政府主義、社會主義和亞洲主義的旗幟與理論邏輯，無不與此相關。梁漱溟在1921年出版的《東西文化及其哲學》中寫道，現代中國除歐化趨勢之外，「佛化」亦漸成風尚〔註8〕。亦如當代學者敖光旭所言，「以出世精神，做入世事業」，乃清末民初佛學思潮之特點〔註9〕。在「啓蒙與救亡」成爲時代主題之前，普遍運

〔註3〕 關於此處及下文中「佛教復興思潮」的情況概述，參考詹志和：《中國近代文化思潮中的佛教復興》，見麻天祥主編：《佛學百年國際學術研討會論文集》，武漢：武漢大學出版社，2006年，第51～60頁。

〔註4〕 梁啓超：《清代學術概論》，上海：上海古籍出版社，2000年版，第90、99頁。

〔註5〕 梁啓超：《論宗教家與哲學家之長短得失》，見蔣俊等編：《梁啓超哲學思想論文選》，北京：北京大學出版社，1984年，第139頁。

〔註6〕 如蔡元培：《佛教護國論》（1900），高平叔編：《蔡元培全集（第1卷）》，北京：中華書局，1984年版，第104～107頁；夏曾佑：《與楊文會書》，見《楊仁山居士遺著》第9冊卷6附錄，轉引自高瑞泉主編：《中國近代社會思潮》，上海：華東師範大學出版社1996年版，第59頁。

〔註7〕 蔣海怒：《晚清政治與佛學》，上海：上海古籍出版社，2012年，第14頁。

〔註8〕 梁漱溟：《東西文化及其哲學》，北京：商務印書館，1999年版。

〔註9〕 敖光旭：《蘇曼殊文化取向析論》，《歷史研究》，2010年第5期。

作在政治和詩學文本中的敘述邏輯和語體，乃是大乘佛教的「救世與救心」（李向平語）〔註10〕。

　　以儒家思想爲黏合劑的中國社會組織結構的崩潰，或許是佛教「裸露」出來的最直接的原因。自印度佛教西來，儒、釋、道三教之間的衝突和調合在中國歷史上從未間斷，每當儒家思想內部發生危機，即通過揚棄佛道以自救，從而激發出新的思想和詩學流派〔註11〕。而在「現代性」不僅作爲一種全新的時間觀念、也作爲一種以「世界」「人類」爲視景的空間觀念而衝破了「儒家天下」之際，三教辨正和相互格義的老問題也改頭換面地出現了。

　　眾所周知，晚清革命的一個重要主題是反抗「體制儒學」的壓迫〔註12〕。歷史上的程朱理學在「闢佛」和國家化的過程中，其思想的內在價值被架空，逐漸成爲「天理」壓迫「人欲」的形而上學，這種壓迫激發了陽明心學和晚明文學等悅納佛教思想的、抵抗性的文化形式〔註13〕。晚清以降的學人發現，在彼時中國的政治危機中，「理學的壓迫」又有了新的表現：體制儒學的「功利主義」加入到「西學」這一新的「功利體系」和「公理」「強權」「主權」等範疇中，並與國家主義和帝國主義迅速地結合起來。在這一意義上，改良派和革命派的論爭、今文經學和古文經學關於「眞儒」的爭奪，可以說是在這種新的歷史困境中進行的。源自日本京都史學派的「宋代近世說」以「貨幣經濟」的發生作爲「現代」的標誌而將中國「現代化」的時間點前推到宋代〔註14〕，而宋明時代正是「佛教的中國化」最後完成並與儒理學相互影響的時期。從這個角度來說，儒佛內部的漢宋之爭和儒佛之間的辨正，亦早已是一個「現代」問題，它關係到個體和群體、公與私等一系列社會結構關係的闡釋和分配。如日本中國學者溝口雄三所說：「在天理的普遍性權威不可動搖之時，佛教的空觀，對天理來說，只能被認作自私自利，因而在天觀內部受到鄙視。但到了對天理本身可以質問、它在天觀內部的權威性地位發生動

〔註10〕　李向平：《救世與救心：中國近代佛教復興思潮研究》，上海：上海人民出版社，1993 年版。
〔註11〕　關於佛教「中國化」後對中國詩學的影響，參見張煜：《心性與詩禪：北宋文人與佛教論稿》，上海：華東師範大學出版社，2012 年版；葛兆光：《中國宗教與文學論集》，北京：清華大學出版社，1998 年版。
〔註12〕　關於「體制儒學」的相關定義，具體參見第一章的論述。
〔註13〕　參見（日）溝口雄三：《中國前近代思想的屈折與展開》，龔穎譯，北京：生活・讀書・新知三聯書店，2011 年版。
〔註14〕　參見（日）宮崎市定：《中國史》，邱添生譯，臺北：華世出版社，1980 年。

搖的時候，尤其是到了中、後期，儒、老、佛的新論戰，誇張地說，可謂驚天動地的事件。」〔註15〕胡適認為，二十世紀初復興儒教的思潮是試圖以現代生活及其思想的視野來重新闡述儒教〔註16〕，這一點對於佛教的復興同樣適用。由於「西學」和「世界」這兩個新「對境」的加入，大乘佛教的「菩薩救世」也不僅僅是在一般的「宗教激情」和「道德倫理」的意義上為拯救國族危機提供一種「精神強心劑」，而是以其世界觀的獨特性參與到關於整個人類未來的討論之中：由於本體論和認識論上與其他宗教不同的「空觀」和「假觀」等特徵，佛教成了反現代性思潮中的主要資源。

如學界的總結，所謂現代性的使命，就是樹立以人為中心的宇宙觀、歷史觀和世俗意義上的民族國家。用學者汪暉的話來說，「西洋之現代文明」即是以民族國家為中心的政治文化與以物質文明為中心的資本主義經濟，其共同特徵是以權利為本位的社會——政治體系〔註17〕。在19世紀世界體系完成的過程中，以「法國大革命」為經典樣板的民族國家模式的確立，主導了整個世界的共同體想像和烏托邦願景；與此同時，對這一模式的反抗也從未間斷過。從東方到西方，人們希望找到一種並非奠基於輸贏得失、但又有著「傳統」生活所沒有的方便和舒適的共同生活的方法，它有著毫不遜於「資本社會」「福利社會」宣稱能達到的物質水平，同時能夠超越它們在價值設定上的種種缺陷。已成為學界常識的是，這種「另類選擇」不是來自「外部」，而是「現代」孕育了它自身的悖反元素。這就是所謂的「另類現代性」（alternative modernity）或「反現代的現代性」（anti-modernism），其精神資源可追溯到中西歷史上種種反形而上學的傳統中，在空間上則包括了西方世界內發生的對工業資本主義的自我批判〔註18〕。從泰戈爾、章太炎到宮崎滔天，從鈴木大

〔註15〕 參見（日）溝口雄三：《中國前近代思想的屈折與展開》，龔穎譯，北京：生活·讀書·新知三聯書店，2011年版，第213頁。

〔註16〕 此句原文："In the early years of the twentieth century there were some attempts to revive Confucianism and reinterpret it in the light of modern life and thought" Confucianism, Edwin R.A.Seligman, ed.Encyclopadeia if the Social Sciences, New York: MacMillan Co, 1931.Vol.4pp.198~200，參見胡適：《胡適全集》第三十六卷，合肥：安徽教育出版社，2003年版，第557頁。譯文大意轉自彭春凌：《儒學轉型與文化新命——以康有為、章太炎為中心》，北京：北京大學出版社，2014年版，第428頁。

〔註17〕 汪暉：《文化與政治的變奏：一戰和中國的「思想戰」》，上海：上海人民出版社，2014年，第87頁。

〔註18〕 這裡對「反現代的現代性」的精神譜系的綜述，參見章永樂：《過去的未來——

拙到竹內好，從葉芝到艾略特，從維柯到尼采，從阿多諾到福柯，20 世紀上半葉東西方的許多思想者和文藝家都曾在哲學上反對 17 世紀以來的笛卡爾式的「邏各斯中心主義」，在詩學上動搖 19 世紀小說的「現實主義」敘事構型，在政治上不斷質疑「資本──民族──國家」的「三位一體之圓環」（柄谷行人語〔註19〕），找出它的陰影和癥結。這些癥結在現象上千差萬別，但經常被描述爲二元論式的非此及彼的分裂主義、以普遍性取代特殊性的霸權主義、「知」與「行」的錯位、目的與結果的悖反。以法國大革命和 20 世紀兩次世界大戰爲代表的人類最猛烈的暴力形態，與「科學」、「解放」、「民主」、「自由」的話語和衛生、清潔、高效的觀念相伴相生，就是所謂的「現代性悖論」（paradox of modernity）最突出的表徵。

從本質上說，反現代性思潮的基本訴求，可以說是反對以超驗的普遍主義秩序壓迫「個體」或「他者」的意識形態。這些普遍的秩序包括「公理」「文明」「國家」及依附於它們的一切範疇，它們是一些抽象的、遠離鮮活的個體生命存在的超驗結構，並以絕對眞理的面目出現。從哲學上說，「現代民族國家」就是一套形而上學體系，一種阿爾都塞意義上的、將個體「詢喚」（interpellation）到集體之中的意識形態機制。就此而言，所謂「19 世紀歐洲民族國家的經濟政治共同體模式」是以超驗的「實體論」或「實在論」（realism）爲基礎的，而反現代性最主要的敘事邏輯之一，就是以「建構論」來對抗「實體論」，瓦解後者的絕對合法性根源。通常認爲，這種認識論上的「反本質主義」（anti-essentialism）是從西方世紀之交的「語言學轉向」開始，中間經過「現代主義」「結構主義」的離合，其最成熟、激進的攻擊則來自於 20 世紀 60 年代的「後結構主義」「解構主義」思潮〔註20〕。在這個思想譜系中，實際上一直存在著一條以佛、道思想爲主要資源的「東方脈絡」〔註21〕。特別是

　　　　──評汪暉〈現代中國思想的興起〉》，原文見 Zhang Yongle, "The Future of the Past:On Wang Hui's Rise of Modern Chinese Thought, New Left Review62(Mar/Apr2010), p47~83.

〔註19〕 關於「資本──民族──國家」的討論，參見（日）柄谷行人：《日本現代文學的起源》，趙京華譯，北京：生活·讀書·新知三聯書店，2003 年，第 4～5 頁。

〔註20〕 參見（法）弗朗索瓦·多斯：《從結構到解構：法國 20 世紀思想主潮》，季廣茂譯，北京：中央編譯出版社，2004 年版。

〔註21〕 參見（美）克拉克：《東方啓蒙：東西方思想的遭遇》，於閩梅、曾祥波譯，上海：上海人民出版社，2011 年版。另見賀照田主編：《東亞現代性的曲折與展開》，《學術思想評論第七輯》，吉林人民出版社，2002 年。

大乘佛教「緣起性空」的本體論思想，將整個現實世界視作稍縱即逝的「因緣」和無常虛幻的關係網絡，這種世界觀使佛教徒能夠輕易地發現在「現實」中棲息的各種「觀念」，從而看到「共同體」的「想像性」。按照日本後結構主義學者柄谷行人的觀點，歷史上印度佛教誕生的「因緣」原本就是「解構」。佛教的教會組織誕生於所謂的「貨幣經濟」的時期，是「共產主義式的流動性集團」，其活動則是「一系列否定性的運動」〔註22〕。

在現代，佛教這種反本質主義的本體論自然成為反西方資本主義模式的天然利器〔註23〕。「緣起」思想在 20 世紀前半葉就被哲學家、科學家和藝術家拿來與現代藝術中的立體主義、超現實主義和現代科學，特別是與量子力學的成果相互「印證」〔註24〕。在整個 20 世紀的東西方思想的碰撞中，大乘佛教形成了「拱形的哲學大廈」（克拉克語〔註25〕），席捲了主要的反現代的思想和詩學流派：葉芝、柏格森和艾略特都考慮過成為佛教徒；尼采和章太炎、西田幾多郎和竹內好、羅蘭·巴爾特共享著天台宗、禪宗、密宗和法相唯識宗的理論，在二戰前的日本京都學派學者那裡，它們被揉合成一種無主體的「場所哲學」（topische Philosophie）〔註26〕，以對抗笛卡爾式的「我思」；根據德里克的考察，把無政府主義與佛學聯繫起來的現象一直保留到「中華民國」早期〔註27〕……在近代中國，以佛教哲學為核心的政治哲學最完整的理論表述來自於章太炎（1869～1936）。如果說，嚴復最早用「天演論」提供了一個可以悅納中西話語的完整的現代理論制度體系〔註28〕，那麼中年以後

〔註22〕 參見（日）柄谷行人：《世界史的構造》，趙京華譯，北京：中央編譯出版社，2012 年版，第 129 頁。

〔註23〕 關於佛教與現代性的關係，可參見林鎮國的研究。如《空性與現代性：從京都學派、新儒家到多音的佛教詮釋學》，臺北：臺灣學生書局，1999 年。

〔註24〕 參見（美）倫納德·史萊因：《藝術與物理學——時空和光的藝術觀與物理觀》，暴永寧、吳伯澤譯，長春：吉林人民出版社，2001 年版，第 132～180 頁。

〔註25〕 （美）克拉克：《東方啟蒙：東西方思想的遭遇》，於閩梅、曾祥波譯，上海：上海人民出版社，2011 年，第 123 頁。

〔註26〕 「場所哲學」理論主要見於 20 世紀 2、30 年代京都學派西田幾多郎和 80 年代中村雄二郎的學說，關於京都學派「場所哲學」的研究參見吳汝鈞：《絕對無詮釋學：京都學派的批判性研究》，臺北：臺灣學生書局，2011 年版；及見本文第二章的解析。

〔註27〕 （美）德里克：《中國革命中的無政府主義》，孫宜學譯，桂林：廣西師範大學出版社，2006 年版，第 66～104 頁。

〔註28〕 參見汪暉：《現代中國思想的興起·下卷第一部 公理與反公理》，北京：生活·讀書·新知三聯書店，2003 年版，第 851～856 頁。

的章太炎就提供了一個既非「傳統」、又非「西方」的「反現代」思路，他通過大乘佛教的「眞俗二諦」完成了對陽明心學「心即理」、「知行合一」的改造，用「以佛解莊」的思路和早年的樸學功底相打通，塑造了一種文化民族主義（cultural nationalism）的政治倫理態度。在「家國天下」到「民族主義」「國家主義」最初的演變中，章氏就敏銳地看到了「主義」的抽象性問題〔註29〕。可以說，他是一個「否定的思想家」（河田悌一語〔註30〕），拒絕把個體的存在綁縛於任何「非我」的目的論之中，不論它聲稱通向國家解放還是人類解放。他將佛教的世界觀和人生觀視爲至高無上的智慧，因爲「佛」的梵語原義並非創造世界的「神」，而是「覺悟者」〔註31〕。這一能指的基本含義是：「我」內在於宇宙眞理之中，而眞理存在於自心，生命的本來面目，是清淨、自在、平等；宇宙萬物並無「創造者」和「第一因」。所謂的「覺悟」和「解脫」，就是認知到這一「內心的眞理」。

　　章氏將這一世界觀用於「群學」的方式，爲稍後中國思想界關於東西方文明和文化的大論爭埋下了伏筆。他以佛教爲世界哲學的頂峰並以此推崇印度的貢獻，這無疑是對來自西方的啓蒙主義主要基於基督教倫理而建構的「文明」／「野蠻」的二元價值論的再顚倒。然而在這個抵抗的過程中，主體和對象的含義都發生了巨變：(佛教式的)「覺悟」與（基督教轉化來的）「啓蒙」的根本區別在於，它是一個已經完成的東西，是對已然存在的眞理的察覺和認識，而啓蒙則是召喚「從未有的」。

　　正是通過對「已然」和「未然」的分別，章太炎在批判了西方式的「文明論述」的同時，也初步建立了中國文明相對於「西方」的優越性：眞正的「天賦人權」不是爲「人人享有」私有的權利而「劃營圈地」，而是人人本具覺悟生活眞相的心性；而天理既然是已經完成、自存於心的，那麼主體就不必向外汲汲營求，也不會被變化遷流的「現象」亂了心神。

　　從歷史的角度來說，章氏這一思想建構是對陽明學心性論的現代改造。在傳統「三教」關於「天人合一」的種種論述中，一向有「自天而人」和「自

〔註29〕　該說主要參考彭春凌：《儒學轉型與文化新命——以康有爲、章太炎爲中心》，北京：北京大學出版社，2014 年版。另見本文第一章二、三節和本文第一章第一、二節的解析。

〔註30〕　參見王汎森：《章太炎的思想》，上海：上海人民出版社，2012 年，第 11 頁。

〔註31〕　如《佛地經論》云：「於一切法，一切種相，能自開覺，亦能開覺一切有情，如睡夢覺，如蓮花開，故名佛。」

人而天」兩種方向。陽明心學的結構可以說是自內而外、自下而上的，其主要邏輯來自於大乘佛教天台、華嚴、唯識宗的「一心三觀」「萬法唯心所現，唯識所變」和禪宗的「直指人心、見性成佛」。以章太炎爲代表的現代「心性論者」們據此認爲，世界的道理最終殊途同歸，其精華不在別處，就在每一個個體生命的深處、就棲息在遷流不息的「現象」本身中。這種認識論顯然區別於基督教文明在「此岸世界」和「彼岸世界」之間的二元性鴻溝〔註32〕。章太炎充分利用了這種「即心即佛」「即空即假」的大乘「圓教」〔註33〕哲學，處理了「解構」和「建構」的關係。在政治哲學的層面上，它的全新意義是建立起一種以「個體對個體」爲基礎的存在性、自然性的社會契約，一種關於「此時此地」的烏托邦，它既反對線性時間觀和歷史目的論，也有別於機械的因果循環論。表現在國族的制度建構上，章太炎並不接受梁啓超等人所宣揚的民主憲政，也不願「回歸」封建帝國。與嚴復、康有爲和梁啓超對「群治」的構想不同，這種想像從個體內在心性出發，強調「文明」不在未來，而在於認識當下，而「歷史」的含義則是由「現在」還活著的風俗習慣和語言系統所賦予的。顯然，它同樣是一個「想像的共同體」，卻與本尼迪克特·安德森（Benedict Anderson）建構在「個體——集體」、「資本——國家」意義上的「想像的共同體」或佩里·安德森（Perry Anderson）意義上的「印刷資本主義」（printing capitalism）的存在基礎完全不同〔註34〕。正是在佛教之楔的啓發下，章太炎第一次指出「體制儒學」與西學在「實體論」意義上的相似之處，他的論述也透露出傳統宗教之爭的「跨文化性」（彭春凌語〔註35〕）：從晚清到民國的「眞僞儒術」之爭到知識界對「大乘非佛說」的討論，都牽涉到東亞各國的「文明的自我焦慮」。

然而，作爲一種本質上是「解構性」的共同體設想，一種「逆向烏托邦」，

〔註32〕 關於「此岸文明」和「彼岸文明」的分野，參見（以）艾森斯塔德：《大革命與現代文明》，劉聖中譯，上海：上海世紀出版集團，2012年版，第57頁。

〔註33〕 大乘佛教天台宗「藏、通、別、圓」的「四教」判教方式，爲智者大師（538～597）所創。四教法謂佛陀隨眾生根機，演說相契之法，通儒家「因材施教」之義。圓教法爲佛陀自證自悟之理，惟此可稱圓滿，爲佛教最高級別的教法。

〔註34〕 參見（美）本尼迪克特·安德森《想像的共同體：民族主義的起源與散佈》，吳叡人譯，上海：上海人民出版社，2005年版；（美）佩里·安德森《絕對主義國家的系譜》，劉北成、龔曉莊譯，上海：上海人民出版社，2001年版。

〔註35〕 彭春凌：《儒學轉型與文化新命——以康有爲、章太炎爲中心》，北京：北京大學出版社，2014年版。

章太炎完整的「佛教思路」的盟友和實際繼承者其實寥寥無幾——多數支持「佛教救國」的思想者並不像他那樣徹底地理解和利用佛教的本體論。他們之間的「似同實異」，是在現代思想史中一再重複的「症候」。

第二節　20年代以後：文明討論的「宗教」症候

一、「整體論」的光澤：以「圓融」對「分裂」

　　「佛教救國」的口號在1910年代末就已勢微，「三教」都被併入到「傳統」的包裹之中，新儒學則在一批廣泛接受了新學的「文化保守主義者」的帶動下，以一種「哲學」「科學」的面貌和「學科化」「理論化」的姿態興起，試圖成為適應「現代社會」新環境的、兼容並包的哲學、文化和政治體系。但在這種海納百川的設想中，儒學以自身為正統的「我執」和它與佛道之間的本體和認識論矛盾卻成為「傳統陣營」中嚴重的自我干擾因素。在晚清，這種干擾主要體現為儒學內部的派系鬥爭，而在20世紀上半葉的新文化運動、東西方文明論爭、「科學」與「玄學」之爭和30年代以後的「左轉」風潮中，它卻開始以不同的姿態浮現出來。

　　試舉例說明。1910年代末，以杜亞泉為代表的「文化保守派」的陣地《東方雜誌》與《新青年》的陳獨秀、李大釗等人圍繞著共和失敗等問題展開了一場論爭。杜亞泉（傖父）把晚清以來中國人精神破產的矛頭指向了「現代」和「西方」，而彼時歐戰時局的惡化恰好為此提供了證據。

> 吾人對此時局，自不能不有一種覺悟，即世界人類經此大決鬥與大犧牲以後，於物質精神兩方面，必有一種之大改革……故吾人亟欲以大戰爭影響之所及告我國人，以促國人之覺悟焉。〔註36〕

在近作《文化與政治的變奏：一戰和中國的「思想戰」》一書中，學者汪暉提醒讀者注意論爭雙方使用的關鍵詞，即對人類「文明」「文化」的「反省」和「覺悟」〔註37〕。儘管《東方雜誌》在論爭中居於弱勢，其觀點卻與同一時期梁啟超、梁漱溟等人對歐洲危機的反思和由此引發的「東西文明是否能調

〔註36〕　傖父：《大戰終結後國人之覺悟如何》，《東方雜誌》第十六卷第一號（1919年1月），第1～8頁。

〔註37〕　汪暉：《文化與政治的變奏：一戰和中國的「思想戰」》，上海：上海人民出版社，2014年，第8頁。

和」的論戰相呼應。在這裡,「文明」的重要性在於它是一個更高端的平臺,把人們對本國的、「現實」的、逼切的社會問題的思索引向了全體「人類境遇」和存在價值的闊遠論域。在汪暉看來,在「一戰」所引發的全球危機中,五四「新文化運動」因此顯示了比清末思想界更鮮明的普遍主義意識,它不僅是在「世界」與「世紀」的總體脈動中展開的,更包含著「再造新文明的覺悟」。此外,與晚清學人對西學的普遍崇拜不同,一戰中的中國思想界儘管對於未來的設想充滿了分歧,卻都不約而同地產生了一種從「歐洲 19 世紀的政治——經濟模式」〔註38〕中抽身的衝動。

根據汪輝的考察,在《現代文明之弱點》(1913)《吾人今後之自覺》(1915)《外交曝言》(1917)等文章中,杜亞泉表達的基本政治理念是「國家的地基是自身的文明和歷史,而不是其他外來要素。其政治含義不在政體形式,而在文明國家間的差異和對抗。」〔註39〕這也是章太炎曾經在他的「俱分進化論」和「齊物論」中表達過的理念。誠如汪暉的分析,如果以「文明」爲敘事的主軸,則「民族國家」就不再是一種普遍的國家形態,而是「文明國家」的類型之一。這一觀點提示我們,「文明」曾被中國近現代的思想者用作反抗「民族國家」的觀念武器;它也解釋了以社會政治改造爲目的「五四」被命名爲一場文化運動的原因——「如果國家的差異是文明的差異,那麼政治議題必然轉向文化和文明的敘述。」〔註40〕

然而,從論爭雙方的總體敘事視野來看,相對於左翼思想者視域中與「現實政治」鏈接更爲密切的「文明」,「保守派」的「文明」常是一個更爲「高端」的範疇,這並非指它是「文化認同的最廣範圍」,而是指其「文明」所蘊涵的宇宙論——本體論維度而言。除杜亞泉本人的《動的文明與靜的文明》之外,章錫琛發表在《東方雜誌》第十三卷第一號上的《歐亞兩洲未來之大戰爭》稱「中國人以現世界爲日月光華之一大樂園,歐人則反是,以現世界爲殺戮爭鬥之一大修羅場」,「中國之文明,成爲一渾一體,其全體可認爲一個之統一,雖分而觀之,各各不同,而實有一種包括其文化全體之特徵」〔註41〕。汪暉發現,在處理「戰爭

〔註38〕 汪暉:《文化與政治的變奏:一戰和中國的「思想戰」》,上海:上海人民出版社,2014 年,第 7 頁。

〔註39〕 同上,第 75～78 頁。

〔註40〕 同上,第 78 頁。

〔註41〕 章錫琛:《歐亞兩洲未來之大戰爭》,《東方雜誌》第十六卷第一號(1916 年 1月),第 1～8 頁。

和中國政體這兩個性質不同的問題」時，《東方雜誌》均強調「思想」的作用，戰爭和國體的衝突都是「思想」的衝突〔註42〕。特別需要注意的是，雖然源自於對現實政治種種議題的歸納，《東方雜誌》的「文明」「思想」所標識的往往不是「國家」「民族」的社會政治起源，而是「宇宙」和「人生」的絕對眞理。

　　以不同的方式重啓「天命」，一向是中國傳統思想者的本能。康有爲認爲世界文明形態各異，本源則趨同。「東西南北互爲中，時宜春夏復秋冬。軌道之行雖各異，本源證之則各同。先聖後聖之撥正，千里萬里之心通。」〔註43〕在某種意義上，是否具有「天命」「眞如」「道」的本體論──宇宙論色彩，正是一般意義上的「西化派」和「保守派」的根本分歧之點。而在 1910 年代末到 2、30 年代的文化、文明論爭則進一步顯示了，儘管儒教是東亞文化圈近乎「公約數」的存在，在面對「科學、實學的西方」壓力來重塑文明意識的時候，更能體現「東方」特色的並非儒家思想中「積極入世」的部分，而是其「出世觀」和佛老的玄學理念。從這個意義上說，「文明論爭」中的「東方精神論和西方物質論」，可以說是在晚清佛學熱退潮後的沙地上建築起來的。創刊於 1904 年的《東方雜誌》的第一任主編蔣維喬正是清末著名的佛教居士、「宗教救國」運動中的一分子。成名於 2、30 年代的新儒家主要人物熊十力的哲學，就建立在章太炎所推崇的法相唯識學的基礎上。從本體論的角度向前追溯，「保守派」的「文明論者」和「新儒學」的學者中，有許多都是「心性論」者。如胡適所說，近代以來國中學者（如康有爲、梁漱溟）「大有傾向陸王的趨勢」〔註44〕，「有提倡『內心生活』的，有高談『良知哲學』的，有提倡『唯識論』的，有用『直覺』說仁的，有主張『唯情哲學』的。倭鏗（Fucken）與柏格森（Bergson）都作了陸王的援兵。」〔註45〕梁漱溟、杜亞泉、熊十力、張君勱都曾從「宇宙人生的大本大源」回視現實社會，在「一念心性」中尋找「中華文明長生久遠」的精神證據。在強調東西方文明差異

〔註42〕　汪暉：《文化與政治的變奏：一戰和中國的「思想戰」》，上海：上海人民出版社，2014 年版，第 83 頁。

〔註43〕　康有爲：《日本哲學博士井上圓了索題四聖堂（以孔子、釋迦牟尼、格底、康德爲四聖）》，《須彌雪亭詩集》，《康有爲全集》第十二集，姜義華等編，北京：中國人民大學出版社，2007 年，第 232～233 頁。

〔註44〕　胡適認爲心性論者的湧現乃是對清代考據之學的反動。參見胡適：《戴東原的哲學》（1923～1925），《胡適文集》第 7 卷，第 341～342 頁。

〔註45〕　胡適：《戴東原的哲學》（1923～1925），《胡適文集》第 7 卷，歐陽哲生編，北京：北京大學出版社，1998 年版，第 341～342 頁。

的時候,他們適度地表現了對「西方文明」「物質文明」的尊重,卻暗示「物質主義」在根本上來說並不是「文明」。一種更激進的觀點來自從未被納入過「文明論爭」思想譜系的胡蘭成,在 50 到 70 年代日本、臺灣的流亡和寫作生涯中,他認爲「現代文明」和「西方文明」在修辭上就是可疑的,因爲「現代」和「西方」已經意味著「無明」,而中國的「文明」一詞,正如「佛陀」的本義一樣,早已包含了「覺悟」的意味。

許多學者習慣僅以「一元論」和「二元論」的不同來區分「科學派」和「玄學派」背後的哲學邏輯,但這種劃分方式本身已經是「西學式」的了。在晚唐五代以後的「三教」調合論中,本體和現象、天理和人事的關係不僅是圓融一體的,它更表現爲一種「一」與「多」的關係。這種關係經常體現在漢語修辭聰明的「即」字上:即事即理、即體即用、即假即眞、煩惱即菩提、即心即佛即淨土。「即」字以大乘佛教的「眞俗不二」爲基礎,顯示了「一」與「多」之間相互涵攝的關係,調節了普遍性與特殊性,彼此獨立又相互融通,「體」上絕對平等,「用」上千差萬別。從這一角度來說,不同於基督教傳統習慣於將本體界和現象界截然分開以及由此延伸的兩段論式的心物二分法,受佛教心性論薰染的章太炎等人,乃是以不同元素之間的不平衡的「相即性」作爲出發點。儘管嚴復的天演論偏重於「一」的整合性,梁啓超激發「獨」「群」互動的「知行合一」觀更偏重於二元性〔註46〕,他們的論述在總體上卻都有將「天理」滲透於「人事」的「一多相即」的傾向。這說明用一元論、二元論和多元論來概括「傳統中國」的本體論和認識論並非「究竟」,因爲「相即性」思維打破了「一」、「二」和「多」之間的排斥性關係,主張將各種元素博洽爲一體,又保持其間的差異和邊界。就這種用兼容並包的方式來重新整梳「現代/傳統」「東方/西方」的態度來說,對這些「東方文明」的鼓吹者更確切的稱呼,應該是「本體文明論者」或「整體文明論者」。在他們那裡,不論那個絕對「眞理」被命名爲「性」「理」「心」「無」「一」「眞如」「如來藏」還是「體」「致知」,對它的體認和實踐都可以「圓融無礙」。因爲「即」字可以吸收包括西哲在內的一切話語,「保守派」因此聲稱,他們的「復古」和「傳統」是全新的〔註47〕。

〔註46〕 參見汪暉:《現代中國思想的興起·下卷第一部 公理與反公理》,北京:生活·讀書·新知三聯書店,2003 年版,第八、九章。

〔註47〕 如行嚴(章士釗)《歐洲最近思潮與吾人之覺悟》:「吾國將來革新事業,創造新知與修明古學,二者關聯極切,必當同時並舉。」《東方雜誌》第十四卷第十二號(1917 年 12 月),第 1～9 頁。

這種以「即」字爲中心的圓融敘述，一度成爲「傳統」陣營內的思想者最常用的方法論。他們以此組織修辭並批判西方現代文明的癥結。如果說，「西學」以普世眞理的名義講了一個「分裂」和「對抗」的故事，「東方文明」便不僅僅是關於「文明／野蠻」的價值的再顚倒，而是從「一」的絕對平等意義上引導人們省察隱藏在二元論基底的東西，並最終擺脫這種價值觀。在這些傳統主義者看來，咄咄逼人的強權論和進化論或者像上帝的「神我論」一樣在超驗世界中獨尊，或者徘徊在非此即彼的「二元性壓迫」的「巫魘」中，這導致他們行事富於侵略性，並最終引發了殃及全世界的危機。如杜亞泉所說，西方人重物質而輕精神，重分化而缺統整，重實用而無價值〔註 48〕。對此最爲系統的論述來自於「文明論爭」時期崛起的「新儒家」學者，其代表人物熊十力從 20 年代開始漸次建立的一整套「道德心性論」的哲學體系，用「體用不二」「心物一元」，指責現代西方哲學最大的弊端是在於不能「思修交盡」〔註 49〕，難於清眞儉疏；從「多」的相對差別的意義上，周作人、廢名等「文化民族主義」的思想者以「中道」引導人們「以物觀物」，以打破黑格爾主義「人類中心」的認識論。津津樂道於「中華文明革命」的胡蘭成認爲二元、多元之間不應「非此即彼」「非友即敵」，而是「別而不隔」；唐君毅主張重重法界，事事無礙，無不通向本體眞理。不論採用黃老、易學還是禪宗修辭，這些新的「傳統主義者」都在強調「不生不滅」的本體開出「生生不息」的「大用」，這是對消極寂滅的「虛靜論」的一種改造。從一戰、二戰到五六十年代對「三戰」的想像，每一次戰爭與國體的建設問題都引發「文明論」的危機預案，因爲文明既是關於「起源」的，又是關於「末日」的。在許多東方思想者看來，由於會使全人類面臨文明劫毀的危機，正視前所未有的西方現代的「業報」，甚至比眼前的民族危亡更爲重要。

二、問題所在：宗教本體論的差異和現代性的神學自我

儘管立論「圓融」，《東方雜誌》對現狀的討論和未來的設計卻遭到了《新青年》的強烈反擊。面對杜亞泉們以「新／舊」「東／西」爲槓杆而組織的文明調和論，陳獨秀提出了七個問題，除了對具體政見的異議，其中三條都直

〔註 48〕　傖父：《迷亂之現代人心》，《東方雜誌》第十五卷第四號（1918 年 4 月），第1～7 頁。

〔註 49〕　參見熊十力：《十力語要初續》，上海：上海書店出版社，2007 年，第 212 頁。

指「整體文明」的本質：中國文明究竟以儒家統一前還是統一後爲盛？中國
文明統一於儒術還是包含多種儒術？古代精神生活是否即綱常名教，西洋物
質文明是否也有精神文明？〔註50〕

此前不久的 1914 年，在關於「儒教運動」的討論中，胡適也提出過同類
的問題。他提醒力持以儒教爲國教的學者們考慮儒「教」的內涵是中國意義
上還是西方意義上的；它是「僅簡單意味著包括儒學經典中的原則」，「抑或
它也包括古代中國的一些國教？……抑或它也包括宋明玄學和倫理學嗎？」
此外，在胡適看來，儒教在當今時代的定位、儒學與科學的關係，都是需要
緊追不捨的問題〔註51〕。

按照陳獨秀、胡適等人的推論，身處於與儒家思想互爲依存的社會制度
和組織結構已然崩解的現實中，傳統主義者似乎很難回應東方的「精神」何
以失敗，而西方「物質」何以勝利的問題。這一質疑不僅來自於歷史彼端，
也來自於引導我們發掘五四運動「文明」「文化」價值的評述者汪暉。陳、胡
的問題被汪暉轉換成了主體的問題：傳統主義者必須回答，在一個已然被「現
代」所分化的形而上學的世界中，如何定義「文明」、回到「整體」，又由誰
來執掌這個「整體」的文明？

在汪暉看來，爲「傳統」試新啼的《東方雜誌》之所以在後來的歷史進
程中逐漸聲微，是因爲其「文明論」是一種無主體的方法論循環：「判斷在現
代危機中中國未來要走怎樣的道路，不僅取決於觀點的『圓滿』與否，也取
決於開創道路和道路所詢喚的主體是誰。」〔註52〕

對此，「新青年」的命名似乎已經顯示了它明確的導向性。「青年」是一
個運動性的主體，它的倡導者號召以「橫超三界」的階級大聯合來超越「民
族國家」的狹隘自我。與「文明」來主導國家的敘事路徑不同，它強調「以
運動界定文化，以文化創造運動，所召喚的是一個運動的主體和運動主體的
政治。」反過來說，儘管《東方雜誌》「對於世界局勢和中國困境的描述沒有

〔註50〕 陳獨秀：《質問〈東方雜誌〉記者——〈東方雜誌〉與復辟問題》，《新青年》
第五卷第三號（1918 年 9 月），第 206～212 頁。

〔註51〕 Hu Shih(Suh Hu), "The Confucianist Movement in China: A Historical Account
and Criticism." CSM9.7(May12, 1914): 533~536，譯文轉引自（美）周明之：《胡
適與中國現代知識分子的選擇》，雷頤譯，桂林：廣西師範大學出版社，2005
年版，第 202 頁。

〔註52〕 汪暉：《文化與政治的變奏：一戰和中國的「思想戰」》，上海：上海人民出版
社，2014 年版，第 109 頁。

任何其他雜誌能及」，但它恰恰未能回答如何「調整舊勢力以形成新勢力」，「政客、黨人、官僚、學士——沉陷於迷亂之中，我們能夠期待他們通過自我修養立地成佛嗎？」〔註53〕

以怎樣的主體推動歷史進程，這個問題所關涉的是歷史的整體敘事方式。「主體」同樣具有「實體論」和「建構論」兩種看取路徑。在近現代的西方學界，從尼采到列維納斯（Emmanuel Levinas，1906～1995）、齊澤克（Zizek）和朱迪思·巴特勒（Judith Butler）都試圖破解「主體——實體」的結構，而強調「主體」的「述行」（performative）功能。「述行」（或「操演」）是「語言學轉向」後的產物，它所強調的正是「名」（能指）的建構性。看上去，《新青年》找到了一個明確的主體，但它提供的只是敘事上的自足性。在左翼群體將「青年」這樣的社會主體轉化爲政治主體、並在「文化」的意義上強調它的時候，卻也遮掩了它基於「個體——集體」的建構邏輯，從而使「個人主義」和「集體主義」的衝突在此後的歷史進程中一再地浮現出來。

相對來說，「傳統陣營」內的問題更加複雜。對於主體問題，心性論者的回答是「自」和「我」。熊十力沿用章太炎「唯我主義」口吻，強調「覺悟」是「我」的覺悟，體認是「我」的體認，體認是「我」的修行，修行必須是「我」的踐行，說到底，哲學就是「我」的修身養性到治國平天下〔註54〕。而西方哲學之所以看不到這一點，乃是因爲不懂「哲學爲思修交盡之學」。〔註55〕

但如果進一步質問「我」是誰，它是倫理的、政治的、詩學的還是社會性的主體，悖論就顯現出來了。對於佛教哲學來說，這或許是一個假問題：與反抗實體性的民族國家意識形態相對應的是，佛學意識中「我」的價值就在於它的臨時性和絕對性（「我」只有一個），這一絕對的存在性經驗不能爲任何身份屬性所取代，也拒絕被「還原」到社會性、政治性乃至文化等任何「名相」上，不論它是「聖人」「青年」還是「人民」。這也意味著它不是由「集體」的概念所框定的「個人」，而是一種「原子式」的單體。

然而無論古今，以「群學」爲基本訴求的儒家思想都無法如此「輕鬆」

〔註53〕　同上，第110～111頁。
〔註54〕　劉小楓：《共和與經綸：熊十力〈論六經〉〈正韓〉辨正》，北京：中國·讀書·新知三聯書店，2012年，第70頁。
〔註55〕　參見熊十力：《十力語要初續》，上海：上海書店出版社，2007年版，第212頁。

地處理主體問題。儒家根本的世界觀一向與「實體論」較爲接近（臺灣學者吳汝鈞曾據此將新儒家本體論命名爲「絕對有」〔註56〕），並且存在著認識主體和道德主體合一的傾向〔註57〕。因此，儒與佛對「相即性」模式的理解和詮釋有著致命的不同。中國歷史上的佛教和道教是作爲「體制儒學」的補充而出現的，按照柄谷行人的說法，它們都是「帝國」必然需要的「普世宗教」〔註58〕。然而，這種作爲「補充」的佛道思想，其內部往往也已經被儒家思維所僭據。參禪的士大夫從不會像佛教徒那樣「破解自我」。從這一角度上說，章太炎在其政治思想中體現的較爲徹底的佛教世界觀，與康有爲、梁啓超、蘇曼殊等人透著儒家氣的思想與文學有著本質的區別。這種區別對於「文明本質」的討論、推動「中國」歷史主體性質的討論來說是很關鍵的，在 20 年代以後的新儒家學者「出佛入儒」的過程中就已經鮮明地體現出來。可以說，「新儒學」雖然在「民族國家」的現代要求中改頭換面爲一種普遍性的「哲學」，但「儒者」的認同性固著並未消失。如梁漱溟和廢名等人都曾提出，隱藏在熊十力哲學的「心性」或「我」的背後的仍然是聖人式的自我期許，其「體用不二」的「圓融」哲學體系也是建立在抹除了「我」的相對性和絕對性之差異的基礎上的〔註59〕。

綜上，東西方文明論爭的深刻提示在於，現代中國的學術與政治思想的演化、新的觀念模式和價值體系的形成，同樣是承續著「儒佛辨正」的古老脈絡發生的，只不過老問題有了新的語境：面對西方時，「東方文明」不僅自動地以一個整體的姿態出現，所講述的也是一個「圓融」的故事，但這個故事之內仍有許多聲音在說話，它們並不願將「中國」「文明」的本質僅僅綁縛在儒家的戰車上。至少持「空性論」、「輪迴觀」的佛教和「實體論」的、現世主義的儒家，在對世界和生活的根本態度上顯然是矛盾的。

事實上，每當人們試圖以「文明」來超克「國家」時，「宗教性」的問題早已隱伏其內。自古以來，「文明」的核心品性就是宗教，無論是湯因比（Toynbee）的「文明形態觀」還是亨廷頓（Samuel Huntington）的「文明衝

〔註56〕 參見吳汝鈞：《絕對無詮釋學：京都學派的批判性研究》，臺北：臺灣學生書局，2011 年，第 1 頁。

〔註57〕 參見李景明、唐明貴編：《儒釋比較研究》，北京：中華書局，2003 年版。

〔註58〕 參見（日）柄谷行人：《世界史的構造》第四章，趙京華譯，北京：中央編譯出版社，2012 年版。

〔註59〕 詳見本文第三章第一節。

突論」都以宗教作爲文明之間最大的區別。如艾森斯塔德所說，現代的大革命同時是文明革命和宗教革命：「基督、東正、佛教和儒家文明將政治舞臺作爲一種占主導地位的先驗願景和論域。這些文明中盛行的文化論激發出許多帶有強烈烏托邦和普世論導向的社會秩序暢想，正是這些最終導致了革命。」〔註60〕在現代性所定位的「世界」圖景中，「文明」經常是作爲一個用於闡釋「共同體」的理論範疇而發揮作用的。它是一個大於「國家」、小於世界體系的單位，它既是西方現代國家施行殖民和壓迫的工具，又是許多「後發現代性國家」重塑自我的武器。而在某種意義上，啓動「文明」一詞就意味著同時開啓了「宗教」這個維度。然而到了30～40年代，新儒家思想者的口號已不是「宗教救國」，而是「哲學救國」了。五四新文化運動雖然在對抗「政治、經濟」的實體主義的意義上重啓了「文化」「文明」及「覺悟」的價值，卻同時也在一步一步地過濾和摒棄著宗教性。這種過濾方式既可以從熊十力「出佛入儒」的經歷中發現，也可以在「整理國故」的胡適處理禪宗史的方式中找到。

　　從這個角度來說，無論是「保守派」還是「西化派」，在反抗現代的同時也一直在呼喚著「現代」。三教話語之間的概念置換、與「西學」之間的頻繁格義，使整體的語言和知識論系統逐漸改變。今日中國思想界的「普通話」往往已是西學話語，佛教的「眞如」和儒家的「致知」則都被特殊化了。佛教史學者龔雋認爲，晚清時的「政治佛學」到了20年代就變成了「文化佛學」，「中國知識分子不再熱衷於苦心積慮地從宗教中去引申道德，更多的是注重對文化的精細研究。」〔註61〕這個過程，同時伴隨著「特殊的」知識分子（specific intellectuals）取代了「普遍的」知識分子（universal intellectuals）的過程。學者姚彬彬也認爲，佛教的組織體系從「宗派佛教」逐漸過渡到了「學派佛教」〔註62〕，這是20年代中國現代「學科化」體系形成的結果。在同一意義上，汪暉把晚清到五四的思想變遷標舉爲從「世界觀」到「學科化」，並認爲「學科化」現象是一種超越於「世界觀」的系統論和意志論，是「五四」高於「晚

〔註60〕　（以）艾森斯塔德：《大革命與現代文明》，劉聖中譯，上海：上海世紀出版集團，2012年版，第13頁。
〔註61〕　參見龔雋：《近代佛學從經世到學術的命運走向》，《哲學研究》1997年第5期。
〔註62〕　參見姚彬彬：《從「宗派佛教」到「學派佛教」——現代文化思潮與中國佛學的轉型》，麻天祥指導，武漢大學博士論文，2013年。

清」的思想價值所在〔註63〕：然而從「反現代性」的議題而言，「學科化」或許正是現代性「異化」的表徵。此外，現代中國一直無法突破「經濟基礎和上層建築」這個「一實一虛」的二元論結構，它的邏輯「原型」或許就來自於科學主義進行「過濾」和「分類」的話語裝置。可以說，以「哲學」、「科學」來屏蔽「宗教」、「玄學」正是「現代性」的邏輯，而現代本身即意味著宗教的世俗化和隱蔽化。

　　然而，儘管標榜科學和理性的啓蒙思想，西方世界的「宗教性」卻並沒有消失，而是轉化並幽靈般地顯影在黑格爾式的以人類爲中心的「世界」歷史的形而上學邏輯中〔註64〕。柄谷行人認爲，「資本——民族——國家」的三聯環之所以是「啓蒙現代性」最堅固、最難以打破的幻覺，因爲它的本質就是「顛倒的神學性」〔註65〕；而美國學者吉萊斯皮（Michael Gillespie）則直接以「現代性的神學起源」來追索路德、笛卡爾、黑格爾、霍布斯的思想，以論證現代性本身並非戰勝宗教和迷信，而是一種神學式的新嘗試〔註66〕。正是「啓蒙現代性」的最終勝利逐步抹消了它的「所來之路」。在文學領域，「私小說」和「現實主義」小說等敘事形式將個人的經歷轉變爲時代和歷史自身的故事，將個人作爲國族的隱喻符號；與此同時，「個人」又消失在共同體的歷史之中。這就是黑格爾式的以人類爲中心的現代歷史觀的詩學反映，它擯斥了「萬物有靈論」的「宗教觀念」，也屏蔽了人類視角的局限性。

　　從「遮蔽神學起源」和以「實體」爲本體的角度來說，中國傳統的儒家思想與「西學」之間有一種天然的應和。章太炎一早已發現了「儒學」與「西學」之間的這種精神相似性〔註67〕。20年代以後的新儒家學者與西化派儘管互爲論敵，卻共同建立了堅固的現代學科體系，與這種本體論上的相近性不

〔註63〕　汪暉認爲，「社會」「文明」等議題在晚清就已存在，但是與「五四」時期的歷史脈絡不同。嚴復的「群學」是世界觀意義上的東西，但是「五四」之後的社會學有了學科的意義。參見汪暉：《文化與政治的變奏：一戰和中國的「思想戰」》，上海：上海人民出版社，2014年版，第124頁。

〔註64〕　參見（德）黑格爾：《歷史哲學》，王造時譯，上海：上海書店出版社，2006年版。

〔註65〕　參見（日）柄谷行人：《日本現代文學的起源》，趙京華譯，北京：生活·讀書·新知三聯書店，2003年版。

〔註66〕　參見（美）吉萊斯皮：《現代性的神學起源》，張卜天譯，長沙：湖南科學技術出版社，2012年版。

〔註67〕　詳見及本文第一章第一節的分析。

無關係。從這一點出發，韋伯意義上的「普世宗教」也無疑有其思想的遠親和近敵，中國的儒佛辨正，與西方歷史上的多神教和一神教之爭亦有許多共通之處〔註68〕。總之，從「宗教救國」到「哲學救國」是現代性深化的結果；反過來說，「現代性」的「神學自我」也只有在重新提取「宗教」「文明」的視野時，才可以被看見和被討論。在儒家社會結構崩解的時代，陳獨秀、胡適提出的這些問題恰恰反映了「儒教中國」在知識分子心理上的深刻程度。被屏蔽的差異、被排斥的東西總會以別的方式回來，這就是政治哲學和詩學意義上的「招魂」「怪獸」〔註69〕和「幽靈學」〔註70〕（戴維・龐特語）。如果說「千年王國」是19世紀共產主義的幽靈〔註71〕，那麼「儒、釋、道」等「三教話語」也可以說是五四「新文化」和延安「新文藝」的幽靈。

（一）外部的鏡象：亞洲主義中國家、文明與宗教的關係

　　歷史上的儒佛衝突不僅被轉化成中國「傳統陣營」的內部分裂以及「科學」和「玄學」的矛盾，也在國家與國家的關係中浮現出來。根據柄谷行人的分析，現代主權國家的功能只有在它面對其他國家時才能顯現〔註72〕。查特吉（Partha Chatterjee）也提出，要在被「民族國家」的意識形態佔據的世界圖景中看到「文明」的多樣性，就要注意我們發音的位置是在國家的「外面」還是「裏面」〔註73〕。如前所述，爲了建立超越狹義的政治上的主權國家和「民族性國家」之間的契約關係，反現代性的抵抗性思潮從一開始就具有跨文化的、世界主義的性質。當黑格爾式的「古老東方＝衰落文明」的霸權公式讓人們開始貶低文明體的同質性、轉而崇尚民族文化之際〔註74〕，一部分

〔註68〕　參照唐君毅：《人文精神之重建》第四部《中西社會人文精神之融通》的相關內容。桂林：廣西師範大學出版社，2005年版。

〔註69〕　參見王德威：《歷史與怪獸：歷史，暴力，敘事》，臺北：城邦（麥田）出版社，2004年版。

〔註70〕　參見（英）沃爾弗雷斯：《21世紀批評述介》，南京：南京大學出版社，2009年，第351頁。

〔註71〕　參見（法）德里達：《馬克思的幽靈：債務國家、哀悼活動和新國際》，何一譯，中國人民大學出版社，1999年版。

〔註72〕　（日）柄谷行人：《世界史的構造》，趙京華譯，北京：中央編譯出版社，2012年版，第146頁。

〔註73〕　參見（印）查特吉：《我們的現代性：帕沙・查特吉讀本》，上海：上海人民出版社，2013年版。

〔註74〕　參見（韓）趙東一：《東亞文明論》，李醒秋譯，北京：社會科學文獻出版社，2013年，第3頁。

人則試圖通過高揚「東方文明」和「文明大聯合」來反超民族論。當代學者慕維仁曾引用卡爾（Rebecca Karl）《把世界放在舞臺上（Staging the World）》一書中的觀點，認為中國等後發現代性國家的民族主義的形成與國家的形成是兩個不同的過程。民族主義者並不一定會追求國家權力，因此，學者們也不應把民族主義與國家相混同〔註75〕。這一點在章太炎等亞洲主義者那裡得到了印證。在許多時候，他們所追求的是「文化」或「文明」意義上的國家。在某種意義上，早期「亞洲主義」的部分設想，就是以「文明國家」的聯合來超克「民族國家」；而許多將民族國家視為本源之毒的亞洲主義者都曾有深厚的宗教背景，包括泰戈爾和甘地，孫中山、宮崎滔天、岡倉天心、以西田幾多郎和鈴木大拙的禪學思想為基礎的竹內好、「反浪漫的浪漫派」的三島由紀夫和胡蘭成。章太炎、蘇曼殊、幸德秋水等人的「亞洲和親會」〔註76〕即是以印度佛教哲學為指導，根據既反日本帝國主義和西方中心、扶持印度等受壓迫的亞洲國家，又超越「國家本位」的思路而創立的。然而這個組織並沒有在中國國內引起任何反響，主要由日本思想者所提出的「亞洲主義」也很快向帝國主義的方向轉化。

這一類亞洲主義理想的失敗，在於它既無法擺脫「民族國家」心理的糾纏，最終也必須承認「文明國家」在其宗教性格上的差異。從某種意義上說，文明、國家和宗教可以說是一體三面的稜鏡。梁漱溟在20年代關於中國、印度、西方的「文明異質論」即是建立在「文明──國家」的本體性──宗教性的基礎上。如果說，晚清知識群體的「佛教救國」所揭示的是「宗教」的文明性，「亞洲主義」思想的興衰則讓我們深刻地認識到了「文明」的宗教性。如溝口雄三所說，「東方文明」原本就包含著「佛」和「儒」的宗教世界觀的分裂，正是在以「文明」來定位「東方」的時候，這種宗教性格的差異就暴露出來了。「以超越儒、佛而又包括儒、佛這樣的一個整體作為掌握中國思想的視點，對我們來說是必要的。」〔註77〕

這種儒與佛的本體論之差和民族國家觀念的不同關係，產生了現代亞洲兩個最重要的哲學流派：以「絕對有」為基礎的新儒家和「絕對無」的「場

〔註75〕 參見慕維仁：《章太炎、魯迅、汪暉：想像一個更好未來的政治》，《東吳學術》，2015年第3期。

〔註76〕 詳見本文第二章第一節的分析。

〔註77〕 （日）溝口雄三：《中國前近代思想的屈折與展開》，龔穎譯，北京：生活·讀書·新知三聯書店，2011年版，第108～109頁；第128頁。

所哲學」爲基礎的京都學派〔註78〕。二戰後，面對資本主義新一輪的全球化，竹內好等人仍然以「火中取栗」的態度打撈聲名狼藉的亞洲主義中可能具有的價值，「以亞洲爲方法」的自我否定精神將孫中山、魯迅和毛澤東串連起來，正是在以「絕對無」思想重述中國革命的思路中展開的。然而，除了受佛教影響的章太炎、梁漱溟等人，現代以來的中國研究者很少能夠提出這樣的視角，這是一個值得深思的問題。從「宗教」與「國家」和「文明」的關係來看，正是儒教之於中國和佛教之於日本的結構關係的不同，造成了這種視點位置的相對性。佛教在日本歷史上曾經制度化，相對於「儒教中國」，「佛教日本」相當於日本民族性格的潛意識〔註79〕。在「排佛毀釋」、建立以神道爲基礎的國家神道和儒學正統論的明治和大正時代，這種潛意識也以「西化主義」「亞洲主義」和「虛無主義」「社會主義」等多種姿態呈現出來。根據野村浩一的看法，宮崎滔天以日本人的身份來支持孫中山的中國革命，正是以「無主體的日本性」爲前提的〔註80〕。然而，儒佛性格的差異及其與國家間的離合關係，以及「文明國家」與「民族國家」理念的激烈衝突，不僅導致了「文明聯合」之夢的失敗，使「東亞」「中國」「日本」變成一個個互不相聯的觀念孤島，也使佛教的「空性」同樣被日本國家主義所吸收。

（二）內部的問題：思想和詩學的分化

清末到民初，嚴復、章太炎等人勉力維持著「世界觀」在思想體系中的基礎地位，到了 20 年代以後，「世界觀」在哲學、政治話語的激鬥中逐漸弱化，卻以另一種方式顯影出來——它轉化成了詩學領域中一種獨特的「抒情模式」。文學家胡蘭成、周作人和廢名都認爲，中國人對世界的體認比起現代西方的「社會」多了一個「人世」，因而眼光更加長遠，不會被具體的制度幻覺所迷惑，也不會被民族戰爭的成敗得失所束縛。這種眼光本身就是詩學，而哲學、政治、經濟和藝術本爲一體，從內容到形式都是這種「覺悟」的顯

〔註78〕　提出中日「兩大哲學流派」觀點的是臺灣學者吳汝鈞，參見吳汝鈞：《絕對無詮釋學：京都學派的批判性研究》，臺北：臺灣學生書局，2011 年。

〔註79〕　將佛教作爲日本民族性格本位的觀點主要來自於日本文化史家梅原猛（1925～）。參見《地獄的思想》，劉瑞芝、卞立強譯，成都：四川人民出版社，2005年；《佛教十二講》，雷慧英譯，成都：四川人民出版社，2008 年。

〔註80〕　參見（日）野村浩一：《近代日本的中國認識：走向亞洲的航蹤》第二部第一章關於宮崎滔天與中國革命關係的討論。張學鋒譯，北京：中央編譯出版社，1999 年版；及見本文第二章的討論。

現。特別是在胡蘭成那裡，從「國體」到茶杯，從革命、情愛、勞動到藝術，一切「現象」和「存在」都是「文明的造形」，是空中之色，無中之有，體中之用。他的文字和主題總是指向一個超越性維度：情愛是「至情」，革命是「天下起兵」，「實踐」是「修行」，歷史是「英雄美人如對目前」，政治和經濟也都是「空色」「有無」的「文明之法姿」。這些作家為「東方」「中國」「文明」鍍上了「覺悟」的光澤。王德威曾將胡蘭成和周作人的詩學納入一種「抒情傳統」〔註81〕中，這一理論範疇原本也是作為與西方的詩學脈絡相異質的「抵抗性」歷史傳統而提出的。可以說，正是20年代以來中國的思想話語結構對「世界觀」和「宗教性」的壓抑，激發了王德威所說的「抒情現代性」（lyric modernity）。要深入理解周作人和胡蘭成在「政治與詩學」間的悖論，特別是胡氏「極致抒情」的蠱惑力，就必須理解其中蘊涵的世界觀和本體論維度。五四以後，周作人的「潤澤的情緒」和「趣味」，40年代廢名的「本地風光」和50年代胡蘭成的「禮樂風景」，是與嚴復、章太炎等哲學家的「天演」和「真如」一脈相承的，是東方文明論者「整體主義」的「圓融」思想在詩學上的表現。

　　然而，彼時正在形成的學科化體系和民族國家的「大敘事」讓這種詩學的「起源」變得模糊不清了。中國現代思想體系從「世界觀」到「學科化」、從「宗教」到「哲學」的過渡，不僅造成了「哲學」與「宗教」的分離，也造成了「哲學」與「詩學」的分裂。這種分裂的影響極為深遠，它使許多文學家的宗教、哲學思考和政治寄意被隔絕於思想領域之外，而「詩學闡釋」系統也切斷了「世界觀」的根基，對「佛教文學」「莊禪詩學」的闡釋也變成了一種自我循環的「美學話語」，喪失了「世界觀」的原旨，也屏蔽了文本之間的內在差別。儘管在既有的文學史研究中，蘇曼殊、許地山、廢名等人經常以「佛教作家」和「莊禪詩學」的現代繼承者身份被並置分析〔註82〕，然而廢名和胡蘭成試圖恢復莊禪詩學尚未封閉成慣式和套路的新鮮狀態，與蘇曼殊式的「套路」和「拼貼」化寫作恰恰相反。同樣，儘管王德威等文學研究者的問題意識實際上直指思想史，但「思想史」和「詩學史」、「傳統美學」和「西方理論」之間的「各自為政」卻使其關於「現代性」的論題和範疇陷

〔註81〕　參見王德威：《有情的歷史：──抒情傳統與中國文學現代性》，《中國文哲研究集刊》第三十三期（2008年9月），第77～137頁。

〔註82〕　參見哈迎飛：《「五四」作家與佛教文化》，北京：北京大學出版社，2002年。

入了自我循環的怪圈之中。儘管王德威發現了胡蘭成「極致抒情」中蘊涵的哲學維度，並認爲這是「現代中國抒情主義論述的一個最極端的發展」，卻難於正面解析其「至情」所緣的宗教哲學含義，也只好說他「高來高去」、「不知道他的重心在哪裏了」〔註83〕。這種「詩學的封閉」，與汪暉雖然標舉「文化」「文明」和「新儒學」的兼容並包的意義〔註84〕、卻常常陷入狹義的「現實政治」的「循環論」的情況是完全對應的。

　　一個意味深長的現象是，周作人、廢名、胡蘭成等「當事人」在這個形塑過程的「現場」就已察覺到這一問題。他們意識到自己成爲界際於「思想」和「詩學」之間的「邊緣人物」，而某種意義上，佛教世界觀所具有的解構性，讓他們處在能夠發現這一問題的位置上。廢名與熊十力在40年代的「唯識學」之辯、胡蘭成與十力弟子唐君毅在50年代以禪宗機鋒論民主問題，同是這個脈絡中引人深思的事件。他們意圖指出，新儒學的「哲學化」和「學科化」不僅傷害了「詩學」，也與新儒家學者所標榜的中華文明長生久遠的主題恰好衝突；傳統主義者所強調的哲學、政治和詩學的一體性不能僅僅掛在嘴邊，更應該在「表述本身」中體現出來。他們左右開弓，一面批判哲學家「忘卻了詩學的語言」，一面「以身垂範」，在獨特的「詩學」框架中消融時代的思想和政治議題。這種內在的對話性和抗辯性，或許正是胡蘭成的政治文本看起來總是「在抒情」，而廢名40年代以後的小說開始由優美變得「哲學」的原因。

　　由是可見，不僅探尋「另類現代性」的路途困難重重，對它的回顧和疏理也充滿了陷阱和問題。這當中最主要的盲區和障礙，實際上都與闡釋框架的邊界有關：中國近現代思想史和詩學史的複雜性，就在於每一個關鍵範疇都至少具有「文明國家」和「民族國家」兩個維度，而「文明」又與「宗教」「哲學」「科學」相轉換，闡釋者往往難於疏理他們所運用的概念的複雜來源。就此而言，中國現代思想史上並沒有「圓滿」的學術爭論。此外，對「東方

〔註83〕　參見王德威：《抒情與背叛：胡蘭成戰爭和戰後的詩學政治》，呂淳鈺譯，《臺灣文學研究集刊》第6期，臺灣大學臺灣文學研究所2009年2月。

〔註84〕　對於汪暉本人在致力於將「儒學」打造成適應「反現代」要求的兼容並包的體系的過程中所產生的問題，參見章永樂在《過去的未來——評汪暉〈現代中國思想的興起〉》一文中的評述。原文見 Zhang Yongle, "The Future of the Past:On Wang Hui's Rise of Modern Chinese Thought, "New Left Review62(Mar/Apr2010), p47~83.

文明」內部宗教性格的差異的研究，特別是儒佛之間的衝突本應是「反現代性」命題中的關鍵環節，而在既有的關於現代中國革命論述中，宗教的視野和對宗教哲學的重視卻往往被壓抑了。

第三節　論文問題創新點、現有研究情況及章節述要

一、論文創新點及現有研究情況

　　本文的立旨是嘗試在前人成果的基礎上，通過簡要描述佛教話語在現代中國登場和被使用的方式，「打通」政治哲學和文學這兩個領域之間的一些筋結，以「反現代的現代」和「文明論」的問題意識為經，以儒佛辨正等「宗教本體論」的衝突為緯，在「晚清」、「五四」、「抗戰時期」、「戰後 50 到 70 年代」等現代中國歷史的時間帶上挑取具有症候意義的人物和個案，呈現「現場內外」的多重困境，疏理一個被不斷邊緣化、卻仍然具有生產力和生命力的「佛教烏托邦」範式，並通過這個範式本身的問題和它的處境來關注那個始終困擾我們的問題：一些超越「西方現代性」的衝動和「另類選擇」如何走向了它的反面。

　　本文以「個體──個體」的結構性思維來反抗「個體──集體」價值觀的論斷，主要受到日本者柄谷行人的近著《哲學的起源》〔註85〕的啓發，並與王汎森、汪暉、慕維仁、彭春凌、章永樂等學者的思想成果有較強的共鳴。王汎森在《章太炎的思想》〔註86〕、汪暉在《現代中國思想的興起》〔註87〕中對章太炎的佛學與其絕對的個體主義和自我否定的政治烏托邦的關聯有較為詳盡的說明，慕維仁則通過《章太炎、魯迅、汪暉：想像一個更好未來的政治》〔註88〕等文章延續了汪暉的思考，從儒、佛等「傳統資源」的運用方法等角度將章太炎、魯迅和汪暉作為一個整體的、反現代的現代性的方法論的精神譜系加以觀照，特別是揭露了章氏佛學思想之於中國「另類現代性」的選擇（即「更好未來」）的政治哲學價值。章永樂則在《過去的未來──評

〔註85〕（日）柄谷行人：《哲學的起源》，林暉鈞譯，臺北：心靈工坊出版社，2014 年。
〔註86〕王汎森：《章太炎的思想》，上海：上海人民出版社，2012 年版。
〔註87〕汪暉：《中國現代思想的興起》，北京：生活・讀書・新知三聯書店，2004 年。
〔註88〕慕維仁：《章太炎、魯迅、汪暉：想像一個更好未來的政治》，《東吳學術》，2015 年第 3 期。

汪暉現代中國思想的興起》一文中，通過評判汪暉的著述提示我們：「傳統資源」中對佛教、道教等「非儒學傳統」資源的分析仍然需要加強，這正是本文切入之處。

　　關於現代以來的儒佛辨正，包括「佛教復興思潮」、新儒學和現代性的關係，學界已有豐富的研究成果，除麻天祥、郭齊勇、張祥龍、葛兆光等現代佛教研究者和史學家的主要成果外，在佛教與現代性的勾聯方面，林鎮國《空性與現代性：從京都學派、新儒家到多音的佛教詮釋學》〔註89〕、吳汝鈞《絕對無詮釋學：京都學派的批判性研究》〔註90〕、姚彬彬《從「宗派佛教」到「學派佛教」──現代文化思潮與中國佛學的轉型》〔註91〕、克拉克《東方啓蒙：東西方思想的遭遇》〔註92〕、德里克《中國革命中的無政府主義》、梅原猛《地獄的思想》〔註93〕、袴谷憲昭《「批判佛教」對抗「場所佛教」》〔註94〕等可視爲當代學界將東亞的「宗教」與「文明」問題與「現代性」議題結合起來的重要成就。本文第二章涉及到中日亞洲主義、宗教、文明和革命的相關研究，在理論綜述方面則主要參考了溝口雄三、白永瑞、野村浩一、高阪史朗、島田虔次、木山英雄、孫歌、亨廷頓等人的著述。

　　在文學研究方面，本文意圖將王德威〔註95〕、王斑〔註96〕、李歐梵、劉劍梅〔註97〕等人的「抒情現代性」「革命與政治」的主題接續到宗教哲學和思

〔註89〕　林鎮國：《空性與現代性：從京都學派、新儒家到多音的佛教詮釋學》，臺北：臺灣學生書局，1999年。
〔註90〕　吳汝鈞：《絕對無詮釋學：京都學派的批判性研究》，臺北：臺灣學生書局，2011年。
〔註91〕　姚彬彬：《從「宗派佛教」到「學派佛教」──現代文化思潮與中國佛學的轉型》，麻天祥指導，武漢大學博士論文，2013年。
〔註92〕　（美）克拉克：《東方啓蒙：東西方思想的遭遇》，於閩梅、曾祥波譯，上海：上海人民出版社，2011年。
〔註93〕　（日）梅原猛：《地獄的思想》，劉瑞芝、卞立強譯，成都：四川人民出版社，2005年。
〔註94〕　（日）袴谷憲昭：《「批判佛教」對抗「場所佛教」》，參見賀照田主編：《東亞現代性的曲折與展開》，《學術思想評論第七輯》，吉林人民出版社，2002年，第95～124頁。
〔註95〕　（美）王德威：《歷史與怪獸：歷史、暴力、敘事》，臺北：麥田出版社，2011年；《抒情傳統與中國現代性──在北大的八堂課》，北京：生活・讀書・新知三聯書店，2010年。
〔註96〕　（美）王斑：《歷史的崇高形象：二十世紀中國的美學與政治》，孟祥春譯，上海：上海三聯書店，2008年。
〔註97〕　劉劍梅：《革命與情愛》，郭冰茹譯，上海：上海三聯書店，2009年。

想史的層面上，而與哈迎飛等學人在「佛教文學」的概念下探討蘇曼殊、許地山、廢名等「佛教作家」的思路〔註98〕有所不同。此外，由於本文牽涉層面較廣，關於章太炎、熊十力、唐君毅、胡適等思想家和蘇曼殊、廢名、周作人、胡蘭成等文學家的研究，學界現有的主要研究成果難於在此處一一列舉，本文將在具體章節中與相關的前人論述進行對話。

二、章節述要

遵循上述問題意識和研究思路，本文的各章概要如下：

第一章：革命與空色：章太炎的「佛教烏托邦」與「蘇曼殊神話」的差異本章分兩節。以章太炎和蘇曼殊的政治哲學和詩學建構來講述晚清「佛教救國」的意義和問題。第一節從晚清「佛教復興思潮」和「反體制儒學」的共同語境出發，疏理章太炎的佛教烏托邦構想在其政治思想和學術思想中的表現和意義，並簡要闡述其在晚清「佛教救國」群體中的特異之處。

「學問」與「革命」之間的關係一向是傳統章學研究的難點。本文認為，章太炎不僅是古文經學的殿軍，也是現代以來第一個幾乎完全以佛教世界觀為基礎來闡述革命、建立共同體構想的思想家。然而他的許多革命同仁和多數弟子卻對其佛學思想有著不同程度的不解和輕視。章太炎之所以被後世視為「充滿矛盾」的思想者，某種程度上與研究者對其佛學思想的相對疏離有關。近年來，王汎森、陳平原、王風、彭春凌等學者在對章氏「唯意志論」、語言系統中的文化民族主義和跨文化性等方面的解析開始顯露出對章氏佛教話語的重視，特別是前述汪暉、慕維仁等基於「反現代性」的問題意識而注意到章氏佛學資源的重要性，為傳統章學開闢了新思路。本章在其研究成果的基礎上，通過進一步強化對章太炎佛學範疇、特別是法相唯識學基礎概念的解析，把握章氏思想中的「多元性」和「在地性」。

第二節探討「革命詩僧」蘇曼殊的詩學文本和社會效應，並以此與章太炎的佛教論述相參照，以兩位好友在佛教觀念上的「似同實異」，來突顯「反西方」「反體制儒學」中的悖論性問題。結論是，在民初和五四影響極大的「蘇曼殊神話」是由兩套闡釋框架重疊在一起的：一個是章太炎以佛教世界觀為基礎的「個體」式烏托邦，另一個則是蘇曼殊本人和他的主要詮釋者以儒家

〔註98〕　哈迎飛：《半是儒家半釋家──周作人思想研究》，北京：人民文學出版社，2007年；《「五四」作家與佛教文化》，北京：北京大學出版社，2002年。

視角爲基礎的「出世與入世」的二元性建構。章、蘇之間的「話語結構」的差異，是中國現代敘述史上不斷重複的問題模式，它關涉著分別以「個體」和「群體」、「國家」和「文明」爲基礎的兩套價值設定的歧路。

　　第二章：文明和宗教視域中的亞洲主義——以周作人爲中心

　　現有的關於「亞洲主義」的論述主要集中在政治史和思想史層面，本章則偏重強調在「大東亞」的殖民主義與「社會主義運動的亞洲觀」之外，一直存在著的「文明——亞洲——詩學」這一線索，特別是將希臘和日本的文化性格對應於亞洲文化圈及「佛儒格義」，映像出「外在的他者」和「自我的他者」，是亞洲文明論者的重要特徵。周作人、胡蘭成、三島由紀夫與蘇曼殊、梁啓超等人建設這兩個鏡象之方式的差異，又恰恰揭示了「文明國家」與「民族國家」和「文明國家」的宗教性格的分歧。

　　本章分爲四節。以周作人爲軸心，綜合章太炎、蘇曼殊、三島由紀夫、胡蘭成、竹內好等亞洲主義者的思想共鳴和差異，討論這些人物的思想在一、二戰前後兩波亞洲主義浪潮中的思想共性和所遭遇的歷史困境。第一節概述亞洲主義的情況，第二、三、四節重點串聯周作人、三島由紀夫和胡蘭成的思想結構。在以「個體的人」來抵抗共同體的超驗幻覺、樹立「打通」和「調和」的「中道」思想的意義上，周作人是其師章太炎的繼承者。即便在「五四」之後否棄了新村的「幼稚」，40 年代「東洋的悲哀」之夢也碎裂之後，他仍然終生一點一滴地搭建關於「個體的烏托邦」的理念。周作人不像魯迅一樣爲「民族國家」的實體論所纏繞，他甚至更多地把生在中國作爲宿命。這一存在論意義上的絕對性，包含了對「超驗主義」的「僞道學」的徹底而激烈的反抗，也使他身上幾乎糾合了「反現代的現代性」中所有難解的命題。他的「晚明」「日本」和「希臘」趣味、「隱士和叛徒」的雙重性、「佛教」和「原儒」的「中道」思想，只有在「文明論」的平臺才能被完整地、連續地審視。

　　第三章：文明的「覺悟」與「修行」：撬動新儒家之「廢名與熊十力之爭」

　　第四章：文明的「自我」與西方：撬動新儒家之「胡蘭成與唐君毅之爭」

　　第三、四章分別討論廢名、胡蘭成與新儒家的師徒二人熊十力和唐君毅在抗戰及戰後的學術和思想論爭，具體涉及到他們的哲學論著、往來書信和文學文本。這兩椿並不曾大受關注的「學案」都包含著本體論和認識論中的「儒佛辨正」，復現了「東西方文明論爭」中的一些關鍵性議題，也使我們領

略到從「宗教救國」到「哲學救國」的思想變遷，以及那些內化於「新儒學」中的「西方論述」。

　　熊十力與廢名之爭主要圍繞著「熊學」哲學大廈的奠基之作《新唯識論》展開，約十年之後的胡唐之爭則緣起於「海外新儒家」那份著名的《為中國文化敬告世界人士宣言》（1958）。將兩場討論並置觀照，我們可以看到當事人的問題意識和歷史處境之間迴環往復的聯繫，他們對思想史所做的「詩學回應」如何突顯了其政治烏托邦想像的異質性。佛教徒廢名指責熊十力對佛教唯識學之錯解的背後，是現代「進化論」和「儒家自我」所鑄成的「毀滅文明的大錯」，而胡蘭成與唐君毅運用禪宗問答的「雲門三句」展開「民主和禮樂」「學院派和逍遙派」之爭，更是直指新儒家「反西方」的思想深處的「西方陰影」。如同「魯迅幻燈片」事件的象徵性力量一樣，這兩樁學案彼此呼應，不僅映現出「新儒家」普遍性的「文明體系」中的儒家自我，也像鍥一樣撬動了一個更為尖銳的問題：在以「文明」對「無明」來超克西方邏輯的過程中，新儒家之所以一再地陷入逆轉主賓的困惑，或許是因為他們既不像自己所聲稱的那樣懷有對東方文明「體用不二」的自信，比起「禮」的相對差別，他們也並不那麼相信「樂」的絕對平等。

　　在試圖破斥新儒家架空「文明」的同時，廢名與胡蘭成也建立了自身關於東方文明的「禮樂方案」。他們希望證實東方文明的價值優越性，而其自身文本形式上對小說、散文、哲學論和政論的「跨界實踐」，正是這種文明早已存在的證據和體現。其中，廢名的小說《莫須有先生坐飛機以後》是與熊十力辯論的同時寫就的，它提供了一個有著「唯識學知識的禪宗修習者」主體設想的「自然哲學」的烏托邦，其驚人之處在於徹底顛覆了「莊禪詩學」的封閉空間想像，而提出人類理想的生活不在別處也不在未來，就在「覺悟的主體」所在的「當下」和「現場」。在抗日戰爭的「民族敘事」中，這一設想顯然具有某種激進性和「不合時宜」之處。作者以十力等「哲學救國」「學問家」為假想敵，並為其師周作人進行「辯護」，都是可以深入鑽探的文本症候。

　　在過往的研究中，很少有人從儒佛世界觀和文明論述的角度發掘廢名和胡蘭成各自的思想意義及精神的共通性。本文認為，是在同一場戰爭中逃亡和「民間獲救」的個人經歷引發了他們對「現代危機」的反思和對文明問題的反省，也讓他們在歷史的「現場」就看到了各種闡釋框架的邊界。他們對新儒家的質疑、對延安政權的闡釋和接納，顯然與一般關於「五四」到「延

安」的「知識分子左轉」的心理分析有極大的不同。對他們來說，與其要問「民族國家」是什麼，莫如說，「民族國家」對於「鄉村現實」中的「民」來說意味著什麼。此外，廢名和胡蘭成也與彼時的新儒家學者一樣信奉著圓融的「東方文明」，強調宗教、科學、詩學與政治的融貫性。他們通過自身處於哲學、思想、政論的界際之間的文本爲此一哲學現身說法，並指出「新儒家」何以架空了「圓融無礙」的東方文明而陷入到西方「科學主義」的分裂之中。然而他們與「哲學家」的這兩場論爭不僅在當時，在現有的研究中也並未引起足夠的重視。其詩學、文本既不能直接被還原到思想史，也不能還原到文學史的方法論和學科視野之中。

第五章：文明與歷史觀：胡適禪學案與胡蘭成的「公案詩禪」

本章分三節。第一、二節處理胡適的禪宗史研究及其與錢穆、日本禪學者鈴木大拙等人的爭論，即史稱的「胡適禪學案」的相關問題。

胡適的禪學研究和相關論爭從 20 世紀 20 年代持續到 60 年代，在胡適「整理國故」諸學案中，是最能反映其在「東西方」夾縫中的「情感結構」和敘事機制的案例之一。它直指「儒教中國」的痛處和癢處，不僅透露出胡適與其新儒家論敵在思想內在邏輯上的相似之點，也暴露了胡適和鈴木大拙因爲「宗教」和「哲學」的「我執」而投射在「歷史敘述」和「文明敘述」中的種種問題。

胡適一直在中國歷史上尋找西方式「民主」「科學」的種子，回答「何謂中國」以及「誰來代表東方文明」的問題，既需要進行頻繁的中西格義，又需要解釋那些中國歷史上所有「非民主和非科學」之現象的成分和成因。面對所厭惡的佛學，他幾乎是下意識地拿起了「儒學」的武器。然而在他的禪宗史敘述中，關於外來的佛教如何啓發了宋明理學以及定義禪的本質的敘事邏輯表明，他的歷史想像機制不僅是「儒家性的」，而且是「官學性」的，這種思想就體現他通過「考據」鎖定的一個反諷性的「歷史英雄」——南禪六祖慧能的徒弟菏澤神會身上。

本章第三節探討胡蘭成對「禪學案」的回應，主要分析他寫於 70 年代的「公案體」散文集《禪是一枝花》，並通過胡蘭成的詩學建設與章太炎的「佛教烏托邦」相參照，結論是胡蘭成呼應了章太炎的「唯我主義」的思想結構。

在對「禪學史」和禪宗公案的詩學重解中，胡蘭成表達了自己既超越胡適的「科學本位」、又超越鈴木大拙的「宗教本位」的自信。從 60 年代初接

觸禪到 1966 年以日文寫成的演講稿《心經隨喜》，再到晚年的《禪是一枝花》，胡蘭成散文中的佛學話語已經具有越來越豐富的「映像」意義。通過對禪宗經典《碧巖錄》的重解，他重返了那個充滿「民主」含量的「中國歷史轉折期」──唐宋禪宗詩學正在生成中的「激烈新鮮」的時刻，從文學形式的「體裁論」的角度，《禪是一枝花》可以說是對語錄體公案禪最標準、也最獨特的「現代傳承」，而在思想史的意義上，它宣稱唯有將「歷史」接駁到「絕對的、個體的本眞的我」，才能「破解」胡適於歷史「眞僞」的價值判斷中的尷尬，並避免鈴木禪學的「超驗性」和「非歷史性」。通過這個「我」，他也挑出了「哲學」和「宗教」之刺，回答了關於文明的「歷史主體」和「歷史動力」的問題，將被胡適等人「拉下神壇」的中國歷史再次經典化。

　　以中國的文學史分期來說，胡蘭成可以說是現代最後的和當代最初的文明論者。他是一個「出了土也不宜談論」（陳丹青語〔註99〕）的人物，其「政治和感情的負債」以及流亡日本的經歷，使他幾乎沒有在中國文學和思想史中「正式」出場過。然而從某種意義上說，胡蘭成在詩學中體現的「思想」，是繼廢名之後對章太炎的「中華民國」的又一次回應。在「50 到 70 年代」這個通常從「大陸」內部視點出發的「當代」視域中，處於其「外部」的胡蘭成或許是最早在羅蘭 · 巴爾特禪學、斯特勞斯、歷史學家湯恩比的「東方主義」和「文明論」之間「應和」的人物，這在中國現當代作家中是絕無僅有的。然而這種「特殊」的立足點的代價，就是他一直難以被併入「正史」之中，正像「文明論」本身被淹沒的處境一樣。

　　結語部分總結章太炎、周作人、廢名、胡蘭成等佛教心性論、唯意志論和文明論者的「個體性」思想譜系的相似性及其在「反現代的現代性」場域中的意義，發掘他們被邊緣化和「不合時宜」的原因，並以柄谷行人的相關理論來探討他們看似「無效的」烏托邦構想可能「實現」的因緣。

〔註99〕　陳丹青：《胡蘭成》，《多餘的素材》，濟南：山東畫報出版社，2003 年，第 149 頁。

第一章　革命與空色：章太炎的「佛教烏托邦」與「蘇曼殊神話」的差異

第一節　章太炎的佛教總體敘述

　　章太炎是一個充滿矛盾的思想家。他「同時身爲革命派和保守派，反滿政策的支持者和國學的呼籲者」[註1]；作爲古文經學的殿軍，許多觀點卻又與今文經學氣脈相通；一邊反對「宗教」，一邊又提倡佛教；他的解構性、否定性思維有些接近於「無政府主義」，其一度主持的同盟會機關報《民報》卻與巴黎的無政府主義刊物《新世紀》針鋒相對；他的「亞洲主義」和「種族主義」思想曾令許多章學研究者諱莫如深；作爲「中華民國」的功臣，他與孫中山的分歧同樣嚴重。如李澤厚所說，僅僅是《訄書》的初版木刻本與再版鉛印本之間，就已經充滿了古今文、改良與反滿、專制與共和、國粹與西學、反宗教與主宗教的矛盾[註2]。本文認爲，分析章氏在中年以後的佛學思想可以是開啓這些「矛盾性」的一把鑰匙。他的「眞如哲學」（或稱「眞常唯心論」）顯示了在儒學危機之際，中國思想者以佛教話語來建立一種新的「總體性敘述」的努力。

〔註1〕　王德威：《1841～1937 年的中國文學》，《劍橋中國文學史（下）》，北京：生活·讀書·新知三聯書店，2013 年，第 515 頁。

〔註2〕　參見李澤厚：《章太炎剖析》，《中國近代思想史論》，北京：人民出版社，1979年，第 390 頁。

根據太炎先生的自述和學界的整理〔註3〕，其習佛經歷大致如下：早歲雖有夏曾佑、宋恕等友人勸其閱佛信佛，卻於大乘《華嚴》《法華》《涅槃》諸經「不能深也」，亦因其時以儒學爲實學，不喜「三論」〔註4〕「持空論言捷徑者」〔註5〕。而在章氏三十六歲時，與鄒容等人因抗清排滿的「蘇報案」事件而繫獄三年（1903～1906）期間，得隙大量研讀佛經，「乃悟大乘法義」〔註6〕，思想發生劇變。1906 年，章氏出獄後東渡日本，面對留學生發表演講，提出「要用宗教發起信心，增進國民的道德……提倡佛教爲社會道德起見，固是最要；爲我們革命軍的道德上起見，亦是最要。」〔註7〕並同時主持同盟會機關報《民報》，以 1906 年 11 月的《建立宗教論》爲起點，奠定了以佛教義理爲基礎開顯共和革命之精神的意圖。此後陸續發表《人無我論》《無神論》《答鐵錚》《答夢庵》《國家論》《四惑論》《五無論》《俱分進化論》等哲學、政論文章，宣揚佛教無我利他、平等自由之精神，並將佛學與世界範圍內的宗教和哲學進行比較，「察其利弊，識其流變。」〔註8〕1908 年以《大乘佛教緣起考》、《辨大乘起信論之眞僞》、《龍樹菩薩生滅年月考》等文參與教界的問題之爭，力抵「大乘非佛說」〔註9〕，揚大乘爲佛法正統。同年與蘇曼殊論

〔註3〕 關於章太炎在佛學方面的編年經歷，主要參考和引用章念馳：《章太炎與佛教的關係及其佛學特色》，見《我的祖父章太炎》，上海：上海人民出版社，2011年，第89～93頁；湯志鈞：《章太炎年譜長編》（上）卷二、卷三，北京：中華書局，1979年版；姚彬彬：《從「宗派佛教」到「學派佛教」——現代文化思潮與中國佛學的轉型》，麻天祥指導，武漢大學博士論文，2013年，第144～146頁。

〔註4〕 即三論宗，是最早形成的中國佛教宗派之一，以印度大乘中觀學派創始人龍樹、提婆的代表作《中論》、《百論》、《十二門論》爲主要立宗依據，故名。

〔註5〕 參見章太炎：《民國章太炎先生炳麟自訂年譜》，王雲五主編，臺灣商務印書館，1980年版，第5～6頁。

〔註6〕 同上，第10頁。

〔註7〕 章太炎：《東京留學生歡迎會之演說辭》（1906），原載《佛學論叢》第一輯，大法輪書局，1945年；現見湯志鈞編《章太炎政論選集》上冊，北京：中華書局，1977年版，第276頁。

〔註8〕 參見章太炎：《無神論》（署「太炎」，《民報》第八號，1906年10月8日），《章太炎全集》（四），上海：上海人民出版社，1985年版，第395頁。

〔註9〕 指部派佛教（佛祖釋迦牟尼逝世後，教團分裂爲上座部與大衆部等）後期，傳統的上座部佛教不承認大乘佛教經典的地位，認爲這些經典皆非釋迦牟尼佛祖所說，而大乘佛教徒則認爲，這是因爲部派佛教時期，大乘佛法因機緣未熟，衆生不能接受，才密而不傳五百年。大乘佛教徒並認爲唯有大乘佛法才是佛陀最圓滿的教法，可以統攝小乘教。到了近代，由日本學者傳出「大乘佛教＝中國化佛教」的說法，南京支那內學院的部分學者也持這樣的觀點。

佛，聯名發表《告佛子書》《告白衣書》，參與近代佛教制度改革，反對占寺廟辦教育。1910 年，完成「以佛解莊」的得意之作《齊物論釋》，自謂「千載之秘，睹於一曙」〔註 10〕。總之，辛亥革命前後的太炎文章，舉凡政論和文化、哲學著作，皆有佛學之因子。於文章之外，太炎先生並與佛界諸多高僧大德交往，參與教界各種活動、與友人書信往談佛學，這些活動一直持續到 20 年代末。據章念馳說，先生遺稿中以論佛學的未刊稿最多。

　　從章太炎的習佛經歷可見，晚清佛學的復興具有濃厚的政治性。他和梁啓超都將「佛教描繪爲一個政治色彩強烈的思想傳統，該傳統主張『平等』，並且能夠提供疏釋政治信心和革命道德的理路。」〔註 11〕而正像經學內部的激烈爭鬥一樣，「政治佛學群體」啓用佛教的方式並不相同，總的來說，它分別顯現爲以「群體」和以「個體」爲核心的兩種烏托邦形式。本節從其共同的出發點——反體制儒學說開去，呈現這些差異所揭發的問題。

一、反體制儒學的共同語境下的「空性激情」

　　在《書蘇元瑛事》〔註 12〕中，章太炎如此評價他的好友蘇曼殊：

　　　　獨行之士，不從流俗，然於朋友竺摯，凡委瑣功利之事，視之蔑如也；雖名在革命者，或不能得齒列。……「靡而不鄰，涅而不淄」，……元瑛可誄，乾坤或幾乎息矣！

在章太炎與劉師培、孫中山等人因同盟會內部紛爭而失和期間，同在日本的蘇曼殊也被牽連進去，章氏極力爲之辯護。引文中這種對人物品質的讚揚於他而言是非常自然的，如李澤厚所說，「用所謂道德來衡量品評一切，是章太炎非常突出的思想特徵。」〔註 13〕眾所周知，對「道德」價值的重新評估是晚清革命的主要議題。社會各界人士都在控訴「吃人的禮教」，對民智民德的淪喪大加撻伐。章太炎對蘇曼殊品格的褒揚，也是以社會普遍的道德淪喪爲前綴的。他常感歎「民德衰頹，於今爲甚，姬、孔遺言，無復挽回之力，即

〔註 10〕　章太炎：《菿漢微言》，《菿漢三言》，虞雲國標點整理，瀋陽：遼寧教育出版社，2000 年版，第 60 頁。
〔註 11〕　蔣海怒：《晚清政治與佛學》，上海：上海古籍出版社，2012 年版，第 221 頁。
〔註 12〕　章太炎：《書蘇元瑛事》，見湯志鈞：《章太炎年譜長編》（上），北京：中華書局，1979 年版，第 243 頁。
〔註 13〕　李澤厚：《章太炎剖析》，《中國思想史論》。合肥：安徽文藝出版社，1999 年版，第 729～730 頁。

理學亦不足以持世。」「閔末俗之沉淪，悲民德之墮廢」〔註14〕。然而，如果我們僅僅把上述贊辭視作一般的道德頌文，就可能會忽略在章氏「革命道德」的建構中蘊涵的某些特別的信息。這些信息的第一指向在於「道德」問題的根源，或者說，晚清學界道德批判在學理上的對象，可以用「體制儒學」或「制度儒學」來概括。

綜合學界的相關論述，相對於三代之治、孔孟等「原始儒家」和先秦諸子百家的多元性和豐富性，「體制儒學」泛指秦朝大一統後儒學的國家化以及宋明理學與整個社會制度密切勾聯的過程。這一過程也被描述爲「儒家思想的制度化」〔註15〕。在西方「民主」「自由」「文明」的思想東傳後，中國學人在悲憤於國力衰弱、「人心惟危，道心惟微」之際，也試圖在自身的歷史中尋找癥結所在。秦以降的專制統治和宋明黨爭、科舉制度的流弊、「三綱五常」對女性和兒童的戕害等等成爲眾矢之的，使人們不得不正視「制度儒學」所造成的種種問題。經學之爭、漢宋之爭等學術問題，在道德倫理層面演化成了對「國民性」的描述和爆發性的批判。王汎森認爲，章太炎的「國學」不同於一般意義上的儒學，而是指「在君權時代中不得志的經師之學，是與『湛心利祿』的官僚士大夫相敵對的抱殘守缺者之學、是與歷史上的當權派不合作之學、是反君權之學。」〔註16〕可以說，章氏「國學」正是作爲「體制儒學」的對立面而提出的：「眞正的國學是古代歷史文化富含同情心的那一部分，是由通乎人情與反對抽象高調的道德的那一部分。」〔註17〕

然而更加值得注意的是，晚清學人針對於體制儒學而提出的應對機制，並非一般意義上的道德修復，而是提倡一種「超道德」或「反道德主義」，以揭發「理學家」道德話語的虛僞性。上述引文中對傳主的讚揚極富激情，與章氏本人廣爲流傳的「章瘋子」的綽號和軼事一樣，都具有某種超越性的色彩。如其弟子魯迅所說，太炎先生「大勳章作扇墜，臨總統府之門，大詬袁世凱的包藏禍心者，並世無第二人；七被追捕，三入牢獄，而革命之志，終

〔註14〕　章太炎：《人無我論》（署「太炎」，《民報》第十三號，1907 年 1 月 25 日），《章太炎全集》（四），上海：上海人民出版社，1985 年版，第 429、419 頁。

〔註15〕　參見干春松：《制度儒學》第三章《儒家的制度化和制度的儒家化》，上海：上海人民出版社，2006 年版。作者並且認爲，現代新儒家學者將儒學窄化爲「心性之學」的理論，同樣是制度儒學的延續。

〔註16〕　參見王汎森：《章太炎的思想》，上海：上海人民出版社，2012 年版。第 4 頁。

〔註17〕　同上。

不屈撓者，並世亦無第二人：這才是先哲的精神，後生的楷範。」〔註 18〕這類對人物性格的臧否在晚清到五四的敘述史中具有重要的意義，它指示儒家的危機不是一般的「道德倫理」的墮落，而是本體論層面的「天命的沒落」（高瑞泉語）〔註 19〕。

　　是什麼導致了儒術成為「專制」的武器，不僅是中國儒學界內部的爭議焦點，對於儒教文化圈內的東亞國家來說也是一個共性的問題〔註 20〕。溝口雄三將程朱理學變革以後的宋、明、清各代的「理學」派統稱為「儒理學」，以示其與唐以前儒學存在形態的區別，並以此為線索來考察「理學」末端的譚嗣同、孫中山等人是如何樹立了「反封建禮教」這一總體的意識形態的〔註 21〕。可以說，除了清末的古文經學和今文經學家的「孔子爭奪戰」外，宋明理學是思想界最為關注的歷史節點。章太炎史學敘事的一個主要情節就是「衰宋」，他認為宋以後中國真正的歷史、語言文字都發生了挪移和篡改，哲學和政治被偽儒術和偽理學所控制，語言和文學則充滿了「表象主義」的「病質」〔註 22〕。儘管「漢宋之爭」中不乏學術門戶之見，但這種歷史判斷在當時具有一定的普遍性，其根源就在於尋找「專制」的節點和病因。如譚嗣同也在《仁學》中感歎「自生滅以來，迄宋而中國乃真亡矣！」「至明而益不堪問，等諸自鄶以下可也，類皆轉相授受，自成統緒，無能稱出宋儒之胯下，而一覷孔教之大者。」〔註 23〕不論從何種學術立場出發，明清兩季延續到近現代的「反理學」思潮中，諸學人所反對的主要並非儒學道德倫理的內容本身，而在於其「天理」的道德體系被「架空」和被「體制」吸收，而與「人欲」相對立這一點。

〔註 18〕　魯迅：《關於太炎先生二三事》，《魯迅全集》第 6 冊，北京：人民文學出版社，2005 年版，第 556 頁。

〔註 19〕　參見高瑞泉：《天命的沒落：中國近代唯意志論思潮研究》，上海：上海人民出版社，2007 年版。

〔註 20〕　參見楊儒賓：《異議的意義：近世東亞的反理學思潮》，臺北：臺大出版中心，2012 年版。

〔註 21〕　參見（日）溝口雄三：《中國前近代思想的屈折與展開》，龔穎譯，北京：生活‧讀書‧新知三聯書店，2011 年版。

〔註 22〕　如從語言的角度，「自衰宋自今，散行沓，儷辭絪，《蒼》、《雅》之學，於茲歇絕。」參見章太炎：《文學說例》，舒蕪等編，《近代文論選》，北京：人民文學出版社，1959 年，第 406 頁。

〔註 23〕　譚嗣同：《仁學》，《譚嗣同全集》（增訂本）下冊，蔡尚思、方行編：北京：中華書局 1981 年，第 336 頁。

在程朱的弟子們對「存天理，去人欲」的闡釋過程中，目的論和認識論、認識主體和道德主體各自的功能範圍發生了混淆，其結果是一方面「天理」被高懸於日常生活之上，不能「接駁地氣」，以致主體言行兩面、知與行相悖離，於人情世俗則越來越黏滯而不能超越；另一方面，如《新青年》時期的陳獨秀所說，儒家忠孝節義的道德範疇被吸收到君臣、父子、夫妻的綱常名教之中，由「推己及人之主人道德」變成「以己屬人之奴隸道德」〔註24〕，成為施行精神壓迫的工具。在這種情形下，無論怎樣的「新」的思想、情感和文藝形式，都會迅速地被「功利化」。晚清以來，體制儒學的流弊同樣腐蝕了「革命」這一新名詞。從辛亥革命到五四新文化運動，思想界最激烈、最痛切的社會批判和最深切的失望幾乎都來自於以革命之名而行功利之實。章太炎在第一次赴日本接觸了大量流亡知識分子後，就寫下「新耶復舊耶，等此一丘貉」（《西歸留別中東諸君子》）〔註25〕。在《箴新黨論》中也尖銳地批評時人雖言維新，而師生、年誼、姻戚、同鄉皆不廢，所謂「學生」一族也無非「舊黨」之變體。「滿洲之亡，不亡於漢人，而或亡於他族，則漢人亦與之同盡，非變形新黨之咎，而誰咎哉？」〔註26〕稍後的魯迅對剪掉辮子的「新黨」的憎惡與他對譴責小說的批判也都出於同樣的理由：前者將「革命」時髦化，功利和腐敗的本質卻從未改變，後者對於黑暗和腐敗的盡情呈露則充滿了沾沾自喜的同謀氣氛〔註27〕。五四時期對這種社會氛圍的指認仍然是極為普遍的，如杜亞泉在《東方雜誌》中發文列舉中國人的四大問題為「國是之喪失」「精神界之破產」「政治界之強有力主義」「教育界之實用主義」，四個方面環環相扣、相互衍生〔註28〕。多數人沉迷物質，無主義主張，而有主義主張者，「亦無非為競爭權利與尋求奢侈之手段方便上偶然假託」〔註29〕。

〔註24〕 陳獨秀：《一九一六年》，《新青年》第一卷第五號（1916年1月）。

〔註25〕 章太炎：《西歸留別中東諸君子》（五言詩，1899），《章太炎政論選集》（上冊），湯志鈞編，北京：中華書局，1977年，第95頁。

〔註26〕 章太炎：《箴新黨論》（署「太炎」，《民報》第十號，1906年12月20日），《章太炎全集》（四），上海：上海人民出版社，1985年版，第287～297頁。

〔註27〕 參見魯迅：《中國現代小說史略》第二十八篇對譴責小說、黑幕小說的批判。稱「辭氣浮露，筆無藏鋒」，「過甚其辭，以合時人嗜好」。北京：中華書局，2010年版，第181頁。

〔註28〕 傖父：《迷亂之現代人心》，《東方雜誌》第十五卷第四號（1918年4月），第1～7頁。

〔註29〕 同上。

儘管杜亞泉等人已儘量將這些現象的來源引向「西方」和「現代」，儒學倫理秩序的崩解仍是直接因素。可以說，正是對「革命的虛假化」的認知形成一種司空見慣的、令人沮喪的社會氛圍和情感基調，它間接地促成了 20 年代以後從「文學革命到革命文學」的結構性轉變。

「反理學」或反「體制儒學」的學術思潮很快擴展成「反封建」「反專制」「反迷信」的社會化運動。在這裡，「迷信」是另一個值得注意的要素。近代以來的學者對於孔教「敬天明鬼」的態度頗為複雜，章太炎曾以王充、戴震等為反對「迷信」的楷模而與康有為的孔教論「長期鏖戰」（彭春凌語〔註30〕），然而他本人及其後的周作人、廢名等人亦都承認，歷代儒學者對世界的認識論態度是有差異的。對於孔子「未知生，焉知死」（《論語·先進》）的解釋一向存在著兩個方向，其中之一在生死觀上留出了一定的空間，謂聖人避談鬼神和來生，但並不否認鬼神的存在。孔子的思想在這裡被解釋為一種「現世主義」思想，它為認識範圍的無限性和認識主體經驗的差異留出了餘地。而體制儒學則逐漸把這種空間取消了。主體以目之所見為唯一之真實，以一生之短長為唯一之短長，這樣來「格物窮理」，可謂是從「現世」來到了「現實」。一字之差導致了認識範圍的縮窄，同時也使「天命」「天道」直接與「人道」倫理混淆在一起。所謂「天理」無外乎「人倫」，在狹義上也就成了人際關係。在社會出現動盪的時期，這種認知自然會造成功利主義的氾濫，如周作人所說，宋明理學之後，中國歷史上的書多是「在《金瓶梅》上蓋《論語》」，中國的科舉制度則使「怎樣的好東西」，也腐為甜俗〔註31〕。

在儒理學盛世不再的時代，知識界一方面發揚清代的考據之學的「實學」價值、引入西方的「科學」觀念來反對「鬼神迷信」，另一方面也將超越「眼前現實」的宗教世界觀作為拯救道德人心的便利工具。在世界性的宗教復興大潮中，晚清時代各種宗教宣傳亦大為盛行，也得到知識界一定程度的容忍

〔註30〕　根據彭春凌的研究，1899 年的《儒術真論》係太炎受到臺灣殖民地經驗的刺激，將康有為孔學中的「敬天」「明鬼」思想與日本人用「天意」妝點「尊皇」的「國體論」撂結成一個敵人。

〔註31〕　參見周作人：《文藝復興之夢》，《周作人散文全集》9，鍾叔河主編，桂林：廣西師範大學出版社，2009 年版。第 179 頁。原文為：「以八股式的文章為手段，以做官為目的，奕世相承，由來久矣。用了這種熟練的技巧，應付新來的事物，料復綽有餘裕，於是所謂洋八股者立即發生，即有極好的新思想，也遂由甜俗而終於腐化。」

和運用〔註32〕。楊文會指出：「地球各國，皆以宗教維持世道人心。」〔註33〕
夏曾佑則斷言：「近來國家之禍，實由全國民人不明宗教之理之故所致。非宗
教之理大明，必不足以圖治也。」〔註34〕「蘇報案」出獄後東渡日本的章太
炎則發表了著名的《東京留學生歡迎會演說辭》，「以宗教樹立信心，增進國
民的道德」，「兄弟看近來世事紛紜，人民塗炭，不造出一種輿論，到底不能
拯救世人。」〔註35〕這裡的「宗教」特指佛教。在隨後的《民報》文章中，
章氏一再宣揚「欲興民德，捨佛法其誰歸？」〔註36〕他所用的佛法並非以其
世俗化的因果報應論來對治「體制儒學」的問題，而是從佛法的「空觀」來
批判儒家道德被「腐蝕」、「掏空」的根源。

　　簡單地說，佛教關於現象世界的認識論思想是「緣起性空」，意謂一切現
象互為條件，相互依存「因緣和合」，「事」「物」和「理」都沒有實質或本質，
條件具備，現象就顯現；條件失去，現象就消亡，即所謂「此有故彼有，此
無故彼無，此生故彼生，此滅故彼滅」（《阿含經》）。人生是「因緣和合，虛
妄有生；因緣別離，虛妄名滅」（《楞嚴經》），更無一物可執著。從此一「空
性」觀來看，體制儒學使「天理」和「人欲」尖銳對立的問題，從根本上說
是由於缺少「空」的向度而執著於「有」的緣故。如上所述，儒家思想的重
心是人倫關係，其「道德倫理」和政治實踐開闢的主要地域也都在於人倫關
係，儒學的道德敗壞正是以主體對人際關係的汲營為主要表徵。蔣海怒發現，
章太炎愈傾向於革命，對佛學的興趣就愈濃厚〔註37〕，最淺表的原因便是「緣
起性空」能夠為「革命」提供解構性、否定性的理論資源，對治和瓦解體制
儒學對「事相」「關係」的「實體性執著」：「非說無生，則不能去畏死心；非

〔註32〕　參見（美）陳榮捷：《現代中國的宗教趨勢》（第四章《民間宗教》），廖世德
　　　　　譯，北京：文殊出版社，1987年版。
〔註33〕　楊文會：《南洋勸業會演說》，見《楊仁山居士遺著》第7冊卷1。轉引自高瑞
　　　　　泉主編：《中國近代社會思潮》，上海：華東師範大學出版社，1996年版，第
　　　　　420頁。
〔註34〕　夏曾佑：《與楊文會書》，見《楊仁山居士遺著》第9冊卷六。同上。
〔註35〕　章太炎：《東京留學生歡迎會之演說辭》（1906），湯志鈞編：《章太炎政論選
　　　　　集》上冊，北京：中華書局，1977年版，第276頁。
〔註36〕　章太炎：《答夢庵》（署「太炎」，《民報》第二十一號，1908年6月10日），《章
　　　　　太炎全集》（四），上海：上海人民出版社，1985年版，第418頁。
〔註37〕　參見蔣海怒：《晚清政治與佛學》，上海：上海古籍出版社，2012年版，第216
　　　　　頁。

破我所，則不能去拜金心；非談平等，則不能去奴隸心；非示眾生皆佛，則不能去退屈心，非舉三輪清淨，則不能去德色心」〔註38〕，可謂章氏以佛學建立「革命道德」的宣言。在幾乎以《民報》為「佛報」的時期，他多次譴責「儒家不能空」，「儒家之病，在以富貴利祿為心」「用儒家之道德，故艱苦卓厲者絕無，而冒名奔競者皆是。」在熱中趨利上，儒家與縱橫家互為表裏，「達者，察顏觀色，慮以下人」，「聞者，色取行違，居不疑」，其道德比墨家遠不如〔註39〕。

從這個角度來說，章太炎撰文褒揚蘇曼殊超群獨世的形象並為其辯誣，同時也是意圖抨擊那些「湛心利祿」「冒名奔競」的、帶著「儒家之病」的偽革命者。在他眼裏，曼殊是「革命道德」的楷模，因為他沒有積攢、儲蓄金錢、物質或利益關係交換的意識，四海皆朋友，卻不受人情往來的牽絆。用佛教的術語來說，也就是少於「事」（事務、事相）和「業」（狹義上人際關係所形成的因果情勢）的糾纏，而能在現象的「花叢」中「片葉不沾身」。由蘇曼殊的日本研究者飯冢朗向江崎磐郎講述的一則軼事，頗能側應章氏對蘇氏「起與夫錄名黨籍，矜為名高者，同日語哉？」〔註40〕的讚譽：蘇曼殊在日本成城學校參加義勇軍時，曾出席團體集會。「他加入革命黨，卻很少說革命話。出席黨的秘密會議，還隨便躺著臥著，說什麼『該結束了，看月亮吧！』居然可以這樣。這種態度按理是不能出席什麼秘密會議的，可是大家容忍他，因為都瞭解他的性情。」〔註41〕這個故事裏的蘇曼殊生動地呈現出章太炎一生追求的、有著「革命的道德品格」的政治主體的剪影：做著革命的事業，卻毫無結黨營私的俗氣。

蘇曼殊「不從流俗」的「狂憨」氣質，與章太炎自身的瘋狂形象〔註42〕

〔註38〕 章太炎：《建立宗教論》，（署「太炎」，《民報》第九號，1906 年 11 月 15 日），《章太炎全集》（四），上海：上海人民出版社，1985 年版，第 418 頁。

〔註39〕 章太炎：《諸子學論說》，《章太炎政論選集》，中華書局 1977 年版，第 289；291；297～298 頁。

〔註40〕 章太炎：《書蘇元瑛事》，見湯志鈞：《章太炎年譜長編》（上），北京：中華書局，1979 年版，第 243 頁。

〔註41〕 轉（日）中菌英助：《詩僧蘇曼殊（原名〈櫻花橋〉）》甄西譯，太原：山西教育出版社，1999 年版，第 5 頁。

〔註42〕 關於「章瘋」綽號的由來，參見蔣維喬《中國教育會之回憶》：「辛亥革命時期，太炎先生的言論，口誅筆伐，是救國救民的宏論……但馬君武對太炎先生私稱『章瘋』，而且對曹亞伯則稱為『曹瘋』。馬君對太炎先生向來又親切

也符合若節。馬敘倫說他「獨慧於讀書，其於人情世故，實未嘗悉也」〔註43〕；薛慧山稱他「一生不知攝生爲何物」〔註44〕，與蘇曼殊散盡千金還復來的狂行一般無二。可以說，在「民國狂人」的形象畫廊中，「章瘋子」與「蘇和尚」如雙子星座一般形影不離，他們所展現的正是超越和破壞人倫關係話語織體的超道德主義形象。這形象與南社詩人在「詩學、學問與革命」之間的合縱連橫，形成了晚清到民國「士人風氣」偶像化的精神氛圍，在某種意義上，他們就是辛亥革命本身的詩學符號。

由此引申開去，晚清學人對道德品格頌揚的特異之處，就在於不同尋常的激情性修辭。在那篇萬人空巷的演講辭中，章太炎所謂「革命道德」的內容似乎與儒家「修己」的道德規範沒有什麼差別，然而其結構、用辭和情感的強度卻是異乎尋常的。他嬉笑怒罵全無顧忌，聲言四萬萬人都要傳染上他的瘋狂：「願諸位同志，人人個個，都有一兩分的神經病」「要把那細針密縷的思想，裝載在神經病裏」〔註45〕。在章氏看來，革命道德是一種超越性的激情，印證於佛教哲學的「無我無畏」：「排除生死，旁若無人，布衣麻鞋，蹀行獨往，上無政黨猥賤之操，下作懦夫奮矜之氣，以此揭櫫，庶於中國前途有益。」〔註46〕同樣，柳亞子認爲「德義之漓，至清季極」，辛亥革命「號稱蕩滌瑕穢」然「未嘗毫髮掃除」，「積三百年腥腐之末流」，而蘇曼殊則是此濁境中的「雲鶴」與「星鳳」〔註47〕，所到之處將一切物質性和功利性的謀算一掃而光，充滿「頓忘人我」的暢快感和任俠之氣，而革命的「詩學」也從此而生。

至此可言，晚清「知識──信仰群體」從大乘佛教中汲取了一種徹底性，它的起源在於本體論，其副產品則是修辭上的極致激情。從龔自珍、譚嗣同

而又敬佩的，稱他章瘋，並無侮辱之意，近似親切感而已。」蔣維喬：《中國教育會之回憶》，《追憶章太炎（修訂本）》，陳平原、杜玲玲編，北京：生活·讀書·新知三聯書店，2009 年。

〔註43〕 馬敘倫：《石屋餘瀋》，上海：上海書店，1984 年，第 5 頁。

〔註44〕 參見薛慧山：《國學大師章太炎》，轉引自《章太炎軼事》，陳晨編，北京：人民日報出版社，2012 年版，第 226 頁。

〔註45〕 章太炎：《東京留學生歡迎會之演說辭》（1906），湯志鈞編《章太炎政論選集》上冊，北京：中華書局，1977 年版，第 271 頁。

〔註46〕 章太炎：《答鐵錚》（署「太炎」，《民報》第十四號，1907 年 6 月 8 日），《章太炎全集》（四），上海：上海人民出版社，1985 年版，第 375 頁。

〔註47〕 參見柳亞子：《蘇玄瑛傳》，《蘇曼殊全集》（四），北京：中國書店出版社，1985年版，第 154～155 頁。

到夏曾佑，都借大乘菩薩「虛空無盡，我願無盡」「地獄不空，誓不成佛」的「六度萬行」〔註48〕將革命境界提到了難以至信的高度。在萬木草堂講學期間，康有為就向門徒宣揚「我輩以普渡眾生為心」〔註49〕。梁啟超秉其師命，稱社會改革命者應如佛菩薩救世，「曰威力曰奮迅曰勇猛曰大無畏曰大雄」〔註50〕；像特立獨行的蘇曼殊一樣，龔自珍也曾因「能獨往獨來，不為人熱」而受到譚嗣同的推崇〔註51〕，而譚氏則以功利的「機心」來襯托菩薩的「願心」，稱「機心造劫運，願心挽劫運」〔註52〕。前者是從「私我」出發，願心則超越人我，廣攝一切「法界眾生」。譚氏並稱「夫善學佛者，未有不震動奮厲而雄強剛猛者也」〔註53〕。佛學話語中的極致維度，集中體現在龔自珍的《發大心文》〔註54〕中。龔氏對「大」「願」「行」的解釋，主要來自於大乘華嚴宗的經典《大方廣佛華嚴經·八不思議解脫境界普賢行願品》。此品的當機者普賢菩薩，在佛教中表菩薩道的廣大行願。「大」是相對於「聲聞」「緣覺」等「小乘佛教」只自度、不度他的「小」而言，也指超越有限的時間相和空間相，超越一切生滅現象、一切二元對立，而達盡未來際自度度生的至善之願。心發大願，行雖未動，此願已與天道至善相應。依大願而起之大「行」發音「hèng」，表為求無上佛果，發大誓願修習六度萬行，「依經論說：行是車船，願是馬楫，有船無楫，難可到也。」〔註55〕

　　「大願」振奮人心，「大行」超越功利主義，「無我空觀」則帶來「無畏」和「大智」。章太炎東京演講的感染力和磅礡的氣勢，實以「空」為基礎，「用華嚴、法相二宗改良舊法。這華嚴宗所說，要在普度眾生，頭目腦髓，都可

〔註48〕　六度，即布施、持戒、忍辱、精進、禪定、般若（智慧）。

〔註49〕　參見梁啟超：《與穰卿足下書》（致夏曾佑信），《梁啟超年譜長編》，丁文江、趙豐田，上海：上海人民出版社，2009年，第39頁。

〔註50〕　梁啟超：《說動》，《飲冰室合集·文集》三，北京：中華書局，1989年，第38頁。

〔註51〕　譚嗣同：《論藝絕句》，《譚嗣同全集》（增訂本）上冊，蔡尚思、方行編：北京：中華書局1981年，第77頁。

〔註52〕　譚嗣同：《仁學》，《譚嗣同全集》（增訂本）下冊，蔡尚思、方行編：北京：中華書局1981年，第356頁。

〔註53〕　同上，第321頁。

〔註54〕　參見龔自珍：《龔自珍全集》，上海：上海人民出版社，1975年版，第392～396頁。該文純為佛教徒生生世世廣度六道眾生的發願文，不以現實社會為所歸依境界，研究者常直接賦予其政治意義。

〔註55〕　同上，第392頁。

施舍於人,在道德上最爲有益。這法相宗所說,就是萬法惟心。一切有形的色相,無形的法塵,總是幻見幻想,並非實在其有。」「要有這種信仰,才得勇猛無畏,衆志成城,方可幹得事來。」〔註56〕他在給太虛法師的信中曾有一句「性空彼此無差別,力大乾坤可跌交〔註57〕」。他的弟子許壽裳也回憶說,太炎先生在「蘇報案」繫獄期間,「悟到大乘法義,才能克服苦難」〔註58〕。也正是由於「空」,譚嗣同才得以具足了「引刀成一快」的極端的革命勇氣。他在《仁學》中寫道,「人若知雖死(身命)而有不死者(佛性),則可以去除畏死之心,可以成仁取義而無恟怖。」「佛說以無畏爲主,已成德者名大無畏,教人也名施無畏,而無畏之源出於慈悲,故爲度一切衆生故,無不活畏,無惡名畏,無死畏,無地獄惡道畏,乃至無大衆威德畏,蓋仁之至矣。」〔註59〕

在這些「政治佛學」的鼓吹者看來,大乘佛教之「大」之「廣」已甄極致,不僅超越了只知自度的印度小乘教,也超越了耶、儒。康有爲將佛教與基督教相比,稱「耶教全出於佛……但耶教爲末日審判,不如輪迴者之易聳動矣。其言養魂甚粗淺,在佛教中僅登斯陀含果,尚未到羅漢地位。【按:斯陀含果,是佛教修行的較低級階段,僅僅比預流果稍稍高一級,在這一階段,死後雖登人間天上,也還需經一番生死,才可解脫。】〔註60〕」譚嗣同在佛儒之間比較,「爲孔教者,鄙外教之不純,爲外教者,即笑孔教之不廣,二者必無相從之勢也。二者不相從,斯教之大權,必終授諸佛教。佛教純者極純,廣者極廣,……極地球上所有群教群經諸子百家,虛如名理,實如格致,以及希夷不可聞見,爲人思力所僅能到,乃至思力所必不能到,無不異量而相容,殊條而共貫。」〔註61〕這些話語顯然旨在破解社會大衆對佛教的「消極」

〔註56〕 章太炎:《東京留學生歡迎會之演說辭》(1906),湯志鈞編《章太炎政論選集》上冊,北京:中華書局,1977年版,第274頁。

〔註57〕 朱鏡宙:《章太炎先生軼事(詠莪堂隨筆)》,《追憶章太炎(修訂本)》,陳平原、杜玲玲編,北京:生活·讀書·新知三聯書店,2009年,第178頁。

〔註58〕 許壽裳:《亡友魯迅印象記》,見《魯迅回記錄(上冊)》,北京:北京出版社,1999頁,第248頁。

〔註59〕 譚嗣同:《上歐陽中鵠二十六通》(第十一通),《譚嗣同全集》(增訂本)下冊,蔡尚思、方行編:北京:中華書局1981年,第468頁。

〔註60〕 康有爲:《意大利遊記》(1904),《康有爲全集》第7冊,姜義華待編,北京:中國人民大學出版社,2007年版。

〔註61〕 譚嗣同:《仁學》,《譚嗣同全集》(增訂本)下冊,蔡尚思、方行編:北京:中華書局1981年,第351頁。

印象。近代三大佛學院之一的南京支那內學院歐陽竟無一派，更以佛家之廣大行願批判儒家在宋以後就已著重「內聖」，忽略「外王」，「不適於群學，不利於當前救世」。〔註62〕

二、中國化的相即性思維

（一）空有不二

如上，大乘佛教的「空」沒有導致主體的「出世」，而是加強了「入世」的激情，其內在的邏輯就在於「空有關係」，亦即超驗世界與經驗世界的關係這一哲學的根本問題。

簡單地說，基督教文明所取的是將二者截然分開的二分法，上帝與眾生、本體界與現象界、天堂和人間之間，有著不可逾越的鴻溝，也就是所謂的「彼岸世界取向的文明」〔註63〕。與之相近的是，印度原始佛教即通稱的小乘教、部派佛教，雖然不承認有「上帝造世」的說法，但其「空」和「有」卻是彼此對立的。隋唐時期，中國天台宗智者大師曾以藏、通、別、圓「化法四教」的判教法爲佛陀一代時教的教法內容分類〔註64〕，四教對空有關係的處理各有不同。總的來說，藏教（主要是聲聞、緣覺等小乘教）和通教（大、小乘皆涉及，如般若宗）往往含「空」和「有」此有彼無的思想，認爲捨了世間的「有」，才能達到「空」。藏教採用的「析空觀」，由思維苦諦而帶動的「空」，「無常故苦，苦即無我，無我故空」；通教則採用「體空觀」，「因緣所生法，我說即是空」，以本無所得來破壞「我執」。

從這一判教的角度，晚清政治佛學群體通常捨棄了藏教〔註65〕而起用

〔註62〕　參見歐陽竟無：《佛法非宗教非哲學》、《佛法爲今時所必需》等文。《歐陽竟無佛學文選》，武漢：武漢大學出版社，2009年，第1～18頁。

〔註63〕　參見（以）艾森斯塔德：《大革命與現代文明》，劉聖中譯，上海：上海世紀出版集團，2012年，第3頁。

〔註64〕　智者大師的總判教法是「五時八教」。「五時」即華嚴時、阿含時、方等時、般若時、法華涅槃時，以時間軸向定釋迦佛說法的次第；「八教」分爲「化儀四教」和「化法四教」，前者指頓教、漸教、秘密教、不定教，依佛陀教化的形式與方法而分，後者即藏、通、別、圓，就佛宣化的內容而分。化儀如藥方，化法如藥味。按照此一判教形式，晚清政治群體在「五時」中採用華嚴、般若和法華涅槃，捨棄阿含和方等；在「化儀四教」中採用頓與漸，而捨棄秘密和不定教。

〔註65〕　在有些時候，章太炎等人也會採用小乘教思維人生苦諦的思想。如《俱分進化論》中對於進化之苦的描述。藏、通、別、圓四教的特點，是「後後」可

通、別、圓，特別是別教（以唯識學爲主）和圓教（天台宗、華嚴宗）的思想。如譚嗣同稱「佛法以救度眾生爲根本……學者墮落小乘，不離我相……甚無謂也」〔註66〕，章太炎《答鐵錚》云「僕於佛教，獨淨土、秘密二宗有所不取。以其近於祈禱，猥自卑屈，與勇猛無畏之心相左耳。」〔註67〕可以說，「出世的」佛教能在現代知識界的重啓，並非以其「解脫於輪迴」的「涅槃說」，也並非以令人生畏心的「因果報應說」，而是以別教和圓教「空有不二」的相即性思維進入「群學」視野的。

在《仁學》中，譚嗣同寫道：「夫以無量入有量，有量何往？及所思既倦，而無量又何往？一切眾生，並而爲我，我不加大；我遍而爲一切眾生，我不減小，故名之曰：『一多相容』」〔註68〕。這種一多相容的概念，正是大乘佛教「如來藏」系的根本觀念。如天台宗的「一念心通十法界」，禪宗的「萬法歸一，一歸何處」皆如是。這種理念不惟佛教獨有。如《莊子·天下篇》「惠施多方，其言五車，其道舛駁，其言也不中，曰，至大無外，謂之大一，至小無內，謂之小一。」章太炎學佛後，以佛解莊作《齊物論釋》，將此「至大」「至小」之說化歸入唯識學的「賴耶緣起論」中，同樣是對「相即性」思維的詮釋。

如佛教史研究者張煜所說，自佛教傳入以來，縱貫中國哲學的關鍵命題是「心性」，而不是唯物與唯心。在心性論中，心與物是不能截然區分的〔註69〕。淨土宗第六代祖師永明延壽（904～975）就是這種融合性思潮的代表人物。他的《宗鏡錄》宣揚以「一心」來統攝佛教各派，將「心」、「如來藏」、「阿賴耶識」、「佛性」等本體性範疇並作一談。這種化繁爲簡的統合工夫極大地影響了宋明兩季參禪的儒家士大夫。宋明理學受此「心性之學」的影響，

以攝「前前」，「前前」不能通「後後」。大乘教含攝小乘教，立足於圓教則可包含於前三者。這也是《大乘起信論》中的思想。晚清知識群體多是《起信論》的信徒，喜採用這種圓攝法。

〔註66〕 譚嗣同：《仁學》，《譚嗣同全集》（增訂本）下冊，蔡尚思、方行編：北京：中華書局1981年，第315頁。

〔註67〕 章太炎：《答鐵錚》（署「太炎」，《民報》第十四號，1907年6月8日），《章太炎全集》（四），上海：上海人民出版社，1985年版，第369頁。

〔註68〕 譚嗣同：《仁學》，《譚嗣同全集》（增訂本）下冊，蔡尚思、方行編：北京：中華書局1981年，第315頁。

〔註69〕 參見張煜：《心性與詩禪：北宋文人與佛教論稿》，上海：華東師範大學出版社，2012年，第5～6頁。

不僅使「融合性」的世界觀變成了此後中國哲學的基本特徵，也正式成爲此後「中國傳統詩學」的主要特徵。佛教學者賴永海也認爲，佛學影響儒學最大者，即是從宋明之前以儒、道爲主的「天人合一」到宋明之後的「本體論」。前者的話語權力秩序是「道之大原出於天」，以「天道」攝「人道」，後者則認爲天、人本一體，沒有所謂誰派生誰的問題。「不論是『天道』還是『心性』，都是作爲本體的『理』（程朱一系）或『心』（陸王一系）的體現」〔註70〕。也就是說，通過佛教將結構的重心轉移，儒教和道教之「天」的「宇宙本源論」的角色被挪移到了「現代哲學所說的『本體論』」的範疇〔註71〕。在這種結構中，時空和主體相入相即，宇宙沒有開端和終點。這也是所謂的「東方」式的循環論，以大乘佛教來說，更準確的說法是「顯現論」：世界萬有是心識所現，並非「神」所創造的實體。這是一種「反第一因」的世界觀，在時間上否定了「線性時間觀」所依賴的「有始論」，在空間——主體的意義上則否定了「神創論」，從而解構了「天理」自上而下的壓迫性順序。如章太炎推崇戴震，其理由並不僅在於戴氏嚴謹的、富於科學精神的考證，也因爲戴震對於天理和人欲的處理體現了相即性的融合觀。「晚世戴震，宣究其義，明理欲不相外。」〔註72〕

　　就此來說，章太炎「反敬天明鬼論」，所反對的不是「天」，而是「天」的形而上學用法。「形上學」在哲學上具有兩義性，一爲中性的，一爲作爲批判對象的超驗主義。本文所取是作爲超驗主義的「形而上學」，在章太炎那裡較準確的對應術語是取自日本宗教學者姉崎正治的「表象主義」（symbolism，今譯「象徵主義」）之病，以及來自法相唯識學「三性」中的「遍計所執性」。

　　如學界的總結，章太炎的宗教觀受到姉崎正治的影響頗深。《訄書》中的《原學》、《清儒》、《原教》等多篇文章都援譯了姉崎的文本。最爲章氏所欣賞的是其「表象主義」觀點。根據彭春凌的分析，表象主義「指人類用直觀的、感性的形式，來表示抽象的概念，表達內心的欲求。姉崎以表象主義來解釋宗教，認爲宗教的本質是意志的自我擴張，它以感性的現象、可見的形式作爲表象（亦即象徵和表現的中介），來理解超驗的神的存在，反映了人類

〔註70〕　賴永海：《佛學與儒學》，杭州：浙江人民出版社，1992年，第25頁。
〔註71〕　同上，第23頁。
〔註72〕　章太炎：《通程》，《章太炎全集》（三），上海：上海人民出版社，1985年版，第455頁。

企圖在有限中追求無限的天性。不過，由於直觀的現象和形式終究不能完全與抽象的概念吻合，因此表象主義必然存在缺陷，以表象主義為基礎的宗教當然也不例外。一旦人們內心的欲求過深乃至發狂，卻又無法追及超驗的神，宗教的病態就會加重。」〔註73〕章太炎由此想到六書中的「假借」，並由「單純的語文學討論」，「擴大到對宗教心理的關注」〔註74〕。

從對絕對本體的追求來說，表象主義「在有限中追求無限」並沒有錯，章太炎也在同一意義上褒揚柏拉圖的「理念」，但其前提都是遵守「現象」與「本體」的相即性。一旦本體脫離了現象，表象主義就會成為一種「病質」。「言語者，本不能與外物泯合，則表象固不得已……生人之思想，必不能騰躍於表象主義之外。有表象主義，即有病質憑之。」〔註75〕在這裡，表象主義的根本錯誤就是心物分離。認為宇宙天理、物質世界「外在於我」，因而將認識和判斷的基礎紮根於「與心無關的物」，心向外求。章太炎正是以此來抨擊康有為的「孔教論」的「敬天明鬼」思想，並且反對梁啟超將屈原歸入南方學派，因為屈原作《九歌》顯示了其宗教性的「病態」和「亢進」的症候〔註76〕。

在這種批判性的意義上，章太炎的「宗教」指的是主體對超驗的「靈魂」或「神我」的崇拜，而大乘佛教的「顯現論」不僅不是此意義上的「宗教」，反而正可以平息「宗教性」的「表象主義」之「病」，因為「顯現論」的一個重要特點是「不變」的本體由「變化的現象」所顯現。它意味著，並非在生滅變化的現象之外另有一個清淨本來的世界，亦非在輪迴之外另有涅槃。小乘教認為煩惱是真實的，強行用「四念處」（觀身不淨、觀受是苦、觀心無常、觀法無我）等方法來對治煩惱，直到「灰身泯智」獲得「空性」，可以說是設置了現象與本體的對立。在大乘佛教的修行者看來，由這種對立意識所證得的「空性」並非究竟圓滿的，只可以說是「偏空涅槃」。大乘佛教認為從絕對真實上來說，本來沒有煩惱，因而也就沒有「空」和「有」的真實對立。以

〔註73〕　彭春凌：《儒學轉型與文化新命——以康有為、章太炎為中心》，北京：北京大學出版社，2014 年版，第 183～184 頁。

〔註74〕　同上，第 186 頁。

〔註75〕　章太炎：《正名雜義》，《章太炎全集》（三），上海：上海人民出版社，1985 年版，第 213～215 頁。

〔註76〕　參見章太炎：《周末學術餘議》，《新民叢報》第六號，1902 年 4 月 22 日，第 119 頁。轉引自彭春凌：《儒學轉型與文化新命——以康有為、章太炎為中心》，北京：北京大學出版社，2014 年版，第 188 頁。

譬喻來說，「輪迴」如做夢，夢中內容雖是假的，「做了夢」卻是眞的。修行就是從夢中醒來的過程。因此，大乘的修行可以共小乘法，卻多了一道至關重要的程序：主體在運用約束身心的種種「對治性」戒律之前，先回歸現前一念心性，體察生活之夢是假的，本來無須對治，再以清醒的意識回到現實的「夢」中，「任運斷思惑」。龔自珍《發大心文》中所描述的大乘菩薩之所以總能「煩惱無盡，眾生無盡，我願無盡」，「生生世世無疲厭」，正因爲有了「本來是空」、只是未覺悟的眾生執著爲「有」的「正知見」。可以說，大乘菩薩道的修學，所採用的正是「不偏空不偏有」的「中道」的雙向思考模式，以不捨眾生爲「大悲」、以本體性空的「般若」爲大智，站在「本來沒有輪迴」的角度陪同眾生流轉輪迴，「如同蓮花不著水，亦如日月不住空」（《華嚴經·普賢行願品》），在如幻如化的世界上，如幻如化地度化眾生，卻無「我相、人相、眾生相、壽者相」，「實無一眾生可度者」（《金剛經》）。晚清革命志士們以「菩薩救世」自喻，亦是以此「悲智雙運」「空有不二」，既能以空觀、假觀對儒家的功利主義「解黏去縛」，又以不執著善惡、是非、人我之「中道」，積極入世，救拔民生疾苦。在俗諦的意義上輪迴實有，使人們重新相信善惡因果；在眞諦的意義上輪迴本空，又令主體生大無畏之感，而能於濁世之中發揚向上精神，勇往直前。

　　從歷史上來說，這種「空有不二」的思維之所以在晚清革命中得到廣泛的運用，是因爲它早已是儒士階層常識性的話語系統。有宋一代，大乘佛教的主要宗派——被稱爲「中國化佛教」的禪宗三系和天台、淨土、華嚴諸宗構成了文化的基本形態，佛教也從唐代的王室體系轉到士大夫佛教。在「陽儒陰佛」（唐君毅語〔註77〕）的儒家士人的推動下，佛教術語已經滲透到漢語修辭的系統中，「萬法皆空」「心性無染，本自圓成」「即心即佛」等語幾乎是所有的文人皆能操持的普通修辭。在世俗化的過程中，「非空非有」「即空即有」變成了一種泛化的詩學意境。康有爲的《大同書》就利用這種意境提供了一個將阿彌陀佛的西方淨土引入現實世界的「人間淨土」的未來圖景〔註78〕，這個圖景在想像和動力層面，都來自於「空有不二」。

　　然而，這種「相即性」思想的運用方式和適用範圍卻成爲一個問題。在

〔註77〕　唐君毅：《略談宋明佛學與儒學之關係》4，《現代佛教學術叢刊十八·佛教與中國文學》，北京：北京圖書館出版社，2005 年，第 147 頁。

〔註78〕　康有爲：《大同書》，上海：上海古籍出版社，2009 年。

這個問題上的學理模糊與思想分歧，也是晚清政治群體走上「公理與反公理」的不同道路的哲學根源之一。

（二）如來藏——《起信論》佛教系統

具體來說，晚清「空有不二」思想的主要來源，一是如來藏系佛教，即天台判教中的圓教含攝的宗派；一是唯識學，即天台判教中的別教。通常所謂的「中國化佛教」都屬於「如來藏」系。如來藏（梵語 tathagata-garbha）又稱「如來胎」或「真如」，即一般所稱之「佛性」。「如」就是「如是」、「如實」地呈現世界真實的狀態，在永明延壽禪師等人的詮釋下，也同時意謂著受煩惱纏縛的一切眾生皆具有與佛相等的本性，皆具成佛之勢能，「眾生皆是未來佛」。章太炎稱自己的哲學為「真如哲學」，就是來自「如來藏」的本體論思想。佛教史家認為，「真如」思想幾乎支配了整個中國佛教的歷史進程。如地論宗的「淨識緣起」、天台宗的「如來藏為實相，不可思議之妙法」、華嚴宗的四宗教判之第四如來藏緣起宗，皆以此為根據〔註 79〕。如來藏系的經論有《楞伽》《密嚴》《起信》《寶性》等，都是晚清學人的思想「寶庫」。在其中，最重要的是《大乘起信論》。該書相傳為古印度馬鳴（約西元一世紀人）所著，南朝梁真諦（499～560）所譯。章太炎曾自述早歲對佛教許多經典難於契入，對《起信論》卻「一見心悟，常諷誦之」〔註 80〕。在某種意義上，該書可以說是晚清政治佛學思潮的《聖經》。許多人認為其中的思維模式符合於中國人的性格，而與印度原始佛教相差很大，因疑是中國教徒偽作。圍繞著《起信論》的真偽和「大乘非佛說」的觀點，近現代東亞佛學界曾展開了一場持久而激烈的爭論，將僧俗兩界和章太炎等「政治佛學」的思想者都卷了進去〔註 81〕。這不僅說明，大乘佛教的內容和結構有利於現代新語境中的「群學」實踐，「大乘」與「小乘」的關係也涉及到「華梵之爭」、亞洲文明思想的「所屬權」問題。需要注意的是，《起信論》所涉及的天台、華嚴、賢首、淨土與禪宗都是以「如來藏」「性覺」「心性」等本體論範疇為核心的中國佛教宗派，

〔註 79〕 參見張祥龍：《拒秦與應對佛教的儒家哲學》，桂林：廣西師範大學出版社，2012 年，第 198～210 頁。

〔註 80〕 同上，第 214 頁。

〔註 81〕 關於知識者參與辯論的情形，參見姚彬彬：《從「宗派佛教」到「學派佛教」——現代文化思潮與中國佛學的轉型》中相關章節的討論，麻天祥指導，武漢大學博士論文，2013 年。

其話語結構修辭的特點也都是常用「即」字：「煩惱即菩提」「一即一切」「即事即理」「即心即佛即眾生」。

「即」字可謂化繁為簡的妙字，將原始佛教對於本體和認識論的許多複雜辨析濃縮在富有對稱性的表述中。首先為「革命」所用的自然是「眾生即佛」的思想。在佛教理論史上，在主體的意義上，「如來藏系」佛教所對抗的就是「一闡提」的「種性論」，即有一類眾生永遠不能成佛的思想〔註82〕。這種思想或與印度古代的「種姓」制度有關，在本質上有些類同於基督教、天主教和伊斯蘭教等在「真主」「上帝」「天主」與「子民」之間的絕對界分。而如來藏系的《華嚴經》所謂的「心佛及眾生是三無差別」則認為，儘管有主體有「報身」（包括「正報」——自身的身心境界和依報——自身所處的外在環境）境界的無量差別，佛陀與凡夫在本質上卻是同一的。天堂或地獄都由「一念心性」變現而來，此「一念心性」的「究竟位」即是「真如」，「在凡不減，在聖不增」。凡夫只要認識到自己的本質是佛，就可能通過「修行」親證到「真如」的絕對的境界。

這種思想被清末民初知識界視為在中國自身的傳統中尋找「平等」「民主」和「啟蒙」諸要素的依據之一〔註83〕。眾生心與佛心的一體性初步解決了以超驗的「天道」「公理」來壓迫「人」和「個體」的問題。如譚嗣同《仁學》引王船山語，「『天理即在人欲之中；無人欲，則天理亦無從發見。』適合乎佛說佛即眾生，無明即真如矣。」〔註84〕

然而「眾生即佛」並不意味著「天道至善」可以用「人倫」的善惡分判或「人欲」的世俗追求來替代，也不意味著「佛性」可以隨意地與「政府」「君主」「國家」等「上位性」理念發生換喻。章太炎對於「真如」、嚴復對於「天演」的執著都透露出：在反對體制儒學的形而上學壓迫共同事業中，絕對的「天理」本身不是被否決了，只是方向和功能發生了改變。

〔註82〕 這類思想見於《大般涅槃經》、《解深密經》等唯識系經典。後來玄奘的唯識今學也有這種觀點。將佛性分為「理佛性」和「行佛性」，儘管人人具有成佛的可能，但從「行佛性」來說，仍有一闡提不能成佛的情況。在一些學者看來，這是印度佛學和「梵性」較深的唯識學與天台、華嚴等中國化佛學的基本分歧點。參見楊維中：《中國唯識宗通史》，南京：江蘇人民出版社，2008年，第724頁。

〔註83〕 參見李向平：《救世與救心——中國近代佛教復興思潮研究》，上海：上海人民出版社，1993年，第27頁。

〔註84〕 譚嗣同：《仁學》，《譚嗣同全集》（增訂本）下冊，蔡尚思、方行編：北京：中華書局1981年，第301頁。

　　章太炎對哲學的看法簡潔明瞭，認爲哲學就是本體論。在他「以宗教培育國民的道德」之際，也在尋找不以「宗教」和「道德」本身爲所皈境的「本體」。「言哲學創宗教者，無不建立一物以爲本體。其所有之實相雖異，其所舉之形式是同。是圓成實性之當立，固有智者所認可也。」〔註85〕「此圓成實自性者，或稱眞如。」——他所找到的這個本體就是「唯識三性」之一的圓成實性，也就是「眞如實相」或「如來藏」。當然，不管是以「天」、「自然」還是「眞如」來命名本體，都需要解析這個本體與道德倫理訴求的關係。如梁啓超所說，呼喚一種「最有希望、最正直、公正的思想，它不允許別人侵犯我的自由，也不允許我把自己的意願強加給別人。」〔註86〕這一說法符合傳統三教的基本倫理訴求，卻顯然與達爾文進化論「優勝劣汰」的強權論不同。它們是兩種針對人類社會行爲的總體價值判斷，其背後各有截然不同的世界觀以爲支撐。

　　無論是以儒還是以佛來立論，章太炎一向秉持「至善」的本體論立場。他認爲「眞如本體」是一種「絕待」的「至善」，是超越了「善惡對立」的世俗道德的「善」，也是超越了「公私對立」的「無私之公」（汪暉語〔註87〕）。在此，「善」「公」本身並無具體的內容，它只是一個「絕對」的結構性位置，「無對無待」，沒有人倫人情的分別，以陽明家的口吻來說，這是一個「不容已」的「位相」。如彭春凌所說，「在章太炎的話語中，『上天』不是人格神，而是代表天道、公意的自然法，『素王』孔子和歷代的仁人志士，是憑藉上天賦予的人心同然之良知，以確立對體制有某種超越性的道德立足點。」〔註88〕

　　從這個角度來說，「章瘋子」超道德的激情並非放棄道德人格的自律，其宣揚艱苦卓絕的精神甚至加強了道德約束的力度。然而與儒家式的「三綱五常」不同的是，這種道德約束不是來自於「社會」「國家」「君主」等「外在」的壓力，而是來自於「內在的眞如」，是從「法性」自然流出的。對於尚未親

〔註85〕　章太炎：《建立宗教論》（署「太炎」，《民報》第九號，1906年11月15日），《章太炎全集》（四），上海：上海人民出版社，1985年版，第404～407頁。

〔註86〕　唐小兵：《重新想像的歷史：梁啓超在1902年》（未刊稿），1990年，第7頁，轉引自（美）德里克《中國革命中的無政府主義》，孫宜學譯，桂林：廣西師範大學出版社，2006年，第47頁。

〔註87〕　汪暉：《現代中國思想的興起　下卷第一部　公理與反公理》，北京：生活·讀書·新知三聯書店，2003年版，第1103頁。

〔註88〕　彭春凌：《儒學轉型與文化新命——以康有爲、章太炎爲中心》，北京：北京大學出版社，2014年版，第51頁。

自「證得」這個「本來面目」的凡人來說，「眞如」的不變之「體」不能以「現量」來證明，其「用」則只能以推量的方式來假設：一個人如果眞的認定了萬事本質的虛妄不實，就会自然選擇行持善法，而不會故意做出傷害性的行爲，因爲「惡」意味著心中有所求和有對立，而眞如則脫離了對立相。然而無論是革命志士的「勇猛無畏」還是章太炎贊蘇曼殊的「厲高節，抗浮雲」，乃至佛教的「不殺、不盜、不淫、不妄」等「五戒十善」的具體規條，其本身都並不意味著「順法性」。也就是說，踐行同樣的道德法則，有「內向」和「外向」兩種方式。心向外索求，就是章太炎所批判的「表象主義」形而上學，由迴光返照一念心性而來，就是「隨順」乃至「證入」了眞諦。

是這種方向，而不是道德的內容，才是「體制儒學」和現代「西學」的問題本質。宇宙間有唯一、絕對、非人格的眞理，這是「三教」在本體論上的共識。章太炎認爲，「大佛法究竟，不過無我二字，則孔子絕四，顏淵克己，正與之合」〔註89〕。佛教的「一眞法界」「眞如實相」「清淨本然」；老莊的「天地不仁，以萬物爲芻狗」，都是對此絕對性的說明。然而多數儒家思想者的問題在於，他們在本體這個以「位相」來定位的範疇上始終掺有道德「內容」的迷思。從孟子的「向善論」到王陽明的「致良知」說，對「天理」的認識多多少少都滲透了直接將「天」道德化的意圖。在本體論上，二程理學對佛教的批判，主要集中於認爲佛教的「眞如佛性」缺少「敬、樂、仁」〔註90〕。20 世紀 50 年代崛起的新儒家思想者唐君毅的解讀中，《華嚴經》的最高境界的一眞法界自身就是一個完滿的道德主體。另一方面，一般儒學者的相即性體用觀在借勁於佛教時，很容易陷入一種「整齊的二元論」中，「即」字更加深了這種印象：它壓縮了「共時」「歷時」內部的複雜的層次差別。以大乘佛教來說，唯識學的「次第三觀」包含了時間的次第性，天台宗的「一心三觀」才是「共時性」的；而天台宗的「六即佛」與「即空即假即中」的一心三觀亦不能完全等同，前者充滿了時間和空間層次的複雜演化。然而，在唐宋時代，翻譯佛經多採用簡約的「即」字修辭法，雖然使思想便於傳播，卻也造成了許多嚴重的問題。如在儒家

〔註89〕 章太炎：《與吳承仕書》(1926)，《章太炎書信集》，馬勇編，石家莊：河北人民出版社，2001 年，第 351 頁。

〔註90〕 參見張祥龍：《拒秦與漢和應對佛教的儒家哲學》，桂林：廣西師範大學出版社，2012 年，第 25 頁。

士大夫的理解中，「即」字往往導致「既看到這一面，又看到另一面」的機械論。因此，儘管「致知格物」和「體用不二」都運用了這種結構，晚清以來的新儒學更發展出一套完備的「體用說」，現代的思想者在「天理」如何作用於「人倫」的問題上仍難免於以「人事」等同於「天理」、從而虛置了「天理」的情況，也難於理解佛教式的不變的「真如」本體與無常變異的「生滅」現象之間的關係。即如梁啓超研佛多年，仍會感歎於「真如生滅兩門情狀，似彷彿有所見，然不能透入。」〔註91〕

　　章太炎的「真常唯心論」卻對於處理這種困境頗有心得。

　　1. 對於章氏「始則轉俗成真，終乃回真向俗」〔註92〕的自我定位，特別是對「真」和「俗」的理解，學界向來眾說紛紜。有的學說籠統地將「真」視爲佛學，將「俗」視爲儒學，在事相上有一定道理，但「真諦與俗諦」如同「空有不二」，本身是已經是一個完整的大乘佛教的認識和方法論系統。本文同意蔡志棟的說法，即章太炎這裡的「真」並非「真如」的簡稱，而是「立足於唯識學、中國佛學、諸子學和西方哲學而建立起來的真如本體論」；所謂「俗」，則是立足於他的形上學體系而對現實、學術等所作的滲透〔註93〕。但雖然填入了各種資源，這個基本架構所展現的卻仍是佛家式的倫理的絕對性與相對性。其中，「真」這個位置並不直接關涉道德，因爲道德是「因緣」所生，爲「有爲法」所攝，無常變化而無自性。「既然緣生，其非本體可知。」〔註94〕易言之，在章氏看來，任何相依相待、有始有終的事物和道理都並非真如，真如本體就是不依賴任何「關係」而獨立存在，「真如本識非因緣生」「真如本識無有緣起」〔註95〕，這就是所謂的「立地皆真」。

　　在倫理層面，不生不滅的真如與生滅的因緣的差別，意味著道德有絕對性和相對性。分別站在「真」與「俗」、「天理」與「人事」的角度上，會產

〔註91〕　出自梁啓超給夏曾佑的書信《與穗卿大師書》，引自《梁啓超年譜長編》，丁文江、趙豐田編著，上海：上海人民出版社，2009 年，第 49 頁。

〔註92〕　章太炎：《菿漢微言》《菿漢三言》，虞雲國標點整理，瀋陽：遼寧教育出版社，2000 年版，第 61 頁。

〔註93〕　參見蔡志棟：《章太炎後期哲學思想研究》，上海：上海社會科學院出版社，2013 年，第 13～14 頁。

〔註94〕　章太炎：《建立宗教論》（署「太炎」，《民報》第九號，1906 年 11 月 15 日），《章太炎全集》（四），上海：上海人民出版社，1985 年版，第 406 頁。

〔註95〕　章太炎：《菿漢微言》，《菿漢三言》，虞雲國標點整理，瀋陽：遼寧教育出版社，2000 年版，第 27 頁。

生截然不同的倫理判斷。章太炎曾參考「虛無黨」常以暗殺、自殺言志的情形，舉自殺行爲的倫理爭議爲例，來說明此中關係：

> 然則反對自裁者，就勝義而計之；認可自裁者，就恒情而計之。一於勝義，則自裁與求生皆非；一於恒情，則自裁與求生皆得。今之持公理者，本不越恒情界域，而汲汲懷自裁以屬禁，何所執持而得有此無上高權耶？明其雖詆諆神教，而根柢實與神教同也。

> 若夫自裁而死者，能斷生命，而不能斷其求有生命之心。求有生命之心云何？即意志是。雖自裁而意志猶在，他日且復轉生於世界中，獨其郭廓異耳。〔註96〕

勝義即是「眞諦」，恒情即是「俗諦」。勝義的法則關乎「終級的解脫」，是絕對的；恒情的法則關乎不同認識主體的差別選擇，是相對的。依據佛教的輪迴觀，由「一念心性」導致輪迴幻覺的產生，如心性仍「迷」，因緣未斷，自殺只是了結此生、再續他生，且又因殺生之業，徒增痛苦，於主體並無好處；然就俗諦而論，並非所有人都能相信或「證入」這一「正見」，自殺的理由因人而異，文化習俗各有差別，社會、國族、宗教的價值判斷亦不同，故「恒情」是採用「差別眾生」的「人之常情」來判斷自殺的倫理問題。由是借助佛教世界觀，章太炎的此番議論並不意味著對同一事物要採取雙重的標準，而是強調在抉擇時能夠自我明確發言的位置和所依的「境界」，在某種意義上說，也就是「般若」（智慧）與「覺悟」，即《菿漢微言》中所謂「成就俗諦者，依分別智忍識；成就眞諦者，依無分別智忍識」〔註97〕。從這個原理，章太炎推演出他批判性的核心思想：「惟有無所爲的來表色可以說是眞善眞惡；有所爲的表色，善只可說爲僞善，惡也只可說爲僞惡。」〔註98〕「無所爲」即佛教所謂「無爲法」，亦是勝義、眞諦，有所爲即「有爲法」，約俗諦的現象、因緣而立。在章氏看來，那些現代「言公理者」的問題，實際上是以「有爲法」爲本心，說的卻是「無爲法」的話。如梁啓超反對章太炎的排

〔註96〕　章太炎：《四惑論》（署「太炎」，《民報》第二十二號，1908 年 7 月 10 日），《章太炎全集》（四），上海：上海人民出版社，1985 年版，第 447 頁。

〔註97〕　章太炎：《菿漢微言》，《菿漢三言》，虞雲國標點整理，瀋陽：遼寧教育出版社，2000 年版，第 9 頁。

〔註98〕　根據姚奠中等人的考證，該說見於章太炎 1911 年有關佛法問題的演說稿。見姚奠中、董國炎：《章太炎學術年譜》，太原：山西古籍出版社，1996 年，第 183 頁。

滿思想，認爲他不應以「種族」之見取代「國家」的問題，「將建國主義一變而爲復仇主義」〔註99〕。而章太炎則在《定復仇之是非》〔註100〕中反駁：國與國、人與人之間的鬥爭，其主要動機常常就是「復仇」，不論披著怎樣的「文明」外衣，都不具有絕對意義上的合法性，也就是說，它們都是「有爲法」。在此，「戰爭」或「和平」的判斷本身並無善惡正誤之分，重要的是看清發聲的位置和所依之「心」。在採用俗情來判斷事物時，只要認識到自身的「相對性」立場，不以之強凌他人，就已經是對眞諦有所證悟。從主體的角度即是說，只要對自我的「本心」有充分的認知，即使沒有如聖者一樣「證入」了眞如法性，卻至少已經「隨順」了它。因此，能夠做到「己所不欲，毋施於人」，就已經是對「眞與俗」的關係有「內證」的智者了〔註101〕。

由此來說，章太炎的「道德論述」（李澤厚語〔註102〕）和「眞誠政治」（德里克語〔註103〕）的價值，不在於糾纏人格意義上的道德問題，而是指引我們追溯強權邏輯的世界觀——心理起源：掩蓋了「我」的發聲位置，「以己之學說所趨爲公」〔註104〕。在這一意義上，宋明理學的「修身養性」的禁欲主義和陽明心學的肯定世俗欲望，本身都無對錯之分，然而其各自的負向後果——「禁欲主義」的「僞道學」和「酒肉穿腸過」的縱慾主義，卻都是將「有爲法」的相對的立足點普遍化所導致的。它們分別走向極端，是因爲混淆了「天理」與「人欲」的作用範圍。在章太炎看來，如果發言主體旨在以「出世解脫」的目的論來統攝現實的價值觀，那麼「天理」與「人欲」確實是矛盾的。然而發言者往往取消了這個目的論的相對性，忽視了主體的

〔註99〕　參見梁啓超：《政治學大家伯倫知理之學説》，《飲冰室合集》（《文集之十三》）（中華書局影印本），1936 年，第 72～76 頁。

〔註100〕　章太炎：《復仇是非論》（即《定復仇之是非》，署「太炎」，《民報》第十六號，1907 年 9 月 25 日），《章太炎全集》（四），上海：上海人民出版社，1985 年版，第 270～276 頁。

〔註101〕　參見章太炎：《建立宗教論》中對於「唯識三性」的分析。（署「太炎」，《民報》第九號，1906 年 11 月 15 日），《章太炎全集》（四），上海：上海人民出版社，1985 年版，第 415～417 頁。

〔註102〕　李澤厚：《章太炎剖析》，《中國近代思想史論》，北京：人民出版社，1979 年，第 404 頁。

〔註103〕　（美）德里克：《中國革命中的無政府主義》，孫宜學譯，桂林：廣西師範大學出版社，2006 年版，第 70 頁。

〔註104〕　《四惑論》（署「太炎」，《民報》第二十二號，1908 年 7 月 10 日），《章太炎全集》（四），上海：上海人民出版社，1985 年版，第 444 頁。

不同選擇而將之視爲一種普遍的價值，因此成爲一種壓迫性意識形態。另一方面，明末清初「存人欲，存天理」這一「解放的思潮」強調天理和人欲可以共存，但其實質的認同卻往往僅在於「俗情」的欲望（即生存和情感的欲望），「天理」同樣被架空了。如溝口雄三所說，陽明學的「不容已」是將「無作意的自然態看作了本來性」。「這個是陽明理觀的極限，自然本來之理可以說任憑個人的自然的裁量，顯然，如從此走下去，就變成消融在私欲的喧鬧中了」〔註105〕。

2. 如上分析表明，比起體制儒學的問題，佛教哲學的進步性在於，它更加明確地限定了絕對的「無爲法」（眞諦）與相對的「有爲法」（俗諦）的作用方式和作用範圍。雖然眞與俗「相入相即」，然眞諦可以含攝俗諦，俗諦卻不能含攝眞諦。從這一角度來說，章氏的「眞常唯心論」，是對「一與多」的相即性結構的詳盡演繹。

在「以佛解莊」的成果《齊物論釋》（約 1908～1910）裏，章氏將唐華嚴祖師法藏開闡的「無盡緣起」之教義與《莊子‧寓言篇》的思想相提並論：

> 言萬物與我爲一，詳華嚴經云：一切即一，一即一切。法藏說爲諸緣互應。《寓言篇》云：萬物皆種也，以不同形相禪。義謂萬物無不相互爲種。《大乘入楞伽經》云：「應觀一種子，與非種同印，一種一切種，是名心種種。」法藏立無盡緣起之義，與寓言篇意趣正同。……其《華嚴經》指歸云：「此一華葉，理無孤起，必攝無量眷屬，圍繞此一華葉，其必舒己遍入一切，復能攝取彼一切法令入己內。」義皆與《寓言篇》同。〔註106〕

在汪暉看來，嚴復以理學、易學和實證主義爲背景，梁啓超以心學、今文經學和德國唯心主義爲背景建立起來的公理觀，和章太炎以唯識學和莊子思想爲背景建立起來的反公理觀，分別構成了關於現代世界和中國改造的三個代表性方案，它們都爲重新思考現代性問題提供了不同的視角〔註107〕。根據汪氏的看法，嚴復的理論是一元式的，以「天演」來統攝「社會有機論」；

〔註105〕　溝口雄三：《中國前近代思想的屈折與展開》，龔穎譯，北京：生活‧讀書‧新知三聯書店，2011 年，第 88 頁。

〔註106〕　章太炎：《齊物論釋》，《章太炎全集》（六），上海：上海人民出版社，1986 年，第 31 頁。

〔註107〕　汪暉：《現代中國思想的興起‧下卷第一部　公理與反公理》，北京：生活‧讀書‧新知三聯書店，2003 年版，第 1413 頁。

梁啓超則以「知」與「行」的合一問題來代換「民」與「政府」、「國家」的「獨」「群」關係。「一元」與「二元」反映了他們在處理「體」與「用」、本體與現象界之關係時的側重點和遭遇的困難。因為一元性的「有機論」往往忽略了「多元」的異質性而陷入「整體主義」的超驗性中，而「二元性」則容易陷入「一分爲二」地看問題。在本文看來，章太炎根據以佛學爲基礎的心性論傳統提供了一元和二元（多元）相辯證的視角，準確地展現了大乘佛學的基本結構。

　　如上所述，在章氏那裡，判斷一種行爲、一種學說的合法性，在於它是否隨順了「眞諦」。在《無神論》等文中，他批判「惟神」「惟物」「惟我」〔註108〕，對象不僅包括了世界範圍內的世俗宗教（如基督教、斯賓諾沙的泛神論、吠檀多教等），也包括了作爲新學的「科學」觀。他認爲西人「談科學而不以其道」〔註109〕，因爲其背後有著將「天」與「人」截然分開的二元論，而《大學》的「格物致知」與「正心誠意」卻有「道」，因爲在「格物」的行爲中已經含攝了「致知」。章太炎的這種觀點，與佛教菩薩道的「六度」思想乃以「般若爲總持」一樣：布施、持戒、忍辱、精進、禪定、般若爲六，但如在每一種行爲中都保持「般若」（智慧）的認知，才能「多即是一」，每作一項事業，都同時含有其他各項的功德，否則，布施因就只能得布施果，法法不相即：由此可見，「多即是一」是以「一即是多」爲前提條件的，它們之間並非同義反復的關係。

（三）「依自不依他」的心性論結構及其問題

　　在大乘佛教哲學中，「眞俗二諦」的「相即性」是從本體論的角度來描述世界的存在樣式，「緣起論」則介於「本體論」和「認識論」之間，以「知其不可而爲之」，解釋存在的「無生」之「生」。儘管從「根本一邊」說，心性本來清淨，輪迴萬有是一種「無明」產生的「幻覺」，但已經在這個「幻覺結

〔註108〕　在此需要區分章太炎的「依自」和「唯我」與他在《無神論》等文中所批判的「惟我論」的區別。按照蔡志棟的分析，章太炎所批判的「惟我論」（在此，「惟」和「唯」是混用的）有兩種，一種即是「神我」，以造物主「神」爲「大我」，一種是視「我」有不變的「自性」，即佛學所說的「斷、常」二邊見之一的「常見」。蔡志棟：《章太炎後期哲學思想研究》，上海：上海社會科學院出版社，2013年，第37頁。

〔註109〕　《〈大學〉大義》，《章太炎講演集》，馬勇編，石家莊：河北人民出版社，2004年版。

構」中的人類認識世界卻有一個習慣性的順序，並由這個順序而產生倫理和價值的判斷，這是「俗諦」所管轄的範圍。它雖然通於「真諦」，卻不能消融在真諦之中。對於這個認識結構，章太炎最主要的觀點是「依自不依他」。「僕所奉持，以『依自不依他』為臬極。」〔註110〕對「自／他」含義，學界已有充分的分析。從總體上來說，無論是從儒佛等教派的角度切入還是直接從哲學層面探討，最切合於章太炎本意的，仍然是「心性論」「自內而外」的方向：「公道」「天理」不是高懸天上，而是人心圓滿，自得自證之事。

在「緣起觀」上，藏教（小乘教）的路徑是由「外因緣」主導的「業感緣起」，別教的唯識學講「賴耶緣起」，是講內因緣的規律，如來藏系統的大乘圓教則是內外兼有的「無盡緣起」，後兩者都強調「應觀法界性，一切唯心造」。章太炎對小乘教近於宿命論的「萬般皆是業，半點不由人」是徹底否決的，「宿命應富，襤褸者未嘗有為，千金可自然至也。……斯言甚謬」〔註111〕。因為認識到了「一切唯心造」，過往的命運是由自心所造，也可以由自心所改變。在這一點上，章氏的思想中有深刻的陸王心學的印痕。陸王一派吸收了唯識學「萬法唯心所現」和「萬法唯識所變」，更幾乎全盤接收了南宗禪的「直指人心，見性成佛」，強調認識世界的始發點並非「天」或「群」，甚至也非「人」，而是「自」或「我」。所謂世界，只是「我」眼中的世界，並非獨立於「我」而存在。這意味著要達成任何個人和社會的理想，必須「內觀」，不能「外求」。將注意力從外界收歸自身，從「所認識的世界」回到「能覺悟的自我」，迴光返照、體悟現前一念心性，如同石中煉金，銷歸真如自性。這其實是無關於「宗教」和「道德」的絕對性的主體論。因此章太炎說，「心佛眾生三無差別，亦云佛當在心中說法。明以此方老聃之言，則衣養萬物而不為主，夫何有宗教之封執者乎！」〔註112〕「佛教裏面，雖有許多他力攝護的話，但就華嚴、法相講來，心佛眾生，三無差別。我所靠的佛祖仍是靠的自心，比那基督教人依傍上帝，扶牆摸壁，靠山靠水的氣象，豈不強得多嗎？」〔註113〕

〔註110〕 章太炎：《答鐵錚》（署「太炎」，《民報》第十四號，1907年6月8日），《章太炎全集》（四），上海：上海人民出版社，1985年版，第369頁。

〔註111〕 參見《菿漢三言》，《菿漢三言》，虞雲國標點整理，瀋陽：遼寧教育出版社，2000年版，第10頁。

〔註112〕 章太炎：《頻伽精舍校刊大藏經序》，《章太炎全集》（四）上海：上海人民出版社，1985年，第487～488頁。

〔註113〕 章太炎：《東京留學生歡迎會之演說辭》（1906），《章太炎政論選集》（上冊），湯志鈞編，北京：中華書局，1977年版，第274頁。

　　如汪暉所說，晚清知識群體重建宇宙、國家、族群、社會等宏觀的群體性範疇都是尋求新的身份認同的方式，關鍵在於以什麼作爲認同的前提〔註114〕。從傳統的獨群關係來說，近現代學者的「群學觀」，一直有「向獨」和「向群」兩種方向。「向群」者如胡適宣稱「社會不朽」，認爲「大我」「小我」不可分離，崇尚工業化的組織管理模式〔註115〕；「向獨」者則如章太炎，表現出對「社會」「國家」等共同體概念的不信任。「個人主義」和「自由主義」顯然不能被簡單地歸劃到「向獨」的群體之中。如在《現代性的追求》中，李歐梵認爲「五四的知識分子」「將浪漫美景寄託在一種新的歷史闡釋觀點上，並視中國爲整個人類邁向光明未來的一分子。」「在這個新的宇宙觀中，個人可以扮演一個具決創力的角色，爲創造一個整體的文化及文明而貢獻其力。這個新的認識論即是墨子刻所稱的『一個富有強烈的意識形態及英雄氣概的自我』。這個新的『自我』開始出現於19世紀90年代，並成爲毛（澤東）主義、國民黨意識形態，以及現代新儒學的基本思想形態。」〔註116〕然而，李歐梵的敘事框架主要來自於普實克的「個人主義及主觀主義」的文學層面，這個「個人」，與章太炎語境中的「自」和「我」有很大的差別。

　　從宏觀的範圍來說，章太炎向「獨」思想的出發點仍是「自心」。在他看來，「自心」幾乎就是中國話語敘述的本質。「三教」異於西方的認識論和由此生發的倫理觀，皆是「依自不依他」：「孔氏而後，儒、道、名、法，變易萬端，原其根極，惟『依自不依他』一語。」〔註117〕依蔡志棟的總結，在與「眞如」相遇前，亦即1904年以前，章太炎的本體論是「阿屯」哲學，這是一種近於「原質說」的樸素的唯物主義哲學，其中卻已經有視世界源自「思」與「志」等精神力量的意味〔註118〕。可以說，某一種思和意志能夠化現百千

〔註114〕　汪暉：《現代中國思想的興起·下卷第一部　公理與反公理》，北京：生活·讀書·新知三聯書店，2003年版，第1014頁。

〔註115〕　1919年，胡適在被廣爲閱讀的《不朽——我的宗教》中稱「三不朽」太含混，應獨稱「社會不朽」。參見《胡適文存》（民國叢書第一編093）第1集第4卷，上海：上海書店，1989年，第105～118頁。

〔註116〕　李歐梵：《現代性的追求》，北京：生活·讀書·新知三聯書店，2000年，第46頁。

〔註117〕　章太炎：《答鐵錚》（署「太炎」，《民報》第十四號，1907年6月8日），《章太炎全集》（四），上海：上海人民出版社，1985年版，第369頁。

〔註118〕　蔡志棟：《章太炎後期哲學思想研究》，上海：上海社會科學院出版社，2013年，第70～71頁。

世界，縮爲一點、擴爲全體的邏輯，貫穿了章太炎一生的思想歷程。這也是相當一部分中國近代知識者所選擇的邏輯。龔自珍、魏源都認同「佛家不講天命，自貴其心」的佛學經世思想〔註119〕，「天地，人所造，眾人自造，非聖人所造。……眾人之宰，非道非極，自名曰我。我光造日月，我力造山川，我變造毛羽肖翹，我理造文字言語。我氣造天氣，我天地又造人，我分別造倫紀。」「報大仇，醫大病，解大難，謀大事，皆以心之力。」〔註120〕在譚嗣同和梁啓超那裡，佛教的心力與自由意志、主觀能動性是可以兌換的概念。「人之所以靈者，心也。人力或做不到，心當無有做不到者。」〔註121〕即如《大品般若經》云，「諸法雖空，一心具足萬行」；「圓以不偏爲義。謂眾生介爾一念心性，圓見事理，無有欠缺；當下具足，非漸次成。」

這種從內向外的「心力說」也被稱爲「唯意志論思潮」〔註122〕，恰與體制儒學「天命的沒落」相對應。在「天下」崩解之後，自「天」而「人」的思想已經不足以處理偶然與必然、自由與意志的關係，心性論卻強調主體有依照來自「本性」的天然意志進行自由選擇的能力。不論是在世俗欲望還是終極覺悟的意義上，個人能否得到幸福完全取決於自身的努力，甚至生於怎樣的時代，也是由輪迴流轉中「過去生」的自我意志所選擇的。在上述引文中我們可以清晰地看到，「自心」和「大願」在這些心性論者的表述中構成了一個能「收」能「放」的動力邏輯：「大願」爲「自心」所發，遍滿宇宙虛空。「心心心不可尋，寬時遍法界，窄也不容針。」（達摩法師）「大如須彌，小如芥子」「至大無外，至小無內」，「內無身心，外無世界」……收於一點爲「自」，放之四海爲「他」。這就是「依自不依他」的心性論所描敘的認識論圖景，它也是構建五四新文化運動諸精神的地基之一種。如慕維仁所說，作爲章太炎的學生，「魯迅從個人的立場，更確切地說是從內心出發，反抗一切群體組織，

〔註119〕 參見魏源：《海國圖志序》，《海國圖志》，長沙：嶽麓書社，2011年，第2～6頁。
〔註120〕 龔自珍：《壬癸之際胎觀第四》，王佩諍校：《龔自珍全集》，上海：上海古籍出版社，1999年，第15～16頁。
〔註121〕 譚嗣同：《上歐陽中鵠書》，《譚嗣同全集》（增訂本）下冊，蔡尚思、方行編：北京：中華書局1981年，第460頁。
〔註122〕 參見《高瑞泉：天命的沒落：中國近代唯意志論思潮研究》，上海：上海人民出版社，2007年。關於「心力」的問題，可參考該書第一章的分析。此外，深受譚嗣同影響的毛澤東也曾大談心力。參見王汎森：《中國近代思想與學術的系譜》，長春：吉林出版社，2011年，第154～159頁。

無論是民族的還是世界的，這裡似乎有一種非理性的本體論的來源。與章氏著作相應，心性（心）提供了一種超越性，這反而使一個人能夠同各種潮流和形勢作鬥爭。魯迅用諸如『心』這樣的概念去抨擊任何形式的群體組織，但同時他又將聲和心聯合起來由此構成一種新的共同體。」〔註123〕

章學研究者王汎森對這類心性論的作用似有些不以為然。在他看來，章太炎等是一些把「我」神化的唯我主義者〔註124〕。這裡的另一個問題是，「心性論」群體對於「心」的所屬、對於「自」和「他」所能延伸的範圍的看法是不同的。在梁啓超、譚嗣同等人那裡，心力的主觀能動作用常跟進化論的「強者論」思想有所混淆。似乎不無矛盾的是，為章太炎所反對的梁啓超等人的憲政民主構想也是以心性論為原型的。

簡單地說，1910 年代的梁啓超認為，西方國家的優越性體現在制度上「公民」與「政府」的緊密互動〔註125〕。他宣揚「民」、「個體」和「下位者」的積極能動性，但這種能動性始終以「群」為出發點和道德歸宿，因為在他看來，個體對「公」「群」有著天然的道德責任。按照汪暉的理解，梁啓超致力於把「群」與「學」的內在關係設置為政治共同體構想的核心，其目的在於強調社會組織應該由「人民自治」的方式產生，而不是強制性的、外在的組織〔註126〕。很顯然，這一思想同樣符應於自內而外的「心性論」結構，佛教哲學也為其「群」大於「獨」的權力關係賦予了新的理由：他認為立憲政府與專制政府不同，是秉承平等而建；雖然都是使人服從，「一則以我服從於他，使我由之而不使我知也。一則以我服從於我，吉凶與我同患也。故他教雖善，終不免為據亂世小康世之教，若佛教則三世而通之者也。」〔註127〕在梁氏看來，在理想的狀態下，政府是民意的代表，是民之「我」的化身。民與政府的關係，是「我」和「我」之間的良性循環。在他的那些政治動員文章中，「自」和「我」所指涉的常常就是「民」或「公民」。但在章太炎看來，「責任」是

〔註123〕　慕維仁：《章太炎、魯迅、汪暉：想像一個更好未來的政治》，《東吳學術》，2015 年第 3 期。

〔註124〕　王汎森：《中國近代思想與學術的系譜》，長春：吉林出版社，2011 年，第 157 頁。

〔註125〕　參見汪暉：《現代中國思想的興起·下卷第一部　公理與反公理》，北京：生活·讀書·新知三聯書店，2003 年版，第 983～987 頁。

〔註126〕　同上，參見第 946 頁。

〔註127〕　梁啓超：《論佛教與群治之關係》（1902），《飲冰室合集》第 2 冊（《飲冰室文集之十》（中華書局影印本），1936 年，第 49～51 頁。

關係性的，關係性即屬於「因緣法」，而非眞如本體，個人並不具有與生俱來的對國家和社會的「責任」。「歐洲諸國，參半皆信神教，而去封建未遠」，因此才相信「人爲社會生，非爲己生，一切智慧膂力，當悉索所有，以貢獻於大群。因政教則成風俗，因風俗則成心理。」他認爲以「細胞之於人體」比喻個人之於社會是不對的，因「細胞離於全體，則不獨活。而以個人離於社會，則非不可以獨活。衣皮茹草，隨在皆足自存，顧人莫肯爲耳。夫莫肯爲，則資用繁多，不得不與社會相繫。」〔註128〕另一方面，章氏的「自」或「我」不能直接由「民」「國家」「社會」等屬性指代。這樣一來，其「依自不依他」在政治哲學的層面就進一步升級爲「個體爲眞，群體爲幻」。在這個關係式中，獨與群、公與私、大我與小我的關係不是此消彼長的：群體關係本身就是「我」的妄想所生。在他看來，梁啓超等「言公理者」語境中的「民」「國家」「社會」等範疇，是一個不可分解的整體性範疇，不可再次「還原」分解爲單體，「多即是一」在這裡並不適用。這是章太炎理論中頗爲難解的部分，也正是在這裡，他借助了佛學中最爲「科學」的法相唯識學以自圓其說。

三、法相唯識學的作用

（一）「八識二無我」

三年繫獄，章太炎有充足的時間潛心閱讀佛典，除了「如來藏系」的經典外，最多的是唯識學的理論。其《自定年譜》如是記：「始余嘗觀《因明入正理論》，在日本購得《瑜伽師地論》，煩擾爲卒讀，羈時友人來致；及是，並致金陵所刻《成唯識論》。役畢，晨夜研誦，乃悟大乘法義。」〔註129〕《自述學術次第》中也提到：「遭禍繫獄，始專讀《瑜伽師地論》及《因明論》、《唯識論》，乃知《瑜伽》爲不可加。既東遊日本，提倡改革，人事繁多。而暇則讀藏經，又取魏譯《楞伽》及《密嚴》誦之」〔註130〕。

唯識學的基礎是「因明學」，是世界三大邏輯學體系之一（另二者是墨辯與希臘哲學）。在印度佛教中，「中觀」和「瑜珈」是唯識學的兩大派別。「瑜珈」意譯應該是「相應」，是一種類似於禪定的修行方法，所謂「瑜珈行者」

〔註128〕　章太炎：《四惑論》（署「太炎」，《民報》第二十二號，1908年7月10日），
　　　　　《章太炎全集》（四），上海：上海人民出版社，1985年版，第445～446頁。
〔註129〕　章太炎：《民國章太炎先生炳麟自定年譜》，王雲五編，臺灣：商務印書館，
　　　　　1980年，第10頁。
〔註130〕　同上，第54頁。

則是以「唯識觀法」為宗、「轉識成智」成就佛果的佛教修行者。瑜珈行派遵奉的經典傳譯到中國之後，在唐代形成了「法相唯識宗」。一般以為，隋唐佛教所建立的大乘佛教八大宗派中，該宗是最忠實於印度佛教原貌的宗派之一。然而這一宗派僅延續數代便因義理過於繁瑣而告中衰：中國本土的儒道哲學尚大道至簡，並不喜過於複雜的理論思辨，上述「即字訣」就是一種化繁為簡的巧妙方式。但唯識學一千年來仍有流傳和研習者。直至近代，「中國化佛教」重新宏揚的同時，唯識也大有恢復宗派地位的勢頭〔註131〕。可以說，由知識群體所推動的晚清佛教復興思潮的三大特點，即是如來藏思想的復興、「人間佛教」的宏揚和唯識學的復興。

在 20 世紀中國的思想和詩學史上，唯識和禪都曾在不同的意義上代表「東方文明」對抗「西學」入侵。如果說，禪宗樹立了東方的詩學形象，具有複雜的概念系統和嚴密的邏輯辯證方法的唯識學，就是「本土科學」的代稱。在儒教文化信心塌陷之際，唯識學「回歸」最直接的原因就在於它極大地彌補了中國學人在面對西方「嚴謹」科學主義時的底氣，為晚清以來的幾批知識人帶來空前的理論自信。如楊文會稱「西洋哲學家數千年來精思妙想，不能入其堂奧」〔註132〕；章太炎認為，印度的唯識論師「雖偏執，其深細遠在柏拉圖亞里斯多德上」〔註133〕；唯識學證明佛法「只與哲學家為同聚，不與宗教家為同聚。在他印度本土，與勝論、數論為同聚，不與梵教為同聚。」〔註134〕

一些學者認為，清代「乾嘉學派」考據之學是中國「實學」「科學」意識的一次復興，也是「近代化」的某種先兆，而唯識學的復興正好接續了這

〔註131〕 以釋太虛為代表的武昌佛學院，與以歐陽竟無居士為代表的支那內學院和以韓清淨居士為代表的北京三時學會，使自玄奘以後幾成絕學的唯識學經院哲學體系，在民國這一紛繁的時代，一變而為一時顯學。三位唯識學者及其所形成的學派，即為近代唯識學的「三系」。關於唯識學在中國歷史上的變遷，參考楊維中：《中國唯識宗通史》（南京：江蘇人民出版社，2008 年）和王恩洋：《中國佛教與唯識學》（北京：宗教文化出版社，2003 年）

〔註132〕 楊文會《支那佛教振興策二》（節選自《等不等觀雜錄》卷一），轉引自麻天祥主編：《佛學百年國際學術研討會論文集》，武漢：武漢大學出版社，2006年，第 212 頁。

〔註133〕 章太炎：《初步梵文典序》，《章太炎全集》（四），上海：上海人民出版社，1985年版，第 488～489 頁。

〔註134〕 參見章太炎 1908 年佛學演講稿。參見姚奠中、董國炎：《章太炎學術年譜》，太原：山西古籍出版社，1996 年，第 183 頁。

一脈絡。它是章太炎建立「眞常唯心論」中的「元概念」或「根範疇」的重要依據，在其打通中西思想和自身的學問與政治的關係方面作用匪淺〔註135〕。一個主要原因是，他認爲唯識與「與平生樸學相似，易於契機」〔註136〕。晚清以來運用其理論的學者代不乏人，除熊十力等新儒家學者外，廢名和許地山等文學家也曾熱情研習過「相宗」，但眞正徹底地引爲己用的實則並不多見。熊十力以「新唯識論」「出佛入儒」，「金蟬脫殼」，更引起佛教界的極大反彈。而章太炎不僅在其政論中大量採用唯識術語，也自認爲體解了唯識學的原義。可以說，通過唯識學將「科學」的觀念與「佛學」結合起來，是章太炎政治佛學實踐的重要特徵之一。他對於習佛所得極爲自負，並以之繩量古今哲學。如他不滿於譚嗣同《仁學》，認爲其對佛教義理的運用失於精嚴，「拉雜失倫，有同夢囈」〔註137〕；他的「章瘋」形象頗類參禪者，在知識和倫理構架上卻刻意與之相遠。在《答鐵錚》中，他自述了不選禪宗而「獨宗法相」的原由，在於禪「雖有斬截之利」，卻亦有「徒事機鋒」之流弊，於大乘佛學易得其事而遺其理〔註138〕。沿著同一思路，他讚揚藉重了禪宗的陸王心學的直覺體悟之觀念，卻也以唯識之精深批判其混濫佛法的次第，認爲陽明末流「猖狂妄行，不顧禮法」〔註139〕。同時，他也批判孔子思考方式含糊籠統，「用儒家之理想，故宗旨多在可否之間，議論止於函胡之地。彼耶穌教、天方教，崇拜一尊，其害在堵塞人之思想，而儒術之害則淆亂人之思想」〔註140〕。

1. 因明學的邏輯性：依何而成義

章太炎的政治佛學文章常常直接截用唯識系的術語和相關論述而未作特

〔註135〕 章太炎因讀佛學而受益，不僅是在知識層面，也在性情層面。獄中「晨夜研誦，乃悟大乘法義」「戚丹不能讀，年少剽急，卒以致病。」參見《民國章太炎先生炳麟自定年譜》，王雲五編，臺灣：商務印書館，1980年，第10頁。

〔註136〕 章太炎：《菿漢微言》，《菿漢三言》，虞雲國標點整理，瀋陽：遼寧教育出版社，2000年版，第60頁。

〔註137〕 章太炎：《人無我論》（署「太炎」，《民報》第十三號，1907年1月25日），《章太炎全集》（四），上海：上海人民出版社，1985年版，第429頁。

〔註138〕 章太炎：《答鐵錚》（署「太炎」，《民報》第十四號，1907年6月8日），同上，第369～370頁。

〔註139〕 章太炎：《適宜今日之理學》，《章太炎講演集》，馬勇編，石家莊：河北人民出版社，2004年版，第189頁。

〔註140〕 章太炎：《諸子學略說》，《章太炎政論選集》，北京：中華書局，1977年，第291頁。

別系統的說明，每使讀者覺得晦澀深奧。但總的來說，他運用唯識的方法和目的是很明確的：無論從其義理還是其「因明」的邏輯系統，唯識學都是對心性論「即字訣」的一種補充。

如前所述，許多學者都因「即」字的簡化而在理解上發生問題。如胡適曾譏諷《華嚴經》的「一即一切，一切即一」是「翻來覆去一盆水」〔註141〕。而在因明學——唯識學的論辯系統中，被「即」字所濃縮或掩蓋的不均衡的差異則被延展開了。從立論的嚴謹性上，章太炎嚴格恪守因明學量論的「宗」、「因」、「喻」的「三支邏輯」，認為舉凡任何範疇概念都要考察其是依「體相」而成義，還是依「用」而成義。在《齊物論釋》中他曾針對法藏法師用於解釋「一即一切，一切即一」的「十錢喻」和「椽舍喻」進行了質疑，認為如純以「數」來論，「十錢喻」的確可以用來比喻「一即是多，多即是一」；如以銅錢為單位來論，則「錢」名已立，一錢不可再分，用來喻「多即是一」（所有的銅錢本質都是銅）尚可，卻不能再用來喻「一即是多」了〔註142〕。這個例子說明，章太炎嚴守「喻」的「所依」，將一個範疇的內涵和外延劃分清楚，為了證明「真俗不二」「即心即佛」「色即是空，空即是色」的「圓融哲學」不是一種架空的超驗結構或無意義的同義反復。前述梁啟超以「政府之我」來代替「民」之「我」與「十錢喻」的問題是同構的。在章太炎看來，「民」和「政府」是依其功能之「用」成義，它們本身不能代替存在意義上的「我」。如果將「自」直接指代為「民」，絕對的「個我」就已經喪失了它那個唯一的位置。

2. 真與妄的關係

在《人無我論》《建立宗教論》《四惑論》等《民報》上刊載的主要佛學文章中，章太炎把精力集中在討論和即時化用唯識學的幾組相互連動的基本概念之上，也就是「五法三自性，八識二無我」。此處先探討八識和二無我。

從真諦的角度，「世界從何處開始」是一個假問題。如《建立宗教論》首言「太空之鳥跡，可以構畫乎？繪事之所窮也。病眼之毛輪，可以行車乎？輿人之所困也。」〔註143〕語言本身就是一個「有為」的「因緣法」，

〔註141〕 參見《胡適學術文集：中國佛學史》，上海：中華書局，1997年。

〔註142〕 參見章太炎：《齊物論釋》，《章太炎全集》（六），上海：上海人民出版社，1985年版，第32頁。

〔註143〕 章太炎：《建立宗教論》（署「太炎」，《民報》第九號，1906年11月15日），《章太炎全集》（四），上海：上海人民出版社，1985年，第403頁。

對本體無法用生滅的語言來正面回答，只能運用「不生不滅」「非來非去」「非空非有」這種遮詮和表詮雙運的技巧〔註144〕。而佛教派系的「語言論述」則各有所「偏」，從不同的角度切入，對究極本體進行說明。如中觀系常說「性空」，從「空」來說「有」，唯識系則安立了「識」的概念，兩者一爲「空」宗，一爲「有」宗，中觀重於說明本體的性質，唯識則重於解釋它運行的規律，即正面應對「眞如」和「生滅」何以如是的問題。章太炎《建立宗教論》的核心，是從「有宗」出發，闡述阿賴耶識這一「名相」之於其「眞常唯心論」的意義和價值。以其政治實踐的訴求來說，明確了阿賴耶識的功能，就從根本上支撐了「個體爲眞，團體爲幻」的判斷和「不齊而齊」的倫理觀。

根據章太炎的分析，唯識學以「識」作爲「我」的存在方式。「識」並非人格意義上的「靈魂」，而是流動的存在體。識的流動之力就是「業」，因此唯識學也將之稱爲「業識」。以「能所關係」來說，從能生角度立「種子態識」，從所生角度立「現行態識」，種子是因，現行是果。主體的身、語、意三業均以思爲體，思即「五蘊」（色、受、想、行、識）中的想蘊，是主體內在的心志。思有三種：審慮思、決定思、發動思，思就是在「薰種子」，薰久了之後會形成名言種子。名言即是名詞、概念。如「健康」是依「生病」而安立的名相，眞如本性卻是不增不減的。有了「名言分別」，名言發動產生行爲，業力就由「種子位」來到了「現行位」。種子生起現行，現行又薰習了新的種子，一切行爲及其後果的「勢力」，都儲存在第八識——阿賴耶識中。「阿賴耶識」是相對於眼耳鼻舌身意等五識、第六意識理性（大體相當於精神分析學中的「自我」）和第七識末那識（相當於「本我」）而言的第八識（相當於「超我」），它在八識中的功能就是「儲藏庫」，前七識依「三能變」（由感官性的前五識所攝的業力、由第六意識所攝的思想、由第七識所攝的「執著」）原理攀緣阿賴耶識，將多生以來一切善惡行爲薰習成種子儲藏於八識之中。八識又具有異熟的作用。異熟的通俗名稱就是果報，即當因緣成熟時，種子即生芽落果，引生新的「現行」。人的一期生命結束後，雖然前六識都漸次消滅〔註145〕，而

〔註144〕 對於語言不能直接表達「本體」的尷尬性，參見學者張隆溪的名作《道與邏各斯：東西方文學闡釋學》，南京：江蘇教育出版社，2006年。

〔註145〕 按照佛教的理論，「六道輪迴」中的無量眾生並不一定都具有「六識」，如「非想非非想處天」的眾生就已經沒有有形的身體。但只要七、八識還在，並沒有轉「識」成「智」，則「我執」在，生死輪迴就未斷。

第七、八識卻仍在，第七識「恒審思量」〔註146〕，錯誤執著於阿賴耶識中的「見分」〔註147〕爲「我」，如章太炎所說，「因意根念念思量，把『阿賴耶識』認作是我」〔註148〕，於是在「儲藏庫」中提取「果報」，感得一個新的「報身」境界（包括身心正報和外在環境的依報），從而輪迴相續不息〔註149〕。這就是唯識學的「種生芽法」，是唯識系統對導致一切現象世界的內在因果規律的解釋。在這個理論體系中，阿賴耶識可以說是引生輪迴幻妄的根本，是以又叫種子識、根本識、藏識、神識。

依照唯識學的理念，一切現象的顯現都只是阿賴耶識的功能作用所致，沒有實在的、恒常的自性可言。這正是章太炎解構性、否定性思想的世界觀基礎。經過如上唯識學知識的「洗禮」，在 1908 年以後的文章中，他開始把「眞如」和「根識（或「識根」）迷妄」作爲學術和政治論述中的常規術語。如談進化論的世界觀，他首先承認進化是一種客觀現象，然後指出這種「客觀性」的相對性：「然則所謂進者，本由根識迷妄所成，而非實有此進。就據常識爲言，一切物質，本自不增不減，有進於此，亦必有退於彼，何進化之足言！」〔註150〕他認爲，認識主體首先要承認一切關於現象世界的敘述都是建立在「根識迷妄」的基礎上。主體所見聞覺知的一切萬象，山河大地、自他人我，皆由阿賴耶識中的種子所現起。然而主體卻誤認自我和他者是實有的而墮入「人我執」，又誤認爲萬物皆有恆常不變的自性，墮入「法我執」。在《五無論》《四惑論》《人無我論》等文中，章太炎指出，個體主體只有在世界觀的層面上破迷解妄，而不是依靠士大夫的道德約束，使人類、聚落、國家、民族等「名言種子」熄滅，主體才能返歸「眞如本性」，感受到眞正的自由和平等。

〔註146〕 按唯識學的理論，恒審思量是第七識的特徵。如人入睡時，前六識活動都減弱，而第七識「我執」仍然「恒審思量」，所以人醒後仍然能夠感知睡眠時時間的流逝。

〔註147〕 阿賴耶識分爲見分、相分、自證分、證自證分。章太炎對此的解析可參見《齊物論釋》，《章太炎全集》（六），上海：上海人民出版社，1985 年版，第 8～10 頁。

〔註148〕 章太炎：《說我》，《章太炎講演集》，馬勇編，河北人民出版社，2004 年版，第 90 頁。

〔註149〕 參見章太炎：《齊物論釋》，《章太炎全集》（六），上海：上海人民出版社，1985 年版，第 11～13 頁。

〔註150〕 章太炎：《四惑論》（署「太炎」，《民報》第二十二號，1908 年 7 月 10 日），《章太炎全集》（四），上海：上海人民出版社，1985 年版，第 449 頁。

很顯然，這個世界觀系統涉及到作為「本體」的眞如和阿賴耶識的關係。對於兩者是一還是二、阿賴耶識究竟屬於恒常不變的「眞如門」抑或無常變化的「生滅門」，佛教界至今仍未有定論。《大乘起信論》系統的思想認為眞如或如來藏、「如如」是究竟的、無雜染的本體，而印度本土的如來藏思想則認為眞如是煩惱和染污同在的二元本體。由於涉及到「以何為體，以何為用」、以及制定怎樣的標準、通過怎樣的方式才能扭轉人心墮落的問題，在利用佛教以塑造現代中國主體的思想者那裡，這個看似玄奧的本體問題常常會引發種種爭論。它是 20 年代後熊十力反對其老師歐陽竟無唯識學的契機，也是文學家廢名與熊十力爭論的焦點之一。對此，章太炎本人的認識也有許多不一致的情況〔註151〕。有時他會把賴耶和眞如混淆起來，但更多的時候，在他的理論邏輯上是先有眞如，後有阿賴耶識。「第三自性，由實相、眞如、法爾而成，亦由阿賴耶識幻滅而成。」〔註152〕也就是說，他一般認為「識」都是「俗諦」所屬，描述的是凡夫雜染與清淨同在的現象世界，只有「智」才是清淨的「眞諦」所攝。阿賴耶識同時儲藏善惡種子，兼具清淨和染污，需要「轉識成智」才能變成絕待的「眞如」。

在章太炎而言，「八識」相互含攝的思想是對「一即是多，多即是一」這一結構的詳細說明。如同古琴，「一器之中，八十四調法爾完具。」〔註 153〕於「八識」中產生的「人我執」和「法我執」，他稱之為「原型觀念」。在《齊物論釋》《建立宗教論》等文中，他展示了七大「原型」觀念：「世、處、相、數、作用、因果和我識」，認為它們都是眞如變現阿賴耶識、再由阿賴耶識變現而來，這就是「一即是多」；而這些原型觀念的本質都是「識」，因此虛幻不實，便是「多即是一」。他認為，有了此賴耶緣起說，才可能避免華嚴宗的「無盡緣起」墮入因明學所謂的「無窮過」，也就是「循環論」的陷阱。「無

〔註151〕 當代研究者對章太炎此論的理解也有很大歧義。如蔡志棟認為，章太炎在說「藏識即如來藏」的時候，實際上混淆了印度唯識學和中國如來藏系（即《大乘起信論》系統）的區別。而張春香認為章太炎是有意識地採用了調和論。參見蔡志棟：《章太炎後期哲學思想研究》，上海：上海社會科學院出版社，2013 年，第 60～61 頁；張春香：《章太炎主體性道德哲學研究》，北京：中國社會科學出版社，2007 年，第 34～36 頁。

〔註152〕 章太炎：《建立宗教論》（署「太炎」，《民報》第九號，1906 年 11 月 15 日），《章太炎全集》（四），上海：上海人民出版社，1985 年，第 404 頁。

〔註153〕 章太炎：《齊物論釋》，《章太炎全集》（六），上海：上海人民出版社，1985年，第 25 頁。

盡緣起」常以「海與風」爲喻，說衆生本來清淨，如風過海，本性終是不變。章太炎也認爲此類譬喻在修辭上有二元論之嫌，「與數論分神我、自性爲二的見解，沒有差別」〔註154〕，而以眞如和賴耶互爲依託的「性起」思想則可以補救之。「因爲眞心無對，本來不知有我。不知有我這一點，就是無明。因爲不知有我，所以看成器界、情界、這就是緣生的第一個主因，一句話就把許多疑團破了。這就是支那佛法所長，超過印度的一點。」〔註155〕

此論對於章太炎政治哲學的作用暫論有二，一是反實體論和二元論，一是作爲其「個體爲眞，群體爲幻」之立說的理論依據。

——章太炎認爲，無論是人格神還是無人格的「自然」，只要是依不變的「自性」「實體」而立，就一定是妄識，也必然導致「他力論」。以國家、神教束縛於人，是「不能退而自觀其心，以知三界惟心所現，從而求之於外，於其外者，則又與之以神之名，以爲亦有人格，此心是眞，此神是幻，執此幻者，以爲本體，是第三倒見也。」〔註156〕相比於「空」，唯識學的「識」和「種子」是從「有相」、「表詮」的意義上來破解此「實體論」：「識」並非「人格」，「種子」亦非植物種子或現代自然科學所謂的原子、中子等「微粒」，而是「親生自果的功能潛力」。種子是「識」的自性，是性「能」的不變，而非性「體」的常住。種子的六義——刹那滅、果俱有、待衆緣、引自果、性決定、恒隨轉，無不說明它不具有實體性，只具有功能性。

章太炎的政治哲學中考慮了各式的「主體性」，如理性主體性（科學）、政治主體性（民主）和歷史主體性（進步觀、歷史哲學），但其擺脫「古典」的「道德主體」〔註157〕的哲學基礎，都在於「反實體的主體」（齊澤克語）〔註158〕。眞如本性無善無惡，而「識種子」的作用卻可以爲善爲惡。在價值分判

〔註154〕 章太炎：《論佛法與宗教、哲學以及現實之關係》，見姚奠中、董國炎：《章太炎學術年譜》，太原：山西古籍出版社，1996年，第183頁。

〔註155〕 按照姚彬彬的看法，這個「性起」中有章氏己意，也就是強加給法界緣起模式上的「如來藏」，《從「宗派佛教」到「學派佛教」》，武漢大學博士論文，2013年，第152頁。引文見《章太炎演講集》，上海：上海人民出版社，2011年，第108頁。

〔註156〕 章太炎：《建立宗教論》（署「太炎」，《民報》第九號，1906年11月15日），《章太炎全集》（四），上海：上海人民出版社，1985年，第409頁。

〔註157〕 蔡志棟：《章太炎後期哲學思想研究》，上海：上海社會科學院出版社，2013年，第61頁。

〔註158〕 參見（斯洛文尼亞）齊澤克：《快感大轉移——婦女和因果性六論》，胡大平等譯，南京：江蘇人民出版社，2004年，第38~39頁。

上，種子可分為善、惡、無記三種。章太炎認為，阿賴耶識「無記」，「無善惡之屬」；第七識末那識「有覆無記」，即為無明所覆蓋，同樣沒有善惡之屬，只有對「自我」的執著，在某種意義上相當於精神分析學中的「潛意識」。第六意識理性思維則兼有善惡無記。「純無記者，名本有種子，雜善惡者，名為始起種子。」從緣起論的角度，「最初之阿米巴，不雜糅善惡」，而「由有覆故，種種善惡，漸現漸行，薰習本識，成為種子。」「以輪迴來說，名為羯磨業識，此不可為常人道者。就生理而言，善惡種子，則亦祖父遺傳之業識已。」人秉此種子，由我慢心，末那執此阿賴，以為自我，念念不捨，生「好真、好善、好美和好勝」四心。〔註159〕

由於善、惡和無記的「無自性」，他確立了倫理觀的基本層次。

> 吾為他人盡力，利澤及彼，而不求圭攝之報酬。此自本吾隱愛之念以成，非有他律為之規定。

> 凡有害於人者，謂之惡人，凡有益於人者，謂之善人。人類不為相害而生，故惡非人所當為，則可以遮之使止；人類不為相助而生，故善亦非人之責任，則不得迫之使行。善與惡之間，必以「無記」為之平線，責人以「無記」以上，而謂之曰公理，則束縛人亦甚矣。今夫隱遁者，猶未至與社會相離也。〔註160〕

許多研究者曾將章太炎與尼采的唯意志論相參比。按照日本後結構主義者柄谷行人的觀點，尼采對大乘佛教的濃厚興趣，亦在於「反實體的主體」。如「閃電」沒有實體，它本身就是由「因緣和合」所生的剎那的功能作用〔註161〕，離開「打閃」這一變化的現象，別無不變的「閃電」這一實體。這種「功能論」也被現代物理科學所證明：質子、中子、夸克的無限界分都是「能力」，而非「質量」，從而間接地證明了佛教的「無我」和「種子」。這種佛教哲學和量子力學的結合，為 20 世紀初葉的京都學派的「場所哲學」提供了「場」的概念〔註162〕。

〔註159〕章太炎：《俱分進化論》（署「太炎」，《民報》第七號，1906 年 9 月 5 日），《章太炎全集》（四），上海：上海人民出版社，1985 年，第 389～390 頁。

〔註160〕章太炎：《四惑論》（署「太炎」，《民報》第二十二號，1908 年 7 月 10 日），同上，第 446 頁。

〔註161〕參見（德）尼采：《道德的譜系》，轉引自（日）柄谷行人：《日本現代文學的起源》，趙京華譯，北京：生活·讀書·新知三聯書店，2003 年，第 104 頁。

〔註162〕參見（日）袴谷憲昭：《「批判佛教」對抗「場所佛教」》，賀照田主編：《東亞

　　從這一角度來說，唯識學已經參與到了新世紀東西方哲學的總體建構當中。「八識二無我」幫助榮格形塑了「本我」「超我」概念，也被拉康的精神分析學所繼承，可謂 20 世紀的心理科學、視覺研究和影像研究中初始的「宗教根源」。齊澤克曾經用「反實體的主體」對黑格爾的「實體即主體」進行了「拉康式的修正」，可以說與佛教不無關係。值得注意的是，章太炎一早就對黑格爾的實體理念進行了批駁，他認為普魯東（章譯「布魯東」）「以強權為自由」的說法，實本於黑格爾（章譯「海格爾」）的「以力代神」的理論：「以論理代實在，彩色有殊，而質地無改。既使萬物畢歸於力，故持論至極，必將尊獎強權。名為使人自由，其實一切不得自由。後此變其說者，不欲尊獎強權矣。」〔註163〕在《五無論》中，他破斥黑格爾的「正」「反」「合」和目的論：「或竊海格爾說『有』『無』『成』義，以為宇宙之目的在成，故惟合其目的者為是，夫使宇宙而無所知，則本無目的也。使宇宙而有所知，以是輕利安隱之身，而倏焉生成萬物以自蠹，譬諸甘食不朽，終生蟯蚘之害，其卒必且自悔，或思得芜華巴豆以下之矣。然則宇宙目的或正在自悔其成，何成之可樂？調御丈夫，當為宇宙之懺悔者，不當為宇宙所漂流者。」〔註164〕在這裡，章太炎以「無我」為根本，破解了將自然、神、宇宙等「人格化」和「道德化」的觀念。在他看來，中國人的「天地之大德曰生，陰陽匹偶，根性所同，不應背天德而違人道」和黑格爾的歷史目的論都有「他力論」和「人格化」的本質。在這一意義上，章太炎可能是中國近代最早的一批在批判的意義上認為「孔教」與西學有相近問題的思想家。

　　這裡涉及到章氏思想中「宗教」和「反宗教」這一對經典矛盾。《建立宗教論》一文的主旨，是破解「他力論」意義上的宗教，而建立「自力」為基礎的宗教，以利及群生。在此，章氏明確地把崇拜人格神的宗教「迷信」與佛教的皈依「真如」區分開來。他認為，「立教以惟識為宗，識之實性即是真如，無崇拜鬼神之法」，而仍稱之為「宗教」，是「隨順世間」的慣習而已。「是故識性真如，本非可以崇拜，惟一切事端之起，必先有其本師，以本師代表

　　　　現代性的曲折與展開》，《學術思想評論第七輯》，吉林人民出版社，2002 年，第 95～124 頁。

〔註163〕　章太炎：《四惑論》（署「太炎」，《民報》第二十二號，1908 年 7 月 10 日），《章太炎全集》（四），上海：上海人民出版社，1985 年，第 445 頁。

〔註164〕　章太炎：《五無論》（署「太炎」，《民報》第十六號，1907 年 9 月 25 日），同上，第 440 頁。

其事，而施以殊禮者，宗教而外所在多有。」崇拜釋迦佛，如「士人之拜孔
子，胥吏之拜蕭何，匠人之拜魯般」，是尊其為師，而不是遵為人格化的鬼神，
「此於諸崇拜中，最為清淨」〔註165〕。

　　在此需要指出的是，正因「識」和「種子」無實體而有功能，章太炎的
「清淨崇拜論」才得以與世俗的因果報應論和「靈魂說」澄清關係。上述敘
及自殺者的引文中，對於「勝義諦」的解說已透露出他接受了「輪迴業果」
的說法。這似乎與他此前激烈地反對康有為孔教論中的「敬天明鬼」和民間
的「淫祀」有所矛盾〔註166〕。另一方面，接受了佛學後的他雖對於「敬天」
和「淫祀」態度有所軟化，卻又始終反對「鬼神迷信」之說和「半點不由人」
的宿命論。

　　事實上，章太炎通過唯識學認取了輪迴思想的重要意義，就在於「識投
胎」的輪迴思想強調了主體的無自性和非人格性。在《人無我論》中他強調，
「我為幻有，而阿賴耶識為真，即此阿賴耶識，亦名為如來藏。特以清淨、
雜染，分異其名相。據實言之，正猶金與指環，兩無差別。而又不可與世俗
言靈魂者並為一談。」〔註167〕只有否定了人格化的靈魂說，章氏反對迷信和
接受「輪迴」的「矛盾」才能自洽。如前所述，「種子說」的「賴耶緣起」是
用來說明內在因果，而非外在的「業感緣起」。章太炎的弟子周作人雖然以佛
教的「種業論」來詮釋「太陽下並無新事」的歷史的反復性，卻極其厭惡「腐
草為螢」「羔羊跪乳」「雷劈不孝子」這類牽強附會的現象因果聯繫和「善有
善報，惡有惡報」的粗糙因果論，與其師正是旨趣相投。從本質上來說，這
類因果報應論背後的「輪迴觀」，通常指向一個人格化的靈魂投生到實體的世
界〔註168〕。人格論和實體論都是建立在心物二元論基礎上的，而唯識學的「二

〔註165〕　章太炎：《建立宗教論》（署「太炎」，《民報》第九號，1906年11月15日），
　　　　　《章太炎全集》（四），上海：上海人民出版社，1985年，第416頁。
〔註166〕　參見彭春凌：《儒學轉型與文化新命——以康有為、章太炎為中心》，北京：
　　　　　北京大學出版社，2014年版，第160頁。
〔註167〕　章太炎：《人無我論》（署「太炎」，《民報》第十三號，1907年1月25日），
　　　　　《章太炎全集》（四），上海：上海人民出版社，1985年，第427頁。
〔註168〕　章太炎早期也曾不滿於佛教，認為其有離開肉體的「靈魂」，是一種惟神論的
　　　　　宗教。同時他也習慣從一般儒者的角度研判佛教缺乏社會關照，走向虛無和
　　　　　避世。戊戌時期的《儒術真論》在批判康有為孔學的同時，順便也批判了佛
　　　　　莊的生死觀，「佛必以空華相喻，莊亦間以死沌為詞，斯其實之不如儒者。」
　　　　　另一方面，他也反對《中庸》中的「順天」思想，「《中庸》講論性命之學，
　　　　　以順天為歸。順自然之極，易流入衰頹危亡之途。」（參見《儒術真論》，《章

無我」「八識」則破解了這種二元性。小乘教只側重講「人無我」，即自我爲幻，不講「法無我」的世界爲幻，而唯識學進一步安立了七、八識，將個體之「外」的世界的成因與其本性的「幻妄」和「我」的「心」緊密地聯繫在一起。也就是說，七、八識建立了心（心法）和物（色法）緊密相連、不可分割的概念。章太炎常在文章中使用的「破人我法我」，「破人法二執」即來自於此。「八識」的色法與心法和合成「我」和「我所」，也就是生命的「正報」（主體的身心）和「依報」（外在的環境），一期生命結束後，「我」和「我所」的執持境界（也就是前六根、塵）敗壞，再由第八識現起種子的功能作用，形成新的世界。主體一期生爲男人，有男子之相貌思想，生於畜生，而有畜生之相貌思想，果報身心籍業力煩惱而隨時變化，所謂輪迴，只是第八識不斷地「現起」無量的差別世界，第七識不斷地「執我」，主體雖有「等流習氣」（也就是作用後的餘勢。如多生投生畜生，則有畜生的習氣），卻沒有確定恒常不變之自我人格存在。

有了「八識二無我」，「即」字的簡化性問題才得以解決。從這一意義上，不能通過「無我」等字眼而簡單地認定章氏是虛無主義者。《人無我論》等文中所謂的「無我」實際上是「無恒常之人格」的意思。他正是以此爲根本的認識依據，再轉以儒家救世想爲用，而打造「不齊爲齊」的倫理觀。在章氏看來，知識主體救於時世，須時時認識到自能救度的自己和所救度的對象的暫時性和相對性。可以說，「輪迴」從根本上證明了認識主體的差別性，是他從佛學中汲取的最主要的養分，而這一點卻常常爲人所淡化甚至忽略。他被新文化學人視爲「教」與「學」分途之開風氣者〔註169〕，然而他對「教」的重新詮釋，特別是肯定作爲「覺者」的「聖人」「上知千世，下知千世」這一點，卻並不爲主流學界所接受。此後 3、40 年代的新儒家學者雖同樣借用佛教理論，卻每每因摒棄輪迴觀而失去了認識範圍的劃定，轉而使某一特殊的價值標準成爲普世主義的原則。

太炎政論選集》上冊，北京：中華書局，1977 年，第 133～134 頁。）可見章太炎所指並非各家教派本身，而是以「自然」「空」「寂滅」爲藉口的消極避世論。「蘇報案」三年閱佛之後，他接受了唯識學以「識」爲中心對世界本質的解析和大乘法義的「相即性」而轉變了對佛法的態度，其反對「出世」的實質是前後一貫的。

〔註169〕　參見高一涵：《章太炎自性及與學術人心之關係》，《甲寅》雜誌第一卷第五號，1915 年 5 月 109 日，「通訊」欄，第 12、13 頁：「一則總觀萬法，示拘宗者排異之非；一則推闡眞言，破泥教者依違之習」。

——通過唯識學，章氏強調了主體雖無不變的體性，卻有功能的顯現。這樣再回到「個體爲眞，群體爲幻」，就不難理解其立論的世界觀根據。首先，章氏認爲「根識迷妄」解構了「群體」相比於「個體」更加「可靠」的合法性：眾生所生活的世界原本就是由阿賴耶識所形成的幻妄世界，「眾所見」並不見得比「個體所見」更加眞實：「或云眾所共見爲眞，己所別見爲妄，然則漂泊南州，乃至冰海，倏見異獸，而他人不窺者眾矣，何見彼之必眞，此之必妄。」〔註 170〕進一步說，既然「世界」「物」本身就是妄見所成，那麼「面對同一個事物，各人有不同的看法」的「盲人摸象喻」就不適用了。因爲唯識學的「法我」已經破壞了「物」的實在性。所謂的「客觀」只是由識的作用和性能而起的「增益執」或「減損執」罷了。推衍至政治哲學，既然沒有「同一個實體性的事物」，就不可能有圍繞著此一事物建立起來的公權力。

汪暉指出，章太炎的唯我主義理念與啓蒙主義和革命浪漫主義對「個我」「私我」的無限擴張完全不同。他雖然用個體對抗國家主義，但他的個體理論卻不僅沒有發展成啓蒙主義以個人爲基礎的私有制觀念，反而徹底否定了個人的「自私」。在汪暉看來，這與章氏儒家式的「獨群」思想有關〔註 171〕。而從其運用唯識學的理念的方式來看，毋寧說他進行了更加複雜的處理，即旨在揭發「群」這個「名言」的非實體性：像他批判對「天」的「表象主義」用法一樣，他所反對的並非「群體」本身，而是「以群體爲主體」和「以群體爲實體」的觀念。在《五無論》中他明言，「國家者，如機關木人，有作用而無自性，如蛇毛馬角，有名言而非實存，究其成此虛幻妄想者，非民族之爲而誰爲乎？」〔註 172〕

在「八識二無我」之外，唯識學將宇宙萬法分成五類，即「相，名，分別，如如，正智」，這是認識論也是方法論：主體依生滅無定的現象之「相」而立「名」，依「名」而產生種種「分別」的二元對立心。只有依「正智」破解、遣除「名」和「相」，才能看到世界的眞實本性「如如」。「破執首先是破

〔註 170〕　章太炎：《五無論》（署「太炎」，《民報》第十六號，1907 年 9 月 25 日），《章太炎全集》（四），上海：上海人民出版社，1985 年，第 430 頁。

〔註 171〕　汪暉：《現代中國思想的興起·下卷第一部　公理與反公理》，北京：生活·讀書·新知三聯書店，2003 年版，第 1016 頁。

〔註 172〕　章太炎：《五無論》（署「太炎」，《民報》第十六號，1907 年 9 月 25 日），《章太炎全集》（四），上海：上海人民出版社，1985 年，第 430 頁。

名，名去則相也不存。」〔註173〕章太炎將此「五法」與他的小學研究結合起來。在語言上，他特別強調要考察「名」的來源，並依此將「名」分為本名、引申名和究竟名三類。如「火」「水」是本名，本無所依，引申名是由火言毀，由水言準等，皆由本名「孳乳」，究竟名如「太極」、「實在」、「本體」，是找不到相應對象的抽象概念〔註174〕。從這三類來說，「國家」這個群體性的概念乃是「本名」，其「本無所依」，是依自身的作用而設立的，不像「究竟」「實在」「眞如」這樣在的詞匯具有「體」的價值。從「能」「所」關係的角度來說，「國家」「政府」亦不可能成為「我」，因為它是從「我所」的角度而建立的名相。

對本體和作用的區分，在某種意義上是對「我」和「我所」、也就是「能」和「所」關係的區分，這是章太炎反「向群式」思維的一個重要維度。第七識的「我執」將「我」作為絕對的、單數的、不能消解的認識主體，而「我」的各種社會性（國族、種族認同）、自然性（父母親子）的身份屬性，乃至於「公理」「進化」「惟物」「自然」這「四惑」〔註175〕是「我所」。「若由外界以望內界，則外界為我所，而內界惟稱為我。若由內界以望最內之界，則根識形體亦為我所，而惟阿賴耶識可稱為我。」〔註176〕章氏認為，這兩者如果混同，就會帶來以「群體」壓迫「個體」的問題。「能所互紐，結不可解，久之而喪其所者，亦即自病其能。」〔註177〕如「國家」「民族」、「個人主義」和「私有制」都是依「我所」而建立，以「國家」來「凌駕」個人，以「公權」來保障「私權」，其實質亦是混同了「能」與「所」。

從根本來說，章太炎的「群體為幻」是反對將「民」和「國家」本質化。他不能認同任何將「我」的相對性掩蓋的群體價值，這種思想與在 20 世紀後半葉歐美學界的「後結構主義」「後殖民主義」等思潮的「反本質主義」思想相呼應，構成了反對「現代性」意識形態的一塊拼圖。

另一方面，章太炎認為，雖然現象事物的本質為妄識，卻有「假名，假

〔註173〕 陳少明：《排遣名相之後——章太炎〈齊物論釋〉研究》，《哲學研究》，2003年第 5 期。

〔註174〕 章太炎：《〈齊物論釋〉改定本》，《章太炎全集》（六），上海：上海人民出版社，1985 年，第 112 頁。

〔註175〕 參見章太炎：《四惑論》（署「太炎」，《民報》第二十二號，1908 年 7 月 10日），《章太炎全集》（四），上海：上海人民出版社，1985 年。

〔註176〕 章太炎：《人無我論》，同上，第 425 頁。

〔註177〕 同上，第 427 頁。

相，假用」，「名」「於事假立，爲令世間起想起見起言說故」〔註178〕。社會團
體、國家、民族這些「假名」的功能作用是實際存在的。只要認清「假體」
和「假名」建立的依據，就能發揮它們的「假用」。就此而言，章氏一方面在
究竟的意義上破解「政府」「國家」「人類」「聚落」「衆生」「世界」等群體性
概念的恒常性，另一方面又積極地宣揚民族主義、爲建立「中華民國」而奮
鬥不懈，這種建構和解構之間的矛盾，正可以在唯識學理論中得到自洽。如
《五無論》雖言「無政府」，卻仍「以設新政府者爲無政府之階」，因爲從主
體差別的意義上，不可能要求所有的人都能堪破「幻妄」。他因此而反對那種
取消一切政府機制的「無政府主義」：「無政府者，雖有平人相殺，其酷猶愈
於有政府，終當使其趣於寂滅，而以爲圓滿則不可。」〔註179〕

（二）唯識三性與「個體爲真」

如前所述，在梁啓超看來，個體對社會負有天然的責任，而章太炎則認
爲主體非爲世界、社會、國家及互爲他人而生，對這四者本無責任。其依據
就是因緣法所依的「阿賴耶識」，在其認識論邏輯上是在「眞如」之後的「無
明」，是以「責任者，後起之事」。他認爲，因緣就是「關係」，是有所負所償
的「有爲法」，即柄谷行人所謂的「互酬性原則」〔註180〕。在「關係」中沒有
本質的主體，因此，「責任」並不是天然存在的。

然而需要進一步考察的是，章太炎的群體和個體的概念雖然都是「根識
迷妄」的產物，但無論在認識世界的秩序上還是倫理的合法性上，他眼中的
「個體」都要比「群體」優先。正是在這裡，章太炎藉重了唯識學中的「三
性」範疇。

唯識學針對於不同認識主體的認識特點，建立了認識世界的三種性質，
即依他起、遍計執和圓成實。緣起性空、萬事萬物互相依存之理，在唯識學

〔註178〕 章太炎：《齊物論釋》，《章太炎全集》（六），上海：上海人民出版社，1985
年，第 5 頁。

〔註179〕 章太炎：《五無論》（署「太炎」，《民報》第十六號，1907 年 9 月 25 日），《章
太炎全集》（四），上海：上海人民出版社，1985 年，第 439 頁。

〔註180〕 柄谷行人從交換樣式的角度來解讀民族社會中的巫術和祭神儀式。他認爲，
在原始民族社會所供奉的神並非超越性的神。如果神「不回應人的祈禱——
贈與，它將遭到人的拋棄。」只有到了普世宗教（包括孔教、佛教、基督教
等）出現，國家的形態走向「世界帝國」之際，才有不回應祈禱也不會被拋
棄的絕對之神。參見（日）柄谷行人：《世界史的構造》，趙京華譯，北京：
中央編譯出版社，2012 年，第 106～132 頁。

稱「依他起性」，而凡夫執著於有眞實的我和世界，不知世界是妄，即「遍計所執性」。當破除自性見、轉識成智時，就成就了「圓成實性」。此三性與前述「相、名、分別（妄想）、正智、如如（眞如）」是相互含攝的關係。其中，圓成實性也就是眞如，但眞如側重於描述本體的狀態，圓成實性偏重於描述認識主體的狀態。按照章太炎的理解，「遍計所執」是因第六意識有「周遍計度」的功能，而將認識二元化，「若色若空，若自若他，若內若外，若能若所，若體若用，若一若異，若有若無，若生若滅，若斷若常，若來若去，若因若果，離於意識，則不得有此差別。其名雖有，其義絕無，是爲遍計所執自性」，而第七意識雖執第八識的見相二分爲「我」，但其本身並沒有二元對立的分別意識，是以「其境雖無，其相幻有，是爲依他起自性。」在章太炎看來，依他起性是凡夫的眞實世界，而圓成實性則是聖者回歸眞如本性後的認識方式，「實相眞如法爾（猶云自然）而成，亦由阿賴耶識還滅而成。在遍計所執之名言中，即無自性，離遍計所執之名言外，實有自性。是爲圓成實自性。夫此圓成實自性云者，或稱眞如，或稱法界，或稱涅槃。而柏拉圖所謂伊跌耶者（按：即「理念」ｉｄｅａ），亦往往近其區域。佛家以爲正智所緣，乃爲眞如，柏拉圖以爲明瞭智識之對境，爲伊跌耶，其比例亦多相類。乃至言哲學創宗教者，無不建立一物以爲本體，其所有之實相雖異，其所舉之形式是同。」〔註181〕

依照「唯識三性」，章太炎劃分了認識論的價值標準。儘管現象都是幻覺，但有些幻覺是引導主體出離幻覺的抓手，讓主體有「借假修眞」的可能，另一些則如盲引盲，將主體帶向更深的無明之淵。「個體爲眞，群體爲幻」，就是依據這種價值觀而成立的公式。從上述引文可見，章太炎對「自」的建設，實際上蘊涵著「聖人」和「凡夫」兩種認識主體的情況。遍計所執性和依他起性是「凡夫」的認識特性，而「離絕相見對待之境，乃是眞自證爾」〔註182〕，是證悟的「至人」的圓成實性。儘管各自境界不同，但不論是凡我還是聖我都非由他者所強加。重要的是，在「三性」中，只有遍計所執性是非自然的狀態。依照《建立宗教論》中的分析，「眞如本性」是「在凡不減，在聖不增」，

〔註181〕 章太炎：《建立宗教論》（署「太炎」，《民報》第九號，1906 年 11 月 15 日），《章太炎全集》（四），上海：上海人民出版社，1985 年，第 404 頁。

〔註182〕 章太炎：《齊物論釋定本》，《章太炎全集》（六），上海：上海人民出版社，1985 年，第 107 頁。

凡夫之所以有起起落落的幻覺，主要在於遍計所執性在「依他起性」的基礎上添加「增益」或「減損」的妄想。章太炎將「增益」和「減損」用於批判「唯物論」和「唯神論」：

> 自來哲學宗教諸師，其果於建立本體者，則於本體之中，復為之構畫內容，較計差別，而不悟其所謂有者，乃適成遍計所執之有，於非有中，起增益執，其本體即不成本體矣。其果於遮遣空名者，或以我為空，或以十二範疇為空，或以空間時間為空，獨於五塵則不敢毅然謂之為空，顧以為必有本體，名曰「物如」〔註183〕。

由於直接將增益和減損用於哲學解釋，章太炎的「三性論」顯得較為玄奧。試通俗解之，如從生病回復健康，人會產生一種幸福感，此即是「遍計所執」的「增上作用」，由富到窮的人要比生來的窮人有更多的痛苦，此即是心理上的減損作用。「根」與「塵」接觸最初的一念是沒有分別意識的，如舌頭觸及食物的剎那，就是「如如」，是「依他起性」的自然狀態。緊接著「好吃」或「難吃」的判斷，以及由此而來的種種想法，都是第六意識周遍計度的產物。普魯斯特的「瑪德萊娜」小點心引發的長篇回憶的「意識流」，就是文學領域中說明「遍計所執性」的最典型的例子。使輪迴的「現實」（依他起性）生生世世不斷相續下去的主要動因，不是「大他者」「神之手」，而是第六意識分別心的「遍計所執」所引發的「念念思量」，將「種子」存於阿賴耶識中。

由於沒有「五法三性」的概念，小乘教和唯識宗的「成佛」之路徑截然不同。小乘教視身心的苦受、現實的煩惱為真實，其修行是從「色、受、想、行、識」五蘊中的「受蘊」開始，破「人我執」而證空性，也就是「除境不除心」；唯識學因有了七、八識的概念，因此認為導致輪迴煩惱的根源在於思想上的「遍計所執性」，其修行是從「想蘊」出發，以轉變思想來證悟解脫。這正是晚清「心性論者」的觀念：重要的不是先轉化外在的境界，也不是先關注身體的變化，而是轉換思想，即所謂「智者除心不除境」。天台、華嚴等大乘圓教則心與境都不取，當下安住，也就是「安住型」的中道。從這一角度來說，章太炎的「真常唯心論」常常是將唯識學和圓教的修行方式結合起來，而更偏重於返照自心。在他看來，凡夫要證入真理，須從依他起性這一

〔註183〕　章太炎：《建立宗教論》（署「太炎」，《民報》第九號，1906 年 11 月 15 日），《章太炎全集》（四），上海：上海人民出版社，1985 年，第 404 頁。

既有的「存在條件」開始，轉化虛妄的遍計執，即《建立宗教論》中「隨順依他起自性，建立圓成實自性也」〔註184〕。

由此而入，章太炎「個體」先於「群」的理據就更爲清晰了。蔡志棟認爲，與章氏「唯我主義」貼近的是 solipsism，即「認爲世界的一切事物及他人均爲『我』的表象或『我』的創造物的哲學觀點。這是主觀唯心主義的邏輯結論。」〔註185〕從唯識學的角度應以補充的是，章氏的「我」則包含了「絕對」和「相對」兩個方面。「群體」一定是依「俗情」、依「功用」所設，而「個體」卻有眞與妄兩種不同的情況。在「遍計執」的意義上，它是產生整個世界的「幻覺」的基礎，在「依他起」和「圓成實」的意義上，它則是「轉俗成眞」的出發點和終點。

有了「三性」的觀念爲依據，章太炎極度強調認識主體經驗的絕對性和個別性。他如王汎森所說，發掘「下」的、「在野」的、相對於「君權」的「民」的主觀能動性〔註186〕，但也認爲聖人有能力「上知千世，下知千世」。他常引《孟子·滕文公上》中的「夫物之不齊，物之情也」，認爲「齊物之至，本自無齊」〔註187〕，「人心不同，慮如面類」〔註188〕，甚至認爲時間完全是個人主觀意識的產物，「時爲人人之私器，非眾人之公器。」〔註189〕其理由類似於對「相對論」的通俗化解釋，即因爲個人所處情境的不同，有時感到時間極快，有時感到極慢。總之，「我」對於章太炎來說是「此在性」的核心，是產生所有「群」概念的根源。他的「平等論」也因此而有二層含義：一是在「依他起」的差別性上，因緣不同，眾生不可能平等。所謂「世情不齊，文野異尚」〔註190〕，是天地萬物的現象實情；一是在眞如（眞諦）和阿賴耶識（俗諦）的意義上，眾生皆有「我」。

〔註184〕 章太炎：《建立宗教論》（署「太炎」，《民報》第九號，1906年11月15日），《章太炎全集》（四），上海：上海人民出版社，1985年，第416頁。

〔註185〕 蔡志棟：《章太炎後期哲學思想研究》，上海：上海社會科學院出版社，2013年，第38頁。

〔註186〕 王汎森：《章太炎的思想》，上海：上海人民出版社，2012年，第4頁。

〔註187〕 章太炎：《齊物論釋定本》，《章太炎全集》（六），上海：上海人民出版社，1985年，第59～80頁。

〔註188〕 章太炎：《無政府主義序》，《章太炎政論選集》（上），湯志鈞編，北京：中華書局，1977年版，第383頁。

〔註189〕 章太炎：《齊物論釋》，《章太炎全集》（六），上海：上海人民出版社，1985年，第69頁。

〔註190〕 同上，第39頁。

　　　　一切眾生，同此眞如，同此阿賴耶識，是故此識非局自體，普

　　遍眾生，惟一不二。若執著自體爲言，則惟識之教，即與神我不異，

　　以眾生同此阿賴耶識，故立大誓願，盡欲度脫等眾生界，不限劫數，

　　盡於未來〔註191〕。

　　20 年代以後，周作人常引用佛教制定「不殺戒」的理由——「鳥身自爲
主」作爲其「中道」思想的一個重要理據〔註192〕，與其師章太炎的思想正是
一脈相承：菩薩的「慈悲」不殺，並非出於「人」對智慧低下的鳥的同情或
基於現代的環保意識，而在於「鳥」亦有「我執」。「鳥」與「人」的因緣差
別，就在「我」與「我」的平等性上得到了滿足。這就是章太炎以「不齊而
齊」的「齊物論」對抗「公理」的方式。

四、「眞常唯心論」中的「經」與「權」

　　由於中國哲學自身的性格以及現代中國充滿戲劇性的歷史巨變，思想
者因應社會歷史情境之改變而變更己說的情況非常之多。這要求我們必須
分析他們的敘述中，哪些是「權」，哪些是「經」，在其理念變動的過程中
是否伴隨著相應的理論建設。特別是章太炎善長駁論，並奉持無徵不信，
論必有據，其因應情境之舉和涉及根底的思想改動是有區別的。「八識二無
我」、三性、二諦爲他的「眞常唯心論」建立起大致的輪廓，這些範疇及其
學理系統對考察其思想內部的「經」與「權」及其政治哲學的倫理態度和
學術敘述的方式有著至關重要的作用。對於變化萬端的學術和政治環境，
章太炎的基本原則是根據對象離「眞如」的遠和近而排列座次。如王汎森
所說，他是一位「激烈的相對主義者」〔註193〕。這種參差的相對性和細緻
的思辨，構成了他對於晚清「群學」話題的基本態度及其政論文和學術論
文的基本風格。

（一）文化民族主義和「排滿革命」的邏輯起點

1. 虛實問題與「名」的意義

章太炎的漢語研究直接關係著他的「文化民族主義」思想和「歷史民族」

〔註191〕　章太炎：《建立宗教論》（署「太炎」，《民報》第九號，1906 年 11 月 15 日），
　　　　　《章太炎全集》（四），上海：上海人民出版社，1985 年，第 414 頁。
〔註192〕　詳見本文第二章的分析。
〔註193〕　王汎森：《章太炎的思想》，上海：上海人民出版社，2012 年，第 124 頁。

概念。對此，學界已有詳細的解析〔註 194〕。此處要強調的是，他以語言塑造
國族和歷史記憶的意識中蘊涵著「虛實」和「心物」的佛教式解讀：不同於
「相」（事物、所指）為實體、「名」（能指）為「精神」的二元觀，在章太炎
看來，「名」與「相」在物質和精神的層面上具有平等性。

> 夫就勝義言之，名、相二者，皆由分別妄念所成。若就俗諦言
> 之，相則在物，可認為真；名乃在心，惟認為假。故縱不說物為心
> 造，而不容不說自然等名為心造。物若非心造耶？知物者，或未能
> 過物。自然之名，既為心造，則知自然者，必過於自然矣。故真惟
> 物論者，亦不得不遮撥自然，而託之者至謬妄也。雖然，今亦且置
> 斯事，就人間社會言之，凡所謂是非者，以侵越人為規則為非，不
> 以侵越自然規則為非。人為規則，固反抗自然規則者也。〔註 195〕

在這裡，最鮮明地體現章太炎的相對主義態度的，就是他對「唯物論」「唯
心論」「唯神論」的分析。以何者為虛、以何者為實，一向是困擾中國近現代
以來的思想界的一大難題，而章太炎是把「唯物論」也作為「心性論」自身
的一個分支來看待的。他依據「三性」和「二諦」等距離「自然狀態」的「遠
近法」，對「唯心論」和「唯物論」者排了座次：章氏認為，依「依他起性」
會成就「唯物論」，依「遍計執」則會成就「唯我論」和「唯神論」，「唯物」
者如井底蛙，不如井上天外有其他境界，然而因為隨順了「依他起性」的自
然狀態，尚有可取之處〔註 196〕；而唯神論意義上的唯心論者隨順遍計執性，
就只能稱「俗」而不能稱「諦」了：「惟物之說猶近平等，惟神之說，崇奉一
尊，則與平等絕遠也。欲使眾生平等，不得不先破神教。故就基督、吠檀多
輩論其得失，而泛神諸論附焉。」〔註 197〕同樣，在《國故論衡·辨性》中，

〔註 194〕 王風：《章太炎語言文字論說體系中的歷史民族》，《世運推移與文章興替：中
國近代文學論集》，北京：北京大學出版社，2015 年，第 85 頁的概括。關於
「歷史民族」這個範疇，亦可參照彭春凌：彭春凌：《儒學轉型與文化新命—
—以康有為、章太炎為中心》，北京：北京大學出版社，2014 年版，第 80～
81 頁。

〔註 195〕 章太炎：《四惑論》（署「太炎」，《民報》第二十二號，1908 年 7 月 10 日），
《章太炎全集》（四），上海：上海人民出版社，1985 年，第 455 頁。

〔註 196〕 章太炎：《國故論衡·辨性（下）》，陳平原導讀，上海：上海古籍出版社，2003
年版，第 143 頁。

〔註 197〕 章太炎：《無神論》（署「太炎」，《民報》第八號，1906 年 10 月 8 日），《章
太炎全集》（四），上海：上海人民出版社，1985 年，第 396 頁。

他認爲信仰一神教的上帝要比民間的多神信仰更加愚昧，因爲前者的根據是「神我論」的心物二元觀，後者則有著爲不同主體留出認識空間的合理性。同時，多神信仰演化爲民間的風俗習慣，也往往失去了「意識形態」的意味，變成存在性的「依他起」的自然狀態〔註198〕。

章氏這種心物觀顯然和20年代以後漸漸形成的現代學科化體系中的「心物二元論」的「唯物」與「唯心」有所不同。舉例來說，在廢名寫於抗戰時期的《阿賴耶識論》裏，也常有既肯定「唯物」、又稱「言唯物者正是唯心」的纏繞之語，其原因就在於彼時「唯物」和「唯心」的概念背後，已經形成了「心物相即」和「心物二分」兩種完全不同的認識論系統。

上述引文中同時透露出章氏對「名」的複雜態度。他與人辯論，一向關注對方所用的「名相」，一方面以樸學和佛學的方法論多番徵引，證明「名」的虛妄不實〔註199〕，另一方面也認爲「名」與「相」的嵌合加固了「我」與「世界」的幻覺，「名」的作用並非只是「精神性」的，而是「物質性」和「精神性」兼具。如前所述，唯識學認爲，五蘊之中微細的「想蘊」最爲重要，一切現象因「思」而主導，而章氏認爲「名」正是「想蘊」而起。「人心所起，無過相名分別三事，名映一切，執取轉深。」〔註200〕「名之成，始於受，中於想，終於思。」「凡諸別名，起於取象，故由想位口呼而成。凡諸共名，起於概念，故由思位考呼而成。」「想非呼召不徵，名言者，自取象生。」〔註201〕

〔註198〕 章太炎：《國故論衡·辨性（下）》，陳平原導讀，上海：上海古籍出版社，2003年版，第144～147頁。

〔註199〕 章氏認爲，主體因「我執」故，尋求字義、因緣和名言的實質，但都不能最終得到眞解。在字（能指）和義（所指）之間輾轉求解一定會陷入無窮動的循環論，如一是二的一半，二是一的一倍；又如細胞何以能動，答萬物有動力，必又詢問動力何在，這樣無限相遞，「本無眞因可求也。」此外，探名言的實質有二法，一是無限細分的「有方分」，到最小處則無法以「現量」來把握，一是無限擴展的「無方分」，到超出認識範圍外也無法用「比量」來推理。此外，本名、引申名和究竟名、能詮和所詮之間，也不能一一對應，無不說明語言的虛妄不實。「夫語言者，惟是博棋木旌旗之類，名實本不相依，執名爲實，名家之封囿，淫名異實，狂人之愚，殊途同歸，兩皆不可。」參見章太炎：《齊物論釋定本》，《章太炎全集》（六），上海：上海人民出版社，1985年，第81、89頁。

〔註200〕 同上，第61頁。

〔註201〕 章太炎：《國故論衡·原名》，陳平原導讀，上海：上海古籍出版社，2003年版，第118頁。

由是而言，章氏對語言文字的重視，主要是基於認識到它創造「實體感」和「人類自我」的功能。他認爲從「依他起性」入手才是建立「正確」的入世思想的基礎，具體到對「名」的態度，就是習慣於在看待一種學說、判斷一個概念的時候，先分析構成其「假名」的那些因緣條件。如前述他標榜「民族主義」，批駁梁啓超等人以「國家」來反對「狹隘的民族主義」的言論，就是從相對的層面來破解對方和建設自身言論的其合法性。他認爲以宇宙之廣，「民族」與「國家」都來自於相對狹隘的分別心，其起源都是感情，兩者本是同根，「今於其間所守本狹隘，惟相應於狹隘之民族主義而爲之。誠欲廣大，固不當分種族，亦寧得分國家？民族主義，隨感情而有，國家主義，寧非隨感情而有？」〔註202〕在《復仇是非論》〔註203〕一文中，他認爲無論是以階級還是國家的名義，其「實」都是戰爭和暴力，「復仇」這個詞更接近「依他起性」。它是客觀的事實描述，而「民族主義」的「法理」和「公理」則都是「增益執」，都爲遍計所執性所攝。亦如《排滿平議》指出「無政府主義」其「名」不當，「誠欲普度眾生，令一切得平等自由者，言無政府主義，不如言無生主義也。轉而向下爲中國應急之方，言無政府主義，不如言民族主義也。」〔註204〕

2. 建構與解構的「歷史民族主義」

這種「分析性」的、建構與解構並舉的語言觀，對於章太炎建設「漢民族」的集體性認同具有深刻的意義。在一般常識中，「歷史」「民族」都是不可摧毀的客觀存在，而章太炎卻先於歐美的「後結構主義者」強調歷史是一種敘述，而敘述則不僅僅是「精神的」，它同時構成了「肉身」。在《印度人之論國粹》等文中，他認爲歷史是人類殊於鳥獸的重要特徵〔註205〕。因爲人類的分別意識較鳥獸犀利得多，爲善爲惡的能力也強得多，所以只有人類才有「名相」，才有「歷史」的傳承。

章氏對於「文明」「進化」等「分別意識」常持批判態度，部分原因是這

〔註202〕 章太炎：《五無論》（署「太炎」，《民報》第十六號，1907年9月25日），《章太炎全集》（四），上海：上海人民出版社，1985年，第430頁。

〔註203〕 章太炎：《復仇是非論》（即《定復仇之是非》，署「太炎」，《民報》第十六號，1907年9月25日），同上，第270～276頁。

〔註204〕 章太炎：《排滿平議》（署「太炎」，《民報》第二十一號，1908年6月10日），同上，第262頁。

〔註205〕 章太炎：《印度人之論國粹》，同上，第366～367頁。

些概念多從西來，而他對於中國人本有的「歷史」觀念，態度卻有所不同。他的「民族主義」思想是如此激烈，以至於常常遭受「種族主義」「漢族中心主義」的詬病。日本學者中茵英助稱劉師培受章氏影響而寫出的《論種族革命和無政府革命之得失》包含了極端的平等與分化思想，是一篇「奇異論文」〔註206〕。一些學者認爲晚清革命的「成本很低」，它是在社會崩解的情況下隨意地抓取理論資源，並起用「排滿」這一狹隘的王朝更替來煽動大眾情緒、進行廣泛的社會動員，其口號直接而有力，掩蓋或代替了「共和」「民權」動員。因此，辛亥的社會基礎是「非現代的」〔註207〕。據張繼回憶，章太炎與鄒容一唱一和，激烈地宣揚排滿思想的文章，在當時長江中下遊士大夫間形成了無以估計的影響。「它之所以有力，可能是因爲古雅的學理中包著最激烈極端的思想吧。」〔註208〕

張繼的觀點不無道理。章太炎爲晚清學人感佩不已的深厚的小學功力，從一開始就具有爲種族意識服務的功能。在其佛教世界觀所主導的「平等論」和主觀情感之間，始終存在著相當的緊張性。但另一方面，唯識學和經他重解後的《齊物論》也爲他的民族和種族情結找到了一個自我剖析、自我疏理、某種意義上也是自我辯護的位置。特別是上述唯識三性中，依他起性所代表的「自然狀態」以及「二諦」思想中的「俗諦」的應機多變，在很大程度上支撐了排滿的正當性。

因爲是考證學出身又是浙東人，章太炎受家教和師承的影響，原本就有強烈的遺民情緒和反儒學專制化的思想，他崇拜黃梨洲、顧亭林、朱舜水、王船山等人，「痛論八股科舉之汩沒人才」〔註209〕。從因緣觀來說，這些是章太炎自身的「依他起性」。在《自述年譜》中，他已經歷陳自己種族情緒的所來之路。「自十六七歲時讀蔣氏東華錄、明季稗史，見夫揚州、嘉定、戴名世、曾靜之事，仇滿之念因已在胸」〔註210〕。

〔註206〕 劉師培以《論種族革命和無政府革命之得失》支持章氏理論，認爲中國早已推行了數千年的無政府主義，逸民、隱士、高僧都實踐著個人無政府主義。轉引自（日）中茵英助：《詩僧蘇曼殊》，甄西譯，太原：山西教育出版社，第59頁。

〔註207〕 參見朱宗震：《大視野下清末民初變革》，北京：新華出版社，2009年。

〔註208〕 王汎森：《章太炎的思想》，上海：上海人民出版社，2012年，第3頁。

〔註209〕 梁啓超：《中國近三百年學術史》，上海：上海三聯書店，2006年，第47頁。

〔註210〕 章太炎：《民國章太炎先生炳麟自定年譜》，王雲五編，臺灣：商務印書館，1980年，第3頁。

　　由於要「隨順依他起性」，他認為瞭解歷史的建構性質並不一定是為了破解它，而恰恰是要利用「假名」的「假用」，從語言文字著手疏理文化記憶，加固「華夏民族」的歷史認同感。他對於祖先事蹟極為重視，因為它可以「發懷舊之蓄念」而激發思慕之情。人們對於祖先的留連感慨，是為了保持歷史感的「連續性」和「特殊性」。即使一些英雄主義的宣傳有激情主義之嫌，如能激勵「種性」，就值得回顧。

> 釋迦氏論民族獨立，先以研求國粹為主，國粹以歷史為主，自餘學術皆普通之技，惟國粹則為特別。譬如人有里籍，與其祖父姓名，佗人不知無害為明哲，己不知則非至童昏莫屬也。國所以立在民族之自覺心，有是心所以異於動物，余固致命於國粹者〔註211〕。

　　就此而言，章氏在文化的高低兩端「雙管齊下」，一方面「孳乳」文字，以「方言皆有本株」為漢字找到純正的歷史譜系，另一方面在通俗、大眾化的意義上渲染民族主義情緒。他與蘇曼殊等好友壯遊各朝歷史遺跡各地，不時為曼殊的畫作題詩以激蕩「種姓」，發揚「國粹」。如王汎森所說，章太炎的所謂國粹，主要還是指「小學和歷史兩端」，能夠「衛國性」「類種族」〔註212〕。梁啓超也有「史家之能事，乃在將僵跡活化」，「使過去時代之現在相，再現於今日也」的歷史觀〔註213〕。但章太炎史觀的獨特性尤在於看到「歷史」本質的建構性。從以上的分析來看，他並沒有「抹消」「歷史」的敘述性這一「所來之路」，對於「排滿革命」是否是「種族主義」的，他具有清晰的自我觀照。對此「所來路」他一向直言不諱，在《復仇是非論》中明確表示自己參與革命、言「民族主義」，乃是出自「我之私」。這是在「我」的主體意義上證明革命並非「強己以為公」，而是基於「俗情」而隨順「真諦」之舉。在對對象的考察中，他認為由於滿漢各有其文明、文化、風俗的約定俗成的歷史傳承，已經形成了各自的「實體幻覺」，擁有不同的「德性風俗」，「約定俗成，故不可陵亂」〔註214〕。這種以「差異」言「平等」的理念每每使他在語言考證的過程中有「過度詮釋」

〔註211〕　章太炎：《印度人之論國粹》，《章太炎全集》（四），上海：上海人民出版社，1985年，第366～367頁。

〔註212〕　王汎森：《章太炎的思想》，上海：上海人民出版社，2012年，第77頁。

〔註213〕　梁啓超：《中國歷史研究法》，《飲冰室合集·文集》十七，北京：中華書局，1989年，第1～2頁。

〔註214〕　參見章太炎：《國故論衡·辨性（下）》，陳平原導讀，上海：上海古籍出版社，2003年版，第146頁。

之處，也是其語言學頗受詬病的一點。學者王風於《章太炎語言文字論說體系中的歷史民族》一文中寫道，之所以造成這樣的問題，是由於章太炎並不像傅斯年或大部分現代學者一樣，認爲歷史學、語言學等等僅僅是一門科學。他是要用文字解決「傳統不能自明」這一表達的危機，因此「一往而深」，轉而再轉，直到得出「漢語最純潔不雜」方可〔註215〕。

簡單地說，章太炎「排滿」的「合法依據」，既在於滿清王朝是一個施行專制的政府，又在於「種族」之間的「差異」是「自然的」，應「各安其處」，「不齊而齊」。《復仇是非論》曰，「夫排滿即排強種矣，排清即排王權矣」。「以漢人治漢，滿人治滿，地稍迫削，則政治易以精嚴，於是解仇修好，交相擁護，非獨漢家之福，抑亦滿人之利，寧有復崇舊怨，地面相攻之事？雖然，人性之貪狼無厭，背違正義，更萬億年而不可變也。是故滿洲政府，必無讓地自歸之事，爲漢族者，亦固知其不可望於滿人，則有昌言排滿而已。」〔註216〕

但，章太炎所反對的始終是「國家主義」的形而上學，而非「國家」或「民族」本身。由於對「差異」的重視，他時常主張將政治重心由北京轉移到地方，大量削減中央的權力，免於三蠹（臨時約法、元首、國會）之害。即便是於1899年這一由改良而革命的過渡期提出「客帝」與「分鎭」這兩個不廢皇帝和認可軍閥割據、後來被他深刻「自劾」的主張〔註217〕，其語氣也不無一根刺挑另一根的意思。以孔子後代爲帝，以架空清帝；以督撫分權架空清廷，與民國九年提出的「聯省自治，虛置政府」，都寄予了他「團體爲幻」的理念和反「中心論」的思想。這種政治上的分權主張與他在學術上降儒術、揚諸子顯然有對應之處。

在此，我們可以看到章太炎思想中強烈的「在地性」因素。這是一種接近於「存在主義」的思想，它與「唯識三性」的認識論意義密不可分。王汎森認爲，章氏之所以不欲像他在同盟會中的同伴那樣從事廣泛的法令、制度的改革，

〔註215〕　王風：《章太炎語言文字論說體系中的歷史民族》，《世運推移與文章興替：中國近代文學論集》，北京：北京大學出版社，2015年，第39頁。

〔註216〕　章太炎：《復仇是非論》（即《定復仇之是非》，署「太炎」，《民報》第十六號，1907年9月25日），《章太炎全集》（四），上海：上海人民出版社，1985年，第274頁。

〔註217〕　參見章太炎：《客帝論》、《分鎭論》，《章太炎政論選集》（上冊），湯志鈞編，北京：中華書局，1977年，第84～90頁、第104～107頁。

是因爲他認爲問題的根源來自於一個久居中國的異族之「習慣」與「天性」，而不是它的「法令」或「制度」〔註218〕。這種「文化民族主義」的思想深深地影響了後來周作人的民俗學和地方主義觀點。從上述引文可推理出，因爲「法令」和「制度」是抽象的理念，是「心物二分」的產物，是「名」中之「名」，「假」中之「假」，而「習慣」與「天性」則是心和物不可分的結果，通於「依他起性」的自然狀態。唯識學認爲，無盡輪迴中的異生（前世今生）之間沒有不變的「靈魂」，但尤有「等流習氣」，使前世和後世的「我」的「習性」有一定的承續性。這一理論被章太炎挪喻到「歷史民族」的理念之中：即使「舊貫」不善，但風俗還在，「我」和「我所」的執念得以傳承下去，形成種族的群體性觀念，已是強大的「見」，不可能被消除。因此種族本身並不是革命的對象，可消滅的是施行壓迫的「其器其事」。「是故排滿洲者，排其皇室也，排其官吏也，排其士卒也。」〔註219〕另一方面，從「等流習氣」的連續性上，滿人侵略、壓迫漢人的習氣已代代相承，「往世殘賊屠夷之事實，以政府挾之俱存」〔註220〕，因此父仇子代也理所應當。儘管法相唯識與語言文字的關係仍是以解構爲歸宿的，但他並未將「五無」和「排遣名相」作爲現實政治實踐的目標，因爲對秉承「依他起性」、隨順俗諦，就包括了分析「我」所處時代的「共業」與「別業」。

（二）「公理──社會──進化論──文明」

1.「透明」的「常存之力」

在分析章太炎的政治構想時，汪暉提出一個意味深長的問題：爲什麼在章氏關於「中華民國」的設想中，只有「個人」與「國家」之間的短路式的連接，而「社會」卻被省略了？對此，他本人的分析是，晚清學人常以「社會」來制約「國家」以及國家權力和權利政治的再分配。不論是徹底地清除封建帝制、建立「民主憲政」，還是在不改變儒家思想結構的情況下重新調整和發展「村社共同體」，都是爲了制約集權而形成多元結構。而章太炎的「個」「自」的主體獨特性在於，它不但是反「國家」的，也是非「社會」的〔註221〕。

〔註218〕　參見王汎森：《章太炎的思想》，上海：上海人民出版社，2012 年，第 150 頁。
〔註219〕　章太炎：《排滿平議》（署「太炎」，《民報》第二十一號，1908 年 6 月 10 日），《章太炎全集》（四），上海：上海人民出版社，1985 年，第 269 頁。
〔註220〕　同上。
〔註221〕　汪暉：《現代中國思想的興起·下卷第一部 公理與反公理》，北京：生活·讀書·新知三聯書店，2003 年版，第 1061～1062 頁。

僅從「眞常唯心」的學理層面來說，這或許是因爲章氏最爲深惡痛絕的「公理」觀正是由「社會」「自然」等中性的名相所支撐的。根據王汎森分析，梁啓超所代表的「文明」派指一大批相關的內容，「文明」指的是公理、公例、公法、進化以及政治上的代議立憲之論，這些都是晚清新派人士最常用的概念。「文明」主要建立在近代西方的哲學體系之上，而「公法」「公理」帶有自然規範的性質，是與算術一樣精確、普遍的律則。

「遍計所執」「根識迷妄」的理論已經解釋了章太炎「反公理」的理由：所謂「文明」和「公理」同樣是因人、因地、因時而異的無自性之物，而「待人之原型觀念應於事物而成」〔註222〕，「不曉得文明野蠻的話，本來從心上幻想現來。只就事實上看，甚麼喚作文明，甚麼喚作野蠻，也沒有一定的界限。而且彼此所見，還有相反之處。」〔註223〕且在章氏看來，「天理」和「公理」不同。「眞如本性」原本就是「天理」的異名，而公理一詞在其字「相」和字「義」層面早已有了強凌個體的意味，「慘刻少恩，尤有過於天理。」「寧得十百言專制者，不願有一人言天理者；寧得十百言天理者，不願有一人言公理者。」〔註224〕這些極端論調的理由是，「社會」比起其他群體性概念是一個更難於自我省察的、透明的範疇，它與外在環境意義上的「自然」相對應，被認爲是人類的「自然」，而「公理」更被認爲是由「社會」「自然」而生，更是不可違逆的「客觀性存在」。從《四惑論》《五無論》《建立宗教論》《人無我論》等文對群體性概念的撻伐中可見，章太炎認爲人們在「社會」「公理」「文明」這些「客觀」的概念中投射了許多「遍計所執性」。「天理」的強制性尙易被發現和批判，而「言公理者，以社會常存之力抑制個人，則束縛無時而斷。」是以「公理之束縛人，又幾甚於天理」〔註225〕。

「社會」是自然形成，時間向前發展，人類向前邁進，都是「自然」的常識。章氏認爲，這是更深厚、也更難於破解的「見」與「念」。他曾經破斥始起論意義上的「自然觀」，認爲並不是「自然」孕育、創造了「人類社會」：

〔註222〕 章太炎：《四惑論》（署「太炎」，《民報》第二十二號，1908 年 7 月 10 日），《章太炎全集》（四），上海：上海人民出版社，1985 年，第 444 頁。

〔註223〕 參見章太炎 1908 年佛學演講稿。參見姚奠中、董國炎：《章太炎學術年譜》，太原：山西古籍出版社，1996 年，第 183 頁。

〔註224〕 章太炎：《四惑論》，《章太炎全集》（四），上海：上海人民出版社，1985 年，第 448～449 頁。

〔註225〕 同上。

「一切皆因緣生，故無自然；而眞如本識非因緣生，則安得不言自然。」〔註226〕只有「非因緣而生」的絕對眞理才是無可質疑的「自然」，因緣是阿賴耶識作用的「顯現」，這才是「自然」的事實，社會、文明只是因緣和合而生的「波浪」和「水泡」。然而即如齊澤克所言，「幻覺的特點，就是難於消失」〔註227〕。唯識學給予章太炎的，正是讓「常存之力」、「透明」之物顯影的洞察力，揭開「客觀事物」的「面紗」，是其「反專制」思想的一個主要層面。他指出，「文明／野蠻」之「見」的心理始發點，不過是民族之「我執」的虛榮意識。「言文明者，非以道義爲準，而以虛榮爲準」〔註228〕，這種論調在當時是極爲罕見的：彼時學人所關注的並非「文明」的本質，而是文明所包含的「內容選項」以及達到它的方式。從微觀的角度，哪些事情和行爲合乎文明和公理的討論是街頭巷尾的口頭禪〔註229〕；在宏觀的意義上，「文明社會」常常是「進化論」軸線上的終點，指向一個理想的黃金時代。梁啓超讚揚康有爲「獨發明《春秋》三世之義，以爲文明世界，在於他日，日進而日盛」〔註230〕，同樣基於此無限發展的進步主義的歷史哲學觀。

章太炎猛烈抨擊「文明／野蠻」之見，認爲「不論東洋西洋」，「沒有一個不把文明野蠻的見橫在心裏」，其理由同樣是依於「遍計所執」：「善惡是非的見還易消，文明野蠻的見，最不容易消去。」正因爲「文明／野蠻」所依的線性時間觀與「公理」所依的「社會」，都最易被奉爲「客觀自然」之事。「無論進化論政治家的話，都鑽在這個洞窟子裏，就是現在一派無政府黨，還看得物質文明是一件重要的事，何況世界許多野心家。」〔註231〕

依靠如來藏思想和唯識論的結合，章太炎意圖同時「照破」「文明／野蠻」的本質及其所依賴的時空結構。一些學者認爲他對進化論採取了調和的態度

〔註226〕 《菿漢三言》，《菿漢三言》，虞雲國標點整理，瀋陽：遼寧教育出版社，2000年版，第27頁。
〔註227〕 參見（斯洛文尼亞）齊澤克：《幻想的瘟疫》，胡雨潭、葉肖譯，南京：江蘇人民出版社，2006年。
〔註228〕 章太炎：《復仇是非論》（即《定復仇之是非》，署「太炎」，《民報》第十六號，1907年9月25日），《章太炎全集》（四），上海：上海人民出版社，1985年，第274頁。
〔註229〕 參見王汎森：《章太炎的思想》，上海：上海人民出版社，2012年，第6頁。
〔註230〕 梁啓超：《南海康先生傳》，《梁啓超全集》（二）北京：北京出版社，1999年版，第489頁。
〔註231〕 章太炎1908年佛學演講稿。參見姚奠中、董國炎：《章太炎學術年譜》，太原：山西古籍出版社，1996年，第183頁。

〔註232〕，但其學理依據和心理動機卻並非來自對西學的寬容和讓步意識。在早期認同於「現代進化論」的時代，章氏或許就已在尋求突破它的方法。因為按照這種「進化」模式，中國只能被安放在「野蠻」的位置上，接受了佛教世界觀之後，他的理據變得更加高遠，不僅僅出於民族主義者的「復仇」，也出於揭露對方「根識迷妄」的普遍性謬誤。

在《俱分進化論》等文中，章太炎的確稱進化是「客觀」的，但他也強調進化是「流轉真如」的一部分〔註233〕。「流轉」意謂真如的普遍內在性：真諦含攝俗諦，生生不息的宇宙現象自然是「真如本體」所顯現。在「俗諦」的意義上，「進化」則不過是第六意識「分別心」的「增益執」，是一種相續的幻覺。如《齊物論釋》云：「夫現在必有未來，今日必有明日，此誰所證明者？然嬰兒初生，狸鼠相遇，寧知代之名言哉！兒嗁號以索乳者，固知現在索之，未來可以得之也；鼠奔軼以避狸者，亦知現在見狸，未來可以被噬也。此皆心所自取，愚者與有。」〔註234〕在如是破了「進化」的「價值合法性」後，章太炎又強調，儘管本質虛妄，「進化」也是眾生所依的境界，這便是進化「客觀」之所在。

在此基礎上，他才提出了「俱分進化論」和「善惡俱進」說。由於善與惡就是第六意識的分別心所產生的相對概念，是以「善」進「惡」亦進。同時，在這個世界的依報環境中，在佛教所謂的「減劫」、「末法時代」的時間節點〔註235〕中，個人無法抵抗「遍計執」增益熾盛的歷史大勢。

〔註232〕　唐文明：《隱秘的顛覆：牟宗三、康德與原始儒家》，北京：生活·讀書·新知三聯書店，2012 年，第 243 頁。

〔註233〕　章太炎：《俱分進化論》（署「太炎」，《民報》第七號，1906 年 9 月 5 日），《章太炎全集》（四），上海：上海人民出版社，1985 年，第 393 頁。

〔註234〕　章太炎：《齊物論釋》，《章太炎全集》（四），上海：上海人民出版社，1985 年，第 14～15 頁。

〔註235〕　章太炎認同於佛教在宏觀意義上的「成、住、壞、空」的循環週期。大乘佛教「閻浮眾生，業感差別，舉心動念，悉皆是罪」（《地藏菩薩本願經》）這種對於道德水準的悲觀判斷，都是從「末法時代」而言的。這種宗教性的時間判定，與基督教的「千年王國」「世界末日」有其近似之處。近代文明論者常常持有此類論調。在某種意義上，流傳於西方現代世界的種種共產主義的烏托邦，也是對這類宗教性的時空判斷的改造和截取。其複雜之處在於，佛教等其他宗教的宇宙論也同樣常常被現代自然科學所「勘驗」，特別是量子力學與佛教思想的「相互印證」。這是「宗教」和「科學」辯證的激烈地帶，在何謂「進步」，何謂「倒退」的問題上，文化保守主義與「西方進步主義者」之間至今未有定論。

　　總的來說，佛教哲學對地球的現象世界在宇宙中的時空判定，在空間上是一位佛陀所教化的「一個三千大千世界」中的「娑婆世界南閻浮提洲」，在時間上以「劫」為度量單位，以一個現象的生與滅中的四個階段──成、住、壞、空作為一個週期，認為釋迦牟尼佛教法所攝的這個世界，在一個三千大千世界的空間位置上，正處於時間上的「減劫」時期，是為「劫濁、命濁、煩惱濁、眾生濁」的「五濁惡世」；佛滅後五百年是正法時期，修行者以持戒「堅固」；此後的一千年是像法時期，行者「禪定」堅固；再後一萬年，則是「末法時期」，信解者、證果者皆漸衰少，眾生的特點是「鬥諍」堅固，此皆由眾生業報所現──這正是章太炎「客觀進化」所依持的理據。然而眾生所感得的空間上的「根身器界」差別萬千，時間上的生、住、異、滅也各有其時，因此「進化」的客觀是相對的，「減劫」中亦有「增劫」（如人類平均壽命的上升與下降），分別意識也可能「增」中有「減」。「進化者，由外緣牽引以成，而人心所向，不悉在是。幸福增進，一部分類所盲從也，他部人類，則或有反對此者」〔註236〕。如阿彌陀佛的西方極樂世界便是由「無分別意識」的眾生所成就的淨土。更進一步說，即使在這個「共業所感」的閻浮世界中，善惡的進退情況也有相對的差異，因「共業」當中，還有個人的「別業」。他舉例稱，歐洲希臘以降和明治日本都是善惡俱進，獨中國「自宋以後，有退化而無進化，善亦愈退，惡亦愈退，此亦可為反比例也。」漢唐都是善惡俱進的，而「自宋以後，漸亦退化，至滿洲為甚」，「即便為惡，也僅有諛佞之輩，而奸雄則不可得。這是惡亦退化。」〔註237〕

　　如上的說明可見章太炎分析對象時的細緻態度。他嚴格地界定了「進化」的「客觀性」的範圍，也據此限定了它所能覆蓋的倫理範圍：進化之「客觀」只是相對的、有為法的「客觀」，並非究竟的「真如本性」。「今夫進化者，亦自然規則也。雖然，視入火必熱、入水必濡，則少異。蓋於多數不得不然，非於個人不得不然。」「個人欲自遏其進化，勢非不能。縱以個人之不進化，而風靡多數，使一切皆不進化，亦不得為個人咎。以進化者，本嚴飾地球之

〔註236〕　章太炎：《四惑論》（署「太炎」，《民報》第二十二號，1908 年 7 月 10 日），《章太炎全集》（四），上海：上海人民出版社，1985 年，第 450 頁。

〔註237〕　章太炎：《俱分進化論》（署「太炎」，《民報》第七號，1906 年 9 月 5 日），同上，第 391 頁。

事，於人道初無與爾。」〔註238〕通過佛學的「三千大千世界」的無限性和「我」的絕對性，他不僅將「社會」「國家」「文明」相對化，也將「地球」和「世界」相對化了。這種相對化，是他反對「進化」為「公理」的最有力的武器。

在此需要注意的是，這種「善惡俱進論」對於傳統和現代道德建設「去惡揚善」的目的論來說是一種阻礙。同樣利用心性論、因果觀乃至於佛教的「成、住、壞、空」的現象時間觀等來言進化，梁啟超的倫理是鮮明的去惡增善。他稱人類有為自己負責之意識，造善得善，造惡收惡，是主動而非被動；達爾文、斯賓塞「公理大例，莫能出其二字（指因果）之範圍」〔註239〕。這在價值取向上亦是「依自不依他」的「心性論」，然撇開其對二氏理論的格義不談，梁啟超並未在「善」與「惡」的關係和本質上及其相對性上深思，而章太炎所追溯的正是這一方面。他仿若《心經》中的「照見五蘊皆空」，認為善相和惡相相互依存，如意圖去惡，則無法「增善」。要消滅惡，則相對意義上的善也會無存，也就是依「分別意識」而存的人類社會本身會消亡。

從表面上看，「五無論」是典型的虛無主義，然而僅在學理而非現實政治實踐的層面，章太炎的判斷仍然「圓融」：他同樣以參差的相對主義態度，強調主體的認識不同，則目的論的「選擇」便不同。他比較了凡夫的「欲望」目的論、小乘和大乘佛教的出世目的論，「又有三人，一畫花木，一操會計，一編譜表，終日程功，其勞相等，繪畫者猶栩栩自得，操會計者，編譜表者，則遄然思欲脫離矣。是何也？一即勞以為樂，當其勞時，即其樂時；一行勞以求福，而現前所操之業，皆枯槁鮮味者，故其趣不同矣。」〔註240〕「行勞以求福」者是把希望託於未來，所依據的自然是線性時間觀。從「真諦」的角度來說，這是虛妄的。輪迴相續，就是對「未來」的妄想相續，輪迴滅就是當下即空，不再有相續心，也不再有斷滅心。所謂自性本空，是當體即空，那麼任何希望能夠離開「當下」而達到「未來」的欲望都是「遍計所執」的

〔註238〕 章太炎：《四惑論》（署「太炎」，《民報》第二十二號，1908年7月10日），同上，第455頁。

〔註239〕 梁啟超的《清代學術概論》和《中國近三百年學術史》的理論構建的啟蒙期、全盛期、蛻分期、衰落期，即導源於「生、住、異、滅」。他認為「無論何國何時代之思潮，其發展變遷，多循斯軌」。參見梁啟超：《清代學術概論》，《飲冰室合集·專集》三十四，北京：中華書局，1989年，第2～3頁。

〔註240〕 章太炎：《四惑論》（署「太炎」，《民報》第二十二號，1908年7月10日），《章太炎全集》（四），上海：上海人民出版社，1985年，第451頁。

妄想。因此，《俱分進化論》一文從開始就是對黑格爾總體歷史觀念和「線性時間觀」的解構與批判，所依據的不僅是大乘的「眞諦」之說，還有「苦」觀。如「善」無法擺脫「惡」一樣，凡夫無法擺脫「苦／樂」的相對性，這本身就是苦，是輪迴的根本特徵，也就是小乘四諦中的「苦諦」。凡夫之苦是純苦，所受之樂則苦樂參半〔註241〕，因此章氏奉勸世人「於進化事，不必渴想。」佛教並認爲除生老病死和「五陰熾盛」外，眾生另有「三苦」：怨憎會、求不得、愛別離。章氏亦依此判斷，在今日人類文明進化之時，物質相對豐富，怨憎會苦因「惟在憂受不在苦受」，所以「或少減於疇昔」，而求不得苦則甚，愛別離苦最甚。因爲主體的分別心重了，從感官到思想，都是愈敏銳，苦與樂受就愈多〔註242〕。凡夫所謂幸福是感官和意識欲望的滿足，因欲壑難添而言「進化」，「進化」的代價又有二，一是爲未來而犧牲當下之樂，一是激發競爭、引發暴力。是以「凡求幸福，無不得苦」「營求妙欲，自苦之根」〔註243〕。

章太炎以「苦諦」來破「進化論」，在社會哲學上的價值所在，仍在於其「存在性」。尼采也曾以佛教「直接說『我苦』」的「苦即罪」意識，來批判基督教關於罪與罰的種種制度禮儀，因爲後者的善惡標準已經絕對化和超驗化爲表象意義，而佛教的「我苦」直接從「受、想、行、識」等存在性層面來建立其哲學。〔註244〕。

然而，依據「當下皆空」或「線性時間觀」定義幸福和求福之法，終究取決於主體的個人意志，這正是章太炎建設其相對主義態度的地方。他曾說佛教出世亦有大小乘之先，「厭有兩派，一是小乘聲聞，一是求清去濁。其志在厭世，而其作用則不必純爲厭世。」〔註245〕他自身傾向的自然是大乘之選，是「以勞而現樂者爲趣，不以勞而求福者爲趣」的進行時的「烏托邦」觀，

〔註241〕　因爲「無常生滅」，一切所得者必失，此爲「壞苦」。

〔註242〕　需要注意的是，與輪迴之「純苦」相對的，是眞諦的「極樂」、法樂和涅槃之樂，也就是「無苦之樂」。極樂與極苦的「對比」已經是絕對性，而不是「一分爲二」的二元主義，因爲兩者不可由同一個主體同時感知。

〔註243〕　章太炎：《無政府主義序》，《章太炎全集》（四），上海：上海人民出版社，1985年，第385～386頁。

〔註244〕　參見（日）柄谷行人：《日本現代文學的起源》，趙京華譯，北京：生活·讀書·新知三聯書店，2003年，第105頁。

〔註245〕　參見章太炎：《俱分進化論》（署「太炎」，《民報》第七號，1906年9月5日），《章太炎全集》（四），上海：上海人民出版社，1985年，第393頁。

然是否遵從「共業所勢」「時代大勢」去進化，則認為是個人之自由，「順之非功，逆之非罪。」〔註 246〕

> 而求進化者，不在行樂之勞，而在求福之勞：不在掉舉之動，而在堅忍之動。若人皆自私其產，斯亦可也。既和合眾產以為一丸，而欲其忍性就勞，則勢所不行，亦明甚。乃曰：勞動為人之天性，是則為誣天性者。余謂進化之說，就客觀而言之也。若以進化為主義者，事非強制，則無以使人必行。彼既標舉自由，而又預期進化，於是構造一說以誣人曰：「勞動者人之天性。」若是者，正可名進化教耳。本與人性相戾〔註 247〕。

此處與反對立憲制一樣，章氏並非反對「私」或「公利」，而是反對以「集體」和「進化」為「主義」者。「勞動致福」只是個體或社會的選項之一，遠非人之天性，如以強說，「以違背自然規則彈人」，則「與神教之說」相去無己，是「進化主義」或「進化教」了。

由是可見，章氏以「文明」為醜惡之詞，以「公理」為虛幻之物（王汎森語）〔註 248〕，其真正所反對的是抹去「己說」所來路的「文明」和「公理」觀。針對於西方的文明論，他自有其關於「中夏文明」的精密建設，且不論中國是否「文明」，即便其在西人眼中就是「野蠻」，如中土諸民甘居於此，便任何人也不應強迫其「文明化」。在他看來，如「說出本心，到也罷了」，至少回到了「依他起性」。如前所述，他宣揚民族主義的方式是首先承認自己非聖人，也是以一己之「狹隘」情緒來推動革命。此舉既是避免自身成為「僭居公理者」，又意圖在話語的結構中一舉打破文明野蠻的見解，「既先打破，那邊懷挾獸心的人，到底不得不把本心說出，自然沒人去從他。」〔註 249〕

對於「幸福」的定義和目的論的不同，「文明」的選擇便有不同。章太炎此說影響了梁漱溟。在《東西文化及其哲學》中，梁氏曾舉出中、印、西文明的差別：對一碗飯，西人求其更多，不惜彼此競爭，是向前看的思考模式，

〔註 246〕　章太炎：《四惑論》（署「太炎」，《民報》第二十二號，1908 年 7 月 10 日），同上，第 456 頁。

〔註 247〕　章太炎：《四惑論》（署「太炎」，《民報》第二十二號，1908 年 7 月 10 日），《章太炎全集》（四），上海：上海人民出版社，1985 年，第 451 頁。

〔註 248〕　參見王汎森：《章太炎的思想》，上海：上海人民出版社，2012 年，第 10 頁。

〔註 249〕　章太炎：《論佛法與宗教、哲學以及現實之關係》，見姚奠中、董國炎：《章太炎學術年譜》，太原：山西古籍出版社，1996 年，第 183 頁。

印度人則反思「餓」欲的來由，並斷除欲念，這是所謂「向後看」，中國人則取其中道〔註250〕。從這一點來說，從章太炎到梁漱溟所建設的「中國文明論」的「自我」所立，在於中國文明不僅是「文明——幸福觀」的多種選擇之一，也在於能包容一切選擇，因而是唯一之眞理。

2. 反對「無政府主義」的「消滅論」

1907 年以後在東京期間，章太炎、劉師培等以無政府主義來對抗「文明派」。他曾參與或有接觸的日本東京的無政府主義和社會主義團體，1907 年張繼、劉師培合辦社會主義講習會，陶成章、幸德秋水、堺利彥、大杉榮、山川均是主講人。此外還有師復等人，都被視爲從傳統中汲取資源的「無政府主義者」。與章、劉等人針鋒相對的，就是吳稚暉等人在巴黎的無政府主義團體及其刊物《新世紀》。章太炎對《新世紀》的攻擊除私怨和黨派之爭外，在學理上，同樣是以「不齊而齊」的「齊物論」來反對後者激進的「消滅論」和「統一論」。

總的來說，無論是巴黎《新世紀》還是東京《天義報》的目標，都是「摧毀國家和種族界限以實行國際主義，反抗一切的權威，推翻的現存的政府形式實行共產主義，實行男女絕對平等」〔註251〕。如褚民誼（署名「民」）的《無政府說》：「無政府主義即無國家或種族的界限。更重要的是，它意味著消滅我與他之間的區別，消滅自利和危害他人的概念。如此，則眞自由、眞平等、眞博愛現。這就是無政府主義即公道和眞理的原因。」〔註252〕張繼、劉師培更以「自貴其心」與章太炎「依自不依他」和鳴：「人貴自治而不肯被治於人，於是乎無政府主義生矣。二十世紀其爲無政府主義之競爭場歟！」〔註253〕此外，馬敘倫和蔡元培都曾認爲，無政府主義代表著「否定」的「無」，是恢復萬物自然狀態的手段。這與章太炎從唯識三性的角度定位的「自然狀態」是一致的：「夫自然者，大道之眞；自然者，不可說，不可圖，不可名；可說者非自然；自然不可名而名之曰自然，蓋由強名之耳」；與章氏「人本非爲責任

〔註250〕 梁漱溟：《東西文化及其哲學》，北京：商務印書館，2013 年，第 59～74 頁。
〔註251〕 《天義報》總目標（1907 年 10 月第 8 期），轉（美）德里克：《中國革命中的無政府主義》，桂林：廣西師範大學出版社，2006 年，第 95 頁。
〔註252〕 民：《無政府說》，載《新世紀》第 33 期（1908 年 2 月 8 日），同上，第 91 頁。
〔註253〕 參見張繼（署名「自然生」）：《無政府主義及無政府黨之精神》（1904），同上，第 61 頁。

而生」「責任者，後起之事」的認識論秩序一致。在馬氏看來，統治世界的不是文明公理，而是自然之「勢」。在古代，人人享有「天然自由」，而有君主政府以來，政治、法律、宗教、教育這些非自然的「機關」「相襲而來」，「故必欲盡舉而敗之，以得返天然自由爲其獨一不二之眞宗旨。」〔註254〕

　　然而，章太炎對他的同盟軍和論敵都有所批判。他不僅反對《新世紀》的公理觀，也沒有認同《天義報》的徹底虛無主義。除上述認爲「無政府主義」其「名」不正外，主要還是基於「客觀進化」的觀點。他冷靜地分析，對於此世界、此時代的眾生而言，爭鬥是「共業」，它很難被消滅。儘管他認爲「心造萬物」、「世界在我」，承認「我」的主觀能動性，但「我」所能改變的是自身的認識結構，而不是主體之間的客觀差別。當「我」改變，「我」所處的「世界」和「眾生」也隨之改變，其時，「界線」不是被「消滅」，而是呈現爲其他的樣子。在這裡，章太炎在他的政治哲學中顯示出最徹底的、激進的否定性的一面，也是最「佛學化」的一面。這與康有爲把眼前的世界、社會、國家建立爲「大同」式的烏托邦有極大的差別，也是晚清政治佛教群體共同打造的「人間化的佛教」、「人間淨土」之含義的分歧之處。在這裡，章太炎的「自心爲淨土」的說法乃是就個人的「內證」來說的，是從「個體」到「個體」的一種建構，《五無論》因此是一個介於「群學」和「內證」之間的矛盾文本。作者認爲，主體如若不願或不能走小乘的「出世超脫」之路，也可以在人類社會不斷的競爭中，「親證」其動力不過是「我慢心」（好勝、虛榮）的幻化，「最上言無我性，親證其無我性，即審惡審善猶幻化」〔註255〕。在認識的邏輯上，如主體的「心」改變，則這個星球的存在邏輯和現象的消失，那時，地球將轉換爲「淨土」，語言文字也無必要。這已經遠遠超出了「現實政治實踐」的範圍。因此，在許多時候，章太炎都表露出對「差別消滅論」的反感。在他看來，知識主體的任務是盡可能地認清界線和看到差異，而不是消滅它們。正因此，他對於康有爲、譚嗣同等人「欲去君臣，絕父子，齊男女」的「平等說」早不以爲然：「以不平平，其平也不平」「夫父子君婦之間，不可引繩而整齊之，既若是矣，君臣雖可平，抑於事故無取。」〔註256〕對於《新世紀》統一拼音文字

〔註254〕　馬敍倫：《二十世紀新主義》（1903），同上，第60～65頁。

〔註255〕　章太炎：《國故論衡·辨性（上）》，陳平原導讀，上海：上海古籍出版社，2003年版，第141頁。

〔註256〕　章太炎：《平等難》，《訄書》初刻本、重訂本，《章太炎全集》（三），第36、38、235、262、237頁。

的主張更視爲荒謬絕倫。這與前述他以「齊物論」釋語言的「語言文字論說體系中的歷史民族觀」〔註257〕（王風語）是密切相關的。

（三）儒道與西學在「真常唯心論」中的位置

在某種意義上，章太炎在文字上和在佛學上的探索是一種平行對應的關係。如果說他對文字如何「孳乳」投入巨大的精力是想爲龐大的漢字系統尋找一個完善的理論〔註258〕，那麼佛學就是他中年以後爲自己的學術和政治思想在總體上的打通所找到的「法器」。誠如李澤厚所說，在20世紀30年代以「新儒家」爲主的中國哲學進入體系性創造之前，章氏被認爲是近代以來最有深度的哲學家〔註259〕，而他正是在消釋了唯識學之後，才眞正開始了哲學的體系化建構。王汎森稱，相對於康、梁的儒教普遍主義來說，章太炎在《民報》上的文字是「以佛學易天下」。佛學「像如來之掌，將中西之學置於其內。它足以提供一套概念及語言去理解、說明和重新評判中國歷史上各時代思想之境界，而中國思想本身反而難以做到同樣的事」；它是一個「更大、更深刻、更具涵蓋性的體系」，一個「更廣、更強、更犀利的系統」，對內可以批判體制儒學之弊端，對外可以祛解「西方文明」這一新魅，「擁抱此世，又能物我雙遣」〔註260〕。儒家的「獨群關係」，啓蒙主義的「個體」與「社會」、共產主義的「個人主義」與「集體主義」，都在這個體系中被重新整理。

然而儘管唯識學和如來藏思想在「眞常唯心論」中佔有重要地位，學界對於章氏後期思想的分析仍多以儒學爲準繩。彭春凌認爲，革命時期的章太炎雖借助佛道二家建立哲學體系，但支撐該體系的仍是以「察於物」「篤於親」爲根基的儒家正信，章氏是「用表彰佛教的方式，來發揮其早年通過研習儒學而奠定的基本思想觀念」〔註261〕。從知識的「專業性」上可言如是，從倫理觀上來講，毋寧說章氏一向將「反專制」「反壓迫」「反避世」的政治倫理

〔註257〕 王風：《章太炎語言文字論說體系中的歷史民族》，《世運推移與文章興替：中國近代文學論集》，北京：北京大學出版社，2015年。

〔註258〕 王風：《章太炎語言文字論說體系中的歷史民族》，《世運推移與文章興替：中國近代文學論集》，北京：北京大學出版社，2015年。

〔註259〕 李澤厚：《章太炎剖析》，《中國思想史論》。合肥：安徽文藝出版社，1999年版，第729～730頁。

〔註260〕 王汎森：《章太炎的思想》，上海：上海人民出版社，2012年，第11頁。

〔註261〕 參見彭春凌：《儒學轉型與文化新命──以康有爲、章太炎爲中心》，北京：北京大學出版社，2014年版，第220～223頁。

貫穿到底，並不涉及到「教派」問題。而經過「三年閱佛」，「根識迷妄」對於一個儒學者來說卻是非常重要的「質變」。在他看來，佛家與儒、道的真正歧路，就在於對「至善」「真如」的本體之性質和功能的說明。《五無論》《四惑論》《答夢庵》《大乘佛教緣起說》等《民報》文章，都在不同程度上抨擊儒家以「實有」為其體性，不能視「我」和「眾生」為假為幻，始終逃不脫「有對待」、有負償的「關係性」黏縛。章氏接觸佛學以後的「非儒反孔」之論，雖多少出自於政治和經學學術立場的論戰之需，字裏行間對於儒家、縱橫家的官學政治和道德批判，卻因此多了不少基於「遍計所執性」「根識迷妄」的立論。他依「遍計所執」而將「文明」的本質視為虛榮，同時稱孔子正是一味追求「時尚」之人，「後生染其風烈，雖奮力抵拒者……而趣時之疾固已淪於骨髓」，康梁新黨「誇者死權，行險徼幸，一求一官一秩」。〔註262〕可以說，在某種意義上，《民報》時期的章太炎對於儒教的質疑已經由此前與康梁一派的「真偽儒學」之爭，挪移到了儒家思想的世界觀本身。此後，他引用秦諸子和釋迦對外道的態度盡力擴展儒的包容精神〔註263〕，體現了將儒學「去中心化」的意圖，對於早期極力反對的民間的「淫祀」，也認為順應俗情，無傷大雅。凡此種種可見，中年以後的章氏突破了儒學本位的維度，是毫無疑問的：在其以「真俗二諦」和「根識迷妄」之說為基礎的新體系中，儒家聖者的最高境界也只是「俗諦」和「隨順真諦」之屬。這並不是說他皈依了佛教，而是說，他將「真常唯心」視為一種普遍的真理，將三教和「西學」與其相參比，重新排出了座次。

——對於佛老的關係，章氏的看法是「老莊於釋典，其術語誠弗能密切，然略相近」〔註264〕。他認為《齊物論》「多與法相相涉」〔註265〕，如認為「真宰」是對如來藏識的另一種說法，「成心」則是種子。此舉與魏晉時期佛教初來時以道家話語譯佛解恰好形成對照。梁啟超等人對章太炎「以佛解莊」之

〔註262〕　章太炎：《箴新黨論》（署「太炎」，《民報》第十號，1906 年 12 月 20 日），《章太炎全集》（四），上海：上海人民出版社，1985 年，第 288 頁。

〔註263〕　章太炎：《大乘佛教緣起考》（署「太炎」，《民報》第十九號，1908 年 2 月 25 日），同上，第 466～480 頁。

〔註264〕　章太炎：《初步梵文典序》，《章太炎全集》（四），上海：上海人民出版社，1985 年，第 488～489 頁。

〔註265〕　章太炎：《民國章太炎先生炳麟自定年譜》，王雲五編，臺灣：商務印書館，1980 年。

大膽極爲驚歎，卻也有些不以爲然〔註266〕，後世治莊者亦鮮少從中吸取營養〔註267〕。而章氏本人卻極爲看重《齊物論釋》的價值，自言「一字千金」「千六百年未有等匹」〔註268〕。在他看來，莊學的貢獻就在於它在強調天理的絕對性的同時，也揭示了天道與人事的「相即性」。他讚揚莊學「端居深觀，而釋《齊物》，乃與《瑜伽》《華嚴》相會。所謂摩尼見光，隨見異色，因陀帝網，攝入無礙，獨有莊生明之，而今始探其妙。千載之秘，睹於一曙。」〔註269〕在「眞諦」的絕對性上，章氏認爲道家雖然承認天道絕對，但其「混沌說」和「自然論」卻有著將「自然」視爲「第一因」的理論模糊性，如果「天道自然」是「以世界爲本根，以陵籍個人之自主，其束縛人亦與言天理者相若。」〔註270〕而莊子《齊物論》的「正見」所在，就是樹立了眞諦的絕對性。《逍遙遊》以「體非形器」言自由，《齊物論》以「理絕名言」論平等，「齊物者，一往平等之談，詳其實義，非獨等視有情，無所優劣，蓋離言說相，離名字相，離心緣相，畢竟平等，乃合『齊物』之義。」〔註271〕如學者李昱所言，章太炎對《逍遙遊》之解，其精要就在於絕對眞理的「無待」，「將認識論轉化爲本體論」，而與郭象的「順性而自由」有所差異〔註272〕。在章氏看來，郭象沒有將「順性」與「絕待」做出區分，也就混淆了「眞」與「俗」的作用範圍。而這些範圍在莊子的原著中是有痕跡的。在此，章氏的做法就是以唯識學的概念來格義莊學。如「《德充符》所言靈府，即是阿羅邪識（按：即阿

〔註266〕 在《清代學術概論》中，梁啓超談到章與佛學關係，只有「章炳麟亦好『法相宗』，有著述」而已。對於《齊物論釋》，則評說「引佛家法相宗學說比附莊旨，可謂石破天驚。」字裏行間肯定其創新，卻未見得同意其觀點。參見梁啓超：《清代學術概論》，《飲冰室合集·專集》三十四，北京：中華書局，1989 年，第 287 頁。

〔註267〕 參見陳少明：《排遣名相之後──章太炎〈齊物論釋〉研究》，《哲學研究》，2003 年第 5 期。

〔註268〕 章太炎：《自述學術次第》，《菿漢三言》，虞雲國標點整理，瀋陽：遼寧教育出版社，2000 年版，第 165 頁。

〔註269〕 同上，第 60 頁。

〔註270〕 章太炎：《四惑論》（署「太炎」，《民報》第二十二號，1908 年 7 月 10 日），《章太炎全集》（四），上海：上海人民出版社，1985 年，第 444 頁。

〔註271〕 章太炎：《齊物論釋定本》，《章太炎全集》（六），上海：上海人民出版社，1985年，第 60 頁。

〔註272〕 參見李昱：《〈齊物論釋〉與章太炎的「內聖外王」之道》，《南京大學學報（哲學·人文科學）》，2005 年第 6 期，第 57～65 頁。

賴耶識，即依阿賴耶識的藏識功能所命名），《庚桑楚》所言靈臺，即是阿陀那識（按：即末那識，第七識，依其執持義命），名義阿羅邪譯言藏，阿陀那譯言持，義皆密合。且其言持言業言不捨，非獨與大乘義趣相符，名相亦適相應。雖以玄奘、窺基之辯，能強立異同哉！」〔註273〕這種做法雖然並未得到學界廣泛的認同，卻是章氏在認取唯識學所提供的世界觀的前提下充分發揮其小學功底而得來的成果。

——有了唯識學的義理，章氏也以充足的理論自信在佛學和西學之間進行格義。如將唯識學對名相的態度比附於西學的唯名論。「若遍計所執自性，佛家小乘有諸法但名宗；而大乘《般若經》中亦謂我但有名，謂之為我，實不可得，以不可得，故空。但隨世俗假立客名，諸法亦爾。是其為說，亦不止法相一家，即歐洲中世紀學者，如鹿塞梨輩，亦皆尋取通性，以為惟有其名。」〔註274〕

在西方學者中，章氏一向頗好康德與叔本華，認為西人中最貼近佛學真理的是康德，而黑格爾等古今諸哲則離「真理」為遠。在他看來，康德的理論貼近於「唯物論」，錯誤在於其「物自體」（章太炎稱其為「物如」）將存在的身體性感覺錯認為絕對本體，貢獻在於對主體存在感覺的尊重，並反對以超驗真理凌壓於個體這一點。

總的來說，章氏的「真常唯心論」是取佛教的本體，而以儒、道為正用的體系。他認為佛學的主要功能在於標舉出絕對真理的「位置」和「真俗」的相即性關係，但若論「隨順俗諦」，在中國的歷史和現實文化語境中進行社會動員，還是以儒莊之道最為適合。《菿漢三言》已提出了「兼儒釋」，「純佛法不足以維風教。雷次宗、周續之皆兼儒釋，故風操可觀；楊億、趙抃、趙貞吉皆兼儒釋，故謀國忠而誠節著。」〔註275〕「欲維持世法，即朱、陸已足」〔註276〕，《與吳承仕書》也稱「若專用佛法去應世務，規畫總有不周。若借用無政府黨的話，理論既是偏於唯物，方法實在沒有完成。唯有把佛與老莊和

〔註273〕 章太炎：《齊物論釋》，《章太炎全集》（六），上海：上海人民出版社，1985年，第49～50頁。

〔註274〕 章太炎：《建立宗教論》（署「太炎」，《民報》第九號，1906年11月15日），《章太炎全集》（四），上海：上海人民出版社，1985年，第404頁。

〔註275〕 章太炎：《菿漢微言》，《菿漢三言》，虞雲國標點整理，瀋陽：遼寧教育出版社，2000年版，第89頁。

〔註276〕 章太炎：《與吳承仕書》（1926），《章太炎書信集》，馬勇編，河北人民出版社，2003年版，第351頁。

合，這才是『善權之士』救時應務的第一良法。至於說到根本一邊，總是不住涅槃，不住生死，不著名相，不生分別。像兄弟與諸位，雖然不曾證到那種境界，也不曾趣入菩薩一闡提的地位，但是聞思所成，未嘗不可領會，發心立願，未嘗不可宣言。」〔註277〕

　　對於章太炎晚年的學術所歸境，學界有兩種觀點，一種是魯迅「蓋棺之論」「粹然成爲儒宗」〔註278〕，一種是以「眞常唯心論」貫穿始終。本文贊同後者的判斷，即晚年章氏的思想之根仍是眞如本體論的哲學體系。如蔡志棟認爲，章太炎晚歲講諸子學時，仍以佛學作爲基本引線來串聯孔孟荀、顏回、子思、楊子、董仲舒等人的學說，將孔子的「四毋說」（毋意毋必毋固毋我）和顏回的「克己說」都比附於唯識學的斷除法我二執，認爲孟子、荀子、楊子和董氏對人性的評判都偏於一面，執著於有爲法，而不能證得眞如〔註279〕。章太炎在 1935 年 8 月 27 日在江蘇吳縣的孔子誕辰紀念會上最後一次公開演講，認爲孔子值得尊重的地方不僅在於「以孔子之道爲修身之大本」，「四毋」才是孔子的高深之處。〔註280〕此時他的思想，就恐非「以己意進退佛說」〔註281〕，而是以佛意進退儒說了。

小結：圓與切點——個體烏托邦的「視覺意象」

　　如上所示，章太炎後半生的學術和政治論爭顯示了某種一貫性。從前期的「阿屯哲學」和後期的眞如哲學，到「儒家傳統主義」，重心或有轉移，倫理態度的底色卻從未變過。這就是「野者」「都者」兩不相傷〔註282〕，是「都野分途、雅俗各安其趣的多元信仰」〔註283〕。

〔註277〕　章太炎：《論佛法與宗教、哲學以及現實之關係》（1911），見姚奠中、董國炎：《章太炎學術年譜》，太原：山西古籍出版社，1996 年，第 184 頁。

〔註278〕　魯迅：《關於太炎先生二三事》，《魯迅全集》（第六卷），北京：人民文學出版社，2005 年，第 565～567 頁。

〔註279〕　蔡志棟：《章太炎後期哲學思想研究》，上海：上海社會科學院出版社，2013 年，第 13 頁。

〔註280〕　章太炎：《在孔子誕辰紀念會上的演說》，《章太炎講演集》，馬勇編，河北人民出版社，2004 年版，第 25 頁。

〔註281〕　梁啓超：《清代學術概論》，《飲冰室合集·專集》三十四，北京：中華書局，1989 年，第 67 頁。

〔註282〕　王風：《章太炎語言文字論說體系中的歷史民族》，《世運推移與文章興替：中國近代文學論集》，北京：北京大學出版社，2015 年，第 44～45 頁。

〔註283〕　彭春凌：《儒學轉型與文化新命——以康有爲、章太炎爲中心》，北京：北京大學出版社，2014 年版，第 215 頁。

　　他以包含了「齊物論」的「眞常唯心論」決定了知識主體展開「群學」
的方式和目的。如前所述，知識主體的任務就是明確「我」的位置，這包括
分析自我和分析對象兩個方面。至善是自然的本性，但眾生因緣未足，或可
引導入「法性流」，但絕強致不得。「有人焉，於世無所逋負，採野穭而食之，
編木菫而處之；或有憤世厭生，蹈淸冷之淵以死，此固其人所得自主，非大
群所當訶問也。當訶問者云何？曰：有害於己，無害於人者，不得訶問之；
有益於己，無益於人者，不得訶問之；有害於人者，然後得訶問之。此謂齊
物，與公理之見有殊。」悲心深重的菩薩，「獨以人類同根，必不忍他人之凍
餓，乃率由悲性以爲之，而非他人所能強迫；小乘出世的隱者，自給自足，
不與人爲利，「誠涼薄寡恩矣，然而不得以背違公理責之。」雖然「自裁者與
求長生者，其愚則同」，但「我既絕對，非他人所得與其豪毛」──一切皆是
「我執」意志選擇的結果。「彼非世界之傭奴，而安得以公理檢押之？綜此三
者，所持公理，皆以己意律人，非人類所公認。人類所公認者，不可以個人
故，陵轢社會；不可以社會故，陵轢個人。」他解釋「挈矩」，說它不只是「己
所不欲，毋施於人」，也是「己所欲，勿施於人」。「人倫相處，以無害爲其限
界。過此以往，則巨人長德所爲，不得責人以必應爲此。」〔註284〕

　　律己嚴、待他寬的儒家思想，經過佛學，就變成了追求眞諦和隨順俗諦；
儒家傳統的「察於物」「觀於情」，也成了唯識學的「依他起性」，但在章太炎
看來，佛教義理的圓融，只是因爲它看到了眞理。儒、釋、道和西學，是在
用各自的方式詮釋同一個眞理，它可以用自我存在的全部去驗證，那就是「無
我之我」，也是「無私之公」。在「一」與「多」的辯證體系中，能夠看見相
對性，就已經站到了絕對之處。只要認識到了個體的差別，「沒有正處，沒有
正味，沒有正色，只看人情所安，就是正處、正味、正色。」立地於「眞」，
於俗諦自然通達，是以「專制、立憲、無政府，無不可爲。彷彿佛法中有三
乘的話，應機所法。」；是以「地上菩薩，不必專生印度。文殊彌勒，本來是
外道宗師，大乘採他們的話，就成一種最高的見解。何但文殊、彌勒呢？西
向希臘，東向支那，也可以尋得幾個出來。雖然不在僧伽，他的話倒不失釋
迦牟尼的本意啊！」〔註285〕

〔註284〕　章太炎：《四惑論》（署「太炎」，《民報》第二十二號，1908 年 7 月 10 日），
　　　　　《章太炎全集》（四），上海：上海人民出版社，1985 年，第 444～446 頁。
〔註285〕　章太炎：《論佛法與宗教、哲學以及現實之關係》，見姚奠中、董國炎：《章太
　　　　　炎學術年譜》，太原：山西古籍出版社，1996 年，第 182～184 頁。

　　如王汎森所言，章太炎的「齊民」是針對於「進化論」式的強權即公理、也重新在儒家思想中發現對細民的剝削和壓制的扶弱主義〔註286〕。但必須強調的是，這種「弱」是相對的。所有相對性的概念都同時在變化中，它不能被本質化，這是章太炎留給我們的最寶貴的東西。他所謂的平等和自由都是在本體論的層面上延伸下去的討論。只要承認善惡的標準是相對的，就是在「差別」中順應了天道至善。這種態度貫穿了他的革命倫理、學術倫理〔註287〕和政治倫理。無論是對種族、文明、歷史還是學術，重要的是找到「我」的立足點，能一而能多。通過這種建設，章氏以「國學」和「革命」相互支撐，所要達成的是一個既反（西方）現代、又反傳統的共同體秩序。它以「個體」「自性」「絕對之我」作爲出發點，這個「我」是一些「原子式」的形象。四處壯遊、不黏縛於人情的蘇曼殊就是這一主體的「象徵」。一方面，「空性」使個體──主體之「我」的主觀能動性到了無限的維度，另一方面，雖然「一即一切，一切即一，把個人責任同民族的安危緊密聯繫起來」〔註288〕，然而，革命的目的不僅僅是建立一個主權、領土完整意義上的「民族國家」，它包含著一種存在性、多元性的認識態度的「啓蒙」，同時在政治和文化層面喚起主體對眞理的覺悟，使假借本無「自性」的國家「公理」之名來干涉個體自由的意識形態無立足之地。眞正的、理想的革命和學問，意味著「不再用任何制度、法律、天理、公理、定則，甚至是偉大的理想來作爲壓制個人的藉口或工具」〔註289〕，而這也包括這些革命者本人正在進行的事業。

　　這一圓融的本體、認識和實踐論給晚清以來的知識群體的理論建設帶來深遠的影響，梁漱溟的《究元決疑論》、熊十力、徐復觀等人早期的觀點，都曾借勁於章氏的「眞常唯心」。而在前所未有的「現代」危機中，它也是「反現代性」思潮中一個始終存在的立論模式。對於東方文明論者來說，這是「覺

〔註286〕　王汎森：《章太炎的思想》，上海：上海人民出版社，2012 年，第 5 頁。
〔註287〕　如陳平原所說，在學術層面上，章太炎前期的「矜己自貴，不相通融」，與後期的主張諸科平等，兼取漢宋並無根本矛盾，只是側重不同。雖然他本人考據、詞章、義理，乃至醫藥，無所不通達，但一向看不起學界「漫羨無所歸心」的「蕩者」，因爲找到「我」，才能「無我」。陳平原：《中國現代學術之建立：以章太炎、胡適之爲中心》，北京：北京大學出版社，1998 年，第 321～329 頁。
〔註288〕　杜繼文、魏道儒：《中國禪宗通史》，南京：江蘇人民出版社，2008 年，第 8 頁。
〔註289〕　王汎森：《章太炎的思想》，上海：上海人民出版社，2012 年，第 4 頁。

悟的文明」真正能夠超越「民族國家」的地方：尊重「世法差違」「兩不相傷」，可以與西方哲學貫通圓融，其精神卻完全能夠在三教經典中找到。也正是在這一意義上，儘管章太炎的「六經皆史」解構了經典的神性地位，他卻並不會像此後的胡適一樣，使「六經」徹底成爲「史料」，而是力圖使它們發揮不同於傳統經學的、新的「經世」功能。

這種「主觀心性論」、唯我主義、一與多的相即性和「個體的烏托邦」，如兌換爲平面的視覺圖景，最準確的方式或許是「圓與切點」：如以「世界」爲圓，作爲認識主體的「我」則並不是圓心，而是這個圓與地面的切點。「立地皆真」，這個「地」並非架空的虛無地點。這個「點」即是「我」。所謂「平等」，因爲「圓」由無數相同的「點」──「我執」所組成，是彼此的「阿賴耶識」所成的「共同之幻妄」，所謂「差別」，因爲每一個「我」與地面的切點是唯一的，「我們」所感知的「因緣境界」千差萬別；「我」之所以是「無我」，是因爲唯一能確證「我」的，只是地面與切點的相對關係，每一個「我」，並沒有絕對恒常的「本質」，歷史學家所能做的，是觀察不同的「切點」，其能動的創造力，也在於因應既定的「切點」，或者努力改變切點的位置。「我」改變，則「我們」也會改變。只有在唯一的這個切點上，才能生發一切和回收一切，只有在這個切點上，才有絕對的「真實」和「我們」，即如希臘名言：「認識你自己」。

然而儘管在理論上是圓融通順的，但「經」與「權」、「近」和「遠」、「虛」與「實」的相對性的建構，卻參差微妙，難於把握。如王汎森認爲，章太炎在振起中國的意圖和形成鄙夷宗國的結局之間，早造成一矛盾弔詭：種種的「拉下神壇」之舉與其「發思古之情」，往往有相牴觸之處〔註290〕。王德威則認爲章太炎的方法基本上是一種「消去法」：「理應能夠否認任何學界的、政治的和社會的建制，而且能夠明確自我主張。他所贊同的唯一『總原則』是自我消除，只有任何事情都削減到『無』的水平，真的平等主義才會出現。只有通過持續的自我否定這一過程，人們才能夠到達自由境界。弔詭的是，自由選擇也包括國家主義和文化普遍主義。」〔註291〕

〔註290〕　王汎森：《章太炎的思想》，上海：上海人民出版社，2012 年，第 195～196頁。

〔註291〕　王德威：《1841～1937 年的中國文學》，《劍橋中國文學史　下 1375～1949》，北京：生活・讀書・新知三聯書店，2013 年，第 515 頁。

　　然而在章氏的理論中，「自由」與「共業」實際上並沒有形成根本的矛盾。以大乘菩薩救世「空有不二」的邏輯辯證，參與到社會競爭、人類戰爭中的革命動力過程，可以說是「積極的虛無主義」，而他所勾勒的理想黃金圖景對於不能接受「空觀」「無我」者來說或未免荒涼，可說是「消極的烏托邦」，儘管這是他的許多評論者難於接受的。作爲一種總體性敘述，「眞常唯心論」眞正的問題在於章太炎對「表象主義」的「自省」和他的「我執」之間並不能達到完全的一致。其反表象主義的民族論、國家論、進化論，與「民族」主義、進化「主義」、國家「主義」之間的區別，並不總是能夠分清楚，特別是在整個社會都在「狂飆突進」的「共業」之中。在此，章氏思想也體現了人們常說的「先覺者」的寂寞，那是在依賴「依他起性」和破解「遍計所執性」之間似短實長的距離。

　　蔡志棟認爲，晚年章氏認識到了眞如哲學對他的道德建設的損害，「特別重要的一個問題是，眞如哲學對『我』（人格）的否定導致了嚴重的困境」〔註292〕。他並且發現，同樣是講艱苦卓絕的道德品質，晚年章氏的資源卻從大乘佛法挪移到了《儒行》《論語》等篇章中。「行己有恥」和「見利思義，見危授命」，高隱和任俠兼備的氣節雖然傲慢迂闊，但卻關乎家國存亡〔註293〕。雖然他個人認定的「佛法爲高」的眞理體性，也就是世界觀並未改變，但這種資源上的挪移，「其中的曲折，令人深思」〔註294〕。這或許是因爲，章太炎的「回眞向俗」的這個「俗」的內部，總是包含著另一重「出世與入世」的二分法，它代表著更加主流的社會意見。正是在這裡，有必要對在「逃情與逃禪」間徘徊的詩僧蘇曼殊探究一番。

第二節　鑽石與煤：「賈寶玉」的「儒家心事」──蘇曼殊形象的雙重性

　　作爲五四初期最受文學青年歡迎的「民國人物」之一，一生僅活了35歲

〔註292〕　蔡志棟：《章太炎後期哲學思想研究》，上海：上海社會科學院出版社，2013年，第16頁。

〔註293〕　參見章太炎：《章氏國學講習會講演記錄》，《章太炎講國學》，張昭軍編，北京：東方出版社，2007年版，第306頁。《〈儒行〉要旨》，《章太炎講演集》，馬勇編，石家莊：河北人民出版社，2004年版。

〔註294〕　蔡志棟：《章太炎後期哲學思想研究》，上海：上海社會科學院出版社，2013年，第16頁。

的「革命情僧」蘇曼殊（1884～1918，又名元瑛、玄瑛，字子谷）的故事在其生前就已成爲了神話。他以「亦僧亦俗」的身份加入革命黨，其狂狷的行止，天眞稚子的形象，幽綿緋測的感情生活，博得了許多革命者和文化界人士的好奇和崇敬，也引發了社會青年廣泛的景仰和傚仿。

對於蘇曼殊的文學成就，美學式的褒揚一直是學界主流。他的許多研究者（亦往往是崇拜者）認爲他是早熟的悲劇性天才，而在另一些同代人眼中，他的作品未必具有很高的水準。他早年漢文基礎不佳，經陳獨秀、章太炎指點，始能爲詩作文。郁達夫說他是「才子」「奇人」，「然而決不是大才」；「天才是有的，靈性是有的，浪漫的氣質是很豐富的。」「由這一種浪漫氣質而來的行動風度，比他的一切都好。」〔註295〕

如其所謂，蘇曼殊眞正的魅力在於他周身洋溢的浪漫感傷的詩意氛圍。「曼殊現象」所引發的社會心理效應，遠比他在文學和藝術上的貢獻要大。人們總是樂於對他的事蹟進行不斷的「補遺」和演繹，使他本來就富於戲劇性的人生變成美學和傳奇〔註296〕。蘇淵雷甚至將他與袁中郎、龔定庵相提並論，稱爲左右近世中國文壇風氣之「三大幽靈」〔註297〕。他被認爲是一個「天才式的跨界者」：「集革命氣質，浪漫情調與禪子法性於一體」〔註298〕；「在佛教中，他是高僧和佛學家；在文藝上，他是詩人、文學家、畫家；通曉英、法、中、日、梵文的翻譯家；在軍政界，他是一名堅定的革命者；時時欲爲驅除韃虜仗劍拍案，同時又與西方浪漫派關係密切；他還是一位出色的西行

〔註295〕　郁達夫：《雜評曼殊的作品》，《蘇曼殊全集》（五），北京：中國書店，1985年版，第 118 頁。

〔註296〕　坊間迄今爲止流行的曼殊傳記約有十餘種，其中不少都延續了傳主本人的浪漫風格，「史實」和「說部」的界線較爲模糊。如彭訓文：《懺盡情禪空色相》，北京：北京聯合出版公司，2012 年版；大荒、隱塵：《蘇曼殊說禪》，北京：中國廣播電視出版社，2006 年版；陳星：《孤雲野鶴：蘇曼殊》，山東畫報出版社，1995 年版；宋益橋：《情僧長恨——蘇曼殊傳》，北嶽文藝出版社，1994年版；逸舟紅塵、第二影子：《還卿一鉢無情淚：蘇曼殊詩傳》，北京：光明日報出版社，2013 年版；白落梅：《愛如禪 你如佛：情僧蘇曼殊的紅塵遊歷》，中國華僑出版社，2012 年版。崔久成：《愛別離——民國游子蘇曼殊的紅塵往事》，嶽麓出版社，2011 年。

〔註297〕　蘇淵雷：《序袁中郎全集》，袁宏道：《袁中郎全集·袁中郎文鈔傳記》，哈爾濱：中央書店，1935 年，第 1 頁。

〔註298〕　參見覃召文：《禪月詩魂——中國詩僧縱橫談》，北京：三聯書店，1994 年版，第 123 頁。

求法的頭陀，是一位特殊的高僧，又是文壇上傑出的天才」〔註299〕。這些評價不無溢美，亦確如劉半農所說「只此一個和尚，百千人看了，化作百千個樣子。」〔註300〕無論是談任俠與佛理、談中國近代的「青年意識」、「革命與戀愛」的「弔詭辯證」，還是點染旅途、風景、家國、男女在晚清到民國的流轉變遷，都不能不說到這位風流才子，然而他最惹人注目的，還是「亦僧亦俗」的雙面身份。

本節談論蘇曼殊的「神話效應」，是為了突顯其與章太炎所代表的佛教思想範型的異質性。如前文所述，蘇曼殊時常被其「佛教諍友」用作「超道德」革命和反體制儒學的詩學形象。對「曼殊神話」的形塑，太炎功不可沒。楊鴻烈認為，章太炎對蘇曼殊「厲高節，抗浮雲」六字定評，堪為他一生的考語〔註301〕。除《書蘇元瑛事》外，太炎先生主敘曼殊的重要文章還有《曼殊遺畫弁言》，其流傳後世的許多奇事如仿傚印度托缽僧乞食、飲冰直至假死、入娼家哭、追求胖女等，均出自此文。或許在國學大家章太炎眼中，曼殊終是「有才無學」的文人騷客〔註302〕，是佛教與革命才把二人緊密聯結在一起。1907 年，曼殊與劉師培夫婦東渡日本，與甫出獄東渡的太炎先生同寓東京同盟會機關報《民報》社，每與陳獨秀一起聚談，譯拜倫詩、研讀佛典。在此期間，陳獨秀和章太炎都指導過蘇曼殊的詩文，直到「革命詩僧」聲名鵲起。1907 到 1909 年之間，是章蘇交往最密切的時光，也是《民報》被稱為「佛報」、革命派與立憲派激鬥的時期。章太炎對於排滿革命和佛學法理最為狂熱和投入的時候，身邊常有蘇曼殊的身影。經歷了與同盟會內部的種種派系紛爭，二人也曾心灰意冷，甚至欲結伴到印度當和尚〔註303〕。正如敖光旭所說，「國學大師章太炎以國粹排滿，蘇曼殊則以詩、文、畫之藝術襄助革命，兩者珠

〔註299〕 參見達亮：《行雲流水一孤僧》，《心靈渡口》，重慶：重慶出版社，2007 年，第 170～171 頁。

〔註300〕 劉半農：《悼曼殊》，《蘇曼殊全集》（四），北京：中國書店，1985 年版，第 216 頁。

〔註301〕 參見楊鴻烈：《蘇曼殊傳》，同上，第 164～165 頁。

〔註302〕 根據周作人回憶，太炎先生在日本時欲學習梵文，雖然曼殊就懂得梵文，先生卻寧可令他翻譯，也不願直向他學。參見周作人：《記太炎先生學梵文事》，《周作人散文全集》7，鍾叔河編，桂林：廣西師範大學出版社，2009 年，第 520 頁。

〔註303〕 參見華強：《章太炎大傳》，上海：上海交通大學出版社，2011 年版，第 128 頁。

聯璧合，這與辛亥革命時期如火如荼的反滿武裝主義有何關聯，至今依然值得玩味。」〔註304〕「蘇和尚」與「章瘋子」都被視爲魏晉風骨的代言人，曼殊混血兒的「身世之恫」也沾染了章氏深重的「晚明遺恨」。正因此，不像康、梁與章太炎在儒學、佛學問題上的明顯歧異，章蘇在佛教話語上的分歧很容易被忽略。

一、「既……又」的「壓抑──回歸」結構

（一）關於蘇曼殊神話的兩種修辭

　　從一個側面來看，「曼殊神話」的敘事模式，與章太炎的反物質主義、取消「社會」、建立從「個人」到「國家」的直接鏈接的「唯我主義」，以及超越民族國家的「跨文化性」思路的確頗爲相符：短暫的一生中，蘇氏從未在同一個地點長期居停過。從中國南方諸省到香港、日本和東南亞，或爲留學，或爲情感，或爲「革命」，或爲「隱遁」，或爲「逃禪」，一年甚至數月之內就能輾轉數次，仿若無視於一切時空的阻滯。他的小說和詩文也相應地頻繁變更地名。如果說，他的交友範圍足以構成一幅「民國以來文人名士的縮影圖」（柳無忌語）〔註305〕，他的腳跡也構成了「亞洲風情」的地圖，更遑論他在各種身份之間的「角色扮演」。孫中山周濟他的生活，汪清衛料理他的後事，章太炎教授他詩文、胡蘭成繼承他的「賈寶玉」的自我標榜。從生到死，他成就了一種生活方式的傳奇。正如劉鶚小說裏，主人公老殘的那一點傍身之術，就足已使自己的「衣食住行」一切瑣節得以解決。晚清以降的「心性論」者和許多革命者往往遵循這樣的倫理觀：一個人如果能放下對私利的執念和擔憂，放下對人際關係的「社會性」的汲營，反而會自得人天相助，如春來花放，水到渠成。蘇曼殊的故事顯然符合這樣的邏輯。他的崇拜者和友人多不勝數，走到哪裏都有人襄助。「海內才智之士，鱗萃輻輳，人人願從玄瑛遊，

〔註304〕　敊光旭：《亦僧亦俗的文化奇人──蘇曼殊》，廣州：廣東人民出版社，2008年版，第54～55頁。

〔註305〕　曼殊的交友圈子廣泛，從孫中山、陳天華、黃興等革命派，到後來的國民黨要員蔣介石、汪精衛，新儒家，馬一浮、于右任，新文化駕蝴派的陳去病、包天笑皆在其列。此外還有馮自由、劉季平、陳獨秀、朱執信、廖仲凱、何香凝、陳少白、陶成章、居覺生、黃侃、章士釗、蔡元培、陳其美、宋教仁、胡漢民、劉師培、周作人、劉半農等。參見柳無忌：《蘇曼殊及其友人》，《蘇曼殊全集四》，北京：當代中國出版社，第41頁。

自以爲相見晚。」〔註306〕劉三、柳亞子等摯友任他予取予求〔註307〕，曼殊卻彷彿從來不掛礙於人情。據說，孫中山對他極爲尊敬和縱容，曾將他與後來成爲一代名僧的釋太虛作比，稱「太虛近僞，曼殊率眞」〔註308〕。有人回憶曼殊留學日本時，孫中山曾派廖仲愷給他送去二百元銀洋，曼殊得之欣喜若狂，立即大發請貼，宴請親朋好友。請貼也發到孫、廖手上。「當孫先生和廖仲愷接到請貼時，廖仲愷目視孫先生的反應，孫先生笑著說：『這就是曼殊，我們去赴宴，讓他高興高興……』」〔註309〕

多年以後，胡蘭成在《禪是一枝花》裏讚揚「國父孫中山」：「以何爲食的問題是只有以氣概去蓋過它。如國父他只有革命成功不成功的問題，沒有所謂個人生活的問題，雖然國父住在上海金神父路時每每叫副官把毯子送去當鋪質當。」〔註310〕這可以說是同一個故事的版本：快意恩仇、瀟灑、天眞、清傲的英雄主體和心甘情願的仰慕者的故事。主體能「無我」，就會吸引「公心」，也就成就了「眞我」：「我」所在處，立地皆眞。被這種「眞」吸引的人們心甘情願地提供從金錢、衣食到傳記的一切「物質」條件。在許多人眼裏，蘇曼殊的「眞性情」，是脫離了婚姻、肉欲等實體性制度的「情」，柳亞子說他的詩「卻扇一顧，傾城無色」，其畫則「不食人間煙火物」〔註311〕，恰如脫離了對團體（國家、政府）之依賴的革命一樣，有著「萬邊叢中過，片葉不沾身」的超越性，擺脫了「體制儒學」「表象主義」的糾纏——這似乎完全符合太炎「個人爲眞，團體爲幻」的政治烏托邦的建構。

〔註306〕 柳亞子：《蘇玄瑛傳》，《蘇曼殊全集四》，北京：中國書店，1985年版，第154頁。

〔註307〕 日本研究者中茼英助曾以「像嬰兒一般磨人」形容曼殊，更稱劉三、柳亞子甚至「如獻身一般」照顧他，彷彿他「天生就有吸引人照顧他的魅力」。參見（日）中茼英助：《詩僧蘇曼殊》，甄西譯，太原：山西教育出版社，1999年，第157～211頁。

〔註308〕 邵盈午：《蘇曼殊新傳》，北京：東方出版社，2012年，第192頁。另可見陳世強：《蘇曼殊圖像：畫家·詩人·僧徒·情侶的一生》，北京：中國青年出版社，2008年，第531頁。

〔註309〕 參見達亮：《行雲流水一孤僧》，《心靈渡口》，重慶：重慶出版社，2007年，第171頁。

〔註310〕 參見胡蘭成：《禪是一枝花》（第四十九則　三聖以何爲食），上海：上海社會科學院出版社，2004年，第144頁。

〔註311〕 柳亞子：《燕子龕遺詩序》，《蘇曼殊全集四》，北京：中國書店，1985年版，第83頁。

　　然而關於曼殊的故事還有另一套基調不同的講法。如楊聯芬所說，與傳統小說中主人公在外面經受磨難後回歸家庭，金榜題名、花好月圓的大團圓結構不同，蘇氏以《斷鴻零雁記》（1912）等「新小說」創造了中國現代文學中的「零餘者」形象〔註312〕。這一類形象在清末民初小說中大量出現，當然是因為儒家思想為核心的穩定的「天命」價值系統已經崩塌，依附於這個結構的人物再也「回不去了」。在清初的通俗小說《平山冷燕》裏，所有偶然、意外和旁逸斜出的細節最後都被收歸「必然」，「才子佳人」與「太平盛世」互為表裏地支撐了小說整齊完美的敘事骨架。而到了吳趼人寫出《恨海》的時代，即使人物仍然勉強回到了日常的秩序中並有了「幸福」的結局，儒家的美德價值與人物幸福的主謂關係卻被撕裂了，美德成了一種難於編入敘事內部的說教系統〔註313〕。及至蘇曼殊的《斷鴻零雁記》，價值體系的紛亂狀態，首次以一個「不能回歸秩序」的主人公體現出來。這種惝然的離散情緒，顯然與上述曼殊「立地皆真」的唯意志論的形象有所不同。王德威曾用「悼亡傷逝儀式」來描述以蘇曼殊為典例的晚清小說的特徵，他的才子佳人式的悲劇敘述和辭藻華麗的駢文，乃是時代情緒的反映：

　　　　或許只有通過古典敘述模式，這名孤獨的僧人方得以傳達他的
　　深切悲傷，確認自我存在的真實意義。古文因其緊湊質樸，寓意深
　　遠，顯然是漫無方向的一代文化傳達複雜情緒的合適媒介〔註314〕。

　　在蘇曼殊的文本中，一直有一個清晰的套路，來表達時代「漫無方向」的「複雜情緒」。從《斷鴻零雁記》到《碎簪記》、《天涯紅淚記》、《非夢記》，他的「寫情小說」看上去如同皮影戲一樣，充滿了動盪不安和甜美的夢幻氛圍，其敘事機關卻十分簡單：一是情節上以「出世與入世」「靈與肉」作為支撐來構造男女三角關係，一是主人公四處遊走的「旅行者模式」。小說常設一男二女，男主人公往往身跨僧俗二界、中日兩國，他心愛的兩位女性，一個是中國式的深閨淑女，是「先來」的父母媒妁、兩小無猜的鄰家女兒，一個是活潑主動的洋化女子，是「後至」的旅行中偶然邂逅、自由戀愛的新派代

〔註312〕　楊聯芬：《蘇曼殊與五四浪漫文學》，《陝西師範大學學報》（哲學社會科學版），
　　　　　2004年03期，第22～27頁。
〔註313〕　參見盧冶：《否定的日本：日本想像在兩岸當代文學文化中的知識考掘學》，
　　　　　臺北：秀威出版社，2013年，第42～43頁。
〔註314〕　王德威：《1841～1937年的中國文學》，《劍橋中國文學史　下》，北京：生活・
　　　　　讀書・新知三聯書店，2013年，第512頁。

表。兩女皆為天人之姿，中西語言、禪意佛理、琴棋書畫無所不通，人品倫常亦無可挑剔。男主人公倘無俠義之事可做，必終日在兩女間徘徊，「僧身」「戒律」和「國難」常常成為「逃情」的藉口。而隱入山林之後，對「身世淒涼」「國體淪陷」的慨歎和對戀人的相思，則又成了離開寺院生活的藉口。雖然從小說的敘事結構和情節設定來說，比起封建大家長的阻撓這一常規的情節動力，「出家」實際上非常牽強，在人物心理和行動以及情勢的角力中缺乏內在因果鏈的支撐，就如一雙不適腳的鞋子，男主人公常常在愛情即將勝利之際才把它撿拾起來，讓它突然成為一種莫名的、沉重的負擔。如《絳紗記》（1915）中，夢珠寧皈依佛門也不願與秋雲結婚，最終秋雲苦苦找到心上人，發現夢珠已經坐化，而他的衣襟間卻露出半角絳紗，正是秋雲所贈的定情信物。又如《非夢記》（1915），燕海琴出家是為了逃避嬸母等大家長對其自由愛情的阻撓，而當這種阻撓實際上已經不具威力時，僧人的身份又在情愛關係中形成了一種新的束縛，與放不下的兒女情長相對峙。在整部作品中，它是一個招之即來揮之即去的能指，既像是宿命又像是藉口，彷彿海琴是一心要使自己的愛情和人生走向末路一樣。這種執拗得近乎自虐的心理糾葛，自然被認為是曼殊本人的寫照。即如王德威所說，蘇曼殊終身背負「中日混血」的身世之恫而嘗試在佛門中尋求安慰，但「宗教似乎讓他倍加依戀塵世情緣」〔註315〕。

在許多時候，這種「怎樣都無奈」的絕望的悖論性被認為是曼殊主要的魅力所在。他本人的事蹟常常由一系列悖反的要素構成：興奮時拍案而起，失落時數月不語；揮霍萬金招妓喝花酒，卻於「萬花叢」中巋然不動；受完戒、現了僧相後，立刻回到香港《中國日報》社請願刺殺康有為，被陳少白勸止……這些行為可能一種反覆無常的神經質的結果，卻被「亦僧亦俗」「至情至性」「以出世佛子，敘入世情關」〔註316〕等詞匯華麗地敷塗著。黃嘉謨認為「既以拒愛而棄親矣，又復千里弗愛，似俗非俗」「此門一啓一閉之間，實玄瑛入世出世之一大關鍵。」〔註317〕激烈的民族情緒和憂緒萬端的感傷主義，

〔註315〕 王德威：《1841～1937 年的中國文學》，《劍橋中國文學史 下》，北京：生活・讀書・新知三聯書店，2013 年，第 512 頁。

〔註316〕 魏秉恩：《斷鴻零雁記序》，《蘇曼殊全集四》，北京：中國書店，1985 年版，第 51 頁。

〔註317〕 黃嘉謨：《斷鴻零雁劇本序》，《蘇曼殊全集四》，北京：中國書店，1985 年版，第 69 頁。

積極入世和消極避世——正是那些通過「亦」「即」來傳達的相反相成的修辭，構成了「曼殊之謎」。

這種「既、又」的結構與上述「唯我主義」的「跨界者」的建制，並非只是修辭句式上的不同：章太炎的「心物」「虛實」之辨中的「不平衡」，是就「眞俗」二諦各自的功能範圍而言，就話語的邏輯來說，卻是以虛言虛，以實言實。如在「無我空性」的「因緣觀」的意義上強調「社會」本質的虛幻性，在承認語言的物質性的意義上強調文化之於民族記憶的功能作用，與其說是「心對物」，不如說是「以心對心」、「以物對物」，各有各的意義範圍。在這一意義上，心物雖然「不二」，卻不能用「一體兩面」或「既……又」的關係來取代。

相形之下，曼殊的「出與入」卻是在同一平面上的角力。他以從師兄那裡偷來的度牒證明自己的僧人身份，身披僧袍「全新亮相」於世人面前後的第一個「大願」就是暗殺「賣國者」，這種「贗上人」的身份的必要性，與小說中「命中注定不能結合」、卻「強拉硬拽到眼前」〔註318〕的戀人一樣，都服務於一種典型的「壓抑——回歸」的結構：與其說是和尚還放不下紅塵，莫如說，「必須成爲和尚，才能開殺戒」、「必須徵歌選色，才能純潔無匹」才是這種結構的邏輯所在。「披剃」是使情火焚燒得更旺的必要條件，沒有「出世」也就沒有「入世」——這是越受阻、欲望越熾的施虐／受虐情結，是此消彼長的「蹺蹺板」結構。這種模式是曼殊本人的自我投射，也是他的存在感覺的一部分。像剪影一樣存在于堅硬的「世界的苦難」中，固執於這個意象的他，建立了關於「不可能」的一系列敘事。

（二）「出世……入世」結構的來源

在許多人眼中，「出世／入世」「靈／肉」之間的張力，與佛教「煩惱即菩提」「眞俗不二」的含義是一致的。引述這類佛教修辭對曼殊文本和經歷進行解析，是曼殊傳記和研究中常見的現象，其勢所成，不乏章太炎的推動。在《自題造象贈曼殊師》裏，太炎稱曼殊「懷厭世離俗之志，名利恭敬，視之蔑如，雖與俗俯仰，餐啖無禁，庶幾盧能指在獦群，亦猶誌公之茹魚膾，視披身在蘭閣，情趣縴弗者，乃相去遠矣。」〔註319〕此番贊表，將曼殊比作

〔註318〕（日）中苗英助：《詩僧蘇曼殊》，甄西譯，太原：山西教育出版社，1999年，第81頁。

〔註319〕章太炎：《自題造象贈曼殊師》，湯志鈞：《章太炎年譜長編》，北京：中華書局，2013年，第296頁。

於中土接引禪學的「入世大德」寶誌禪師，更將「眞俗不二」的佛家之旨安在曼殊名下：其於眞諦，「蓋老氏所謂嬰兒者也」「不解人事，至不辨稻麥期候」〔註320〕；於俗諦亦能隨順通達。太炎與胡韞玉、柳亞子、陳獨秀等人都曾強調曼殊「實不癡」〔註321〕，明示曼殊對於人情世故有透徹的瞭解，不願意隨波逐流，又要避人禍而佯裝癲狂。太炎更在爲《曼殊畫譜》撰序時，嘗引佛經故事，以佛陀弟子、「解空第一」、畫藝高超的舍利弗喻曼殊，何震則贊「此畫學與唯心論相表裏者也」〔註322〕，凡此種種，皆有曼殊已悟得「空有不二」的大乘眞諦之意。

由於太炎本人的至高評價和眾友人的追崇，人云亦云中，竟有訛傳太炎佛學「多得於曼殊也」〔註323〕章父稱「奘公以後，一人而已」〔註324〕，至楊鴻烈於 1923 年爲蘇曼殊做傳，曼殊已被神化爲化現人間、乘願再來的菩薩羅漢了。

此處先不論曼殊是否擔得高僧之名，重要的是，把「眞俗二諦」解爲「情佛一致」的思路至此成爲曼殊研究中的常規敘述。如黃懺華在《蘇曼殊畫像》中將曼殊爲女子「動情落淚」作《絳紗記》與《焚劍記》和「專意研究」「以二諦八不」之說爲基礎的「三論宗」（也稱法性宗）聯繫起來，稱其「並行不悖，雲走兩路」〔註325〕。陳獨秀爲《絳紗記》作序時，亦將精神分析學的愛驅力和死驅力與二諦之說相提並論〔註326〕。

然而，「出世／入世」「情佛兩難」這種常見的話語建制，與其說是佛教哲學的產物，不如說主要來自於體制儒學的「佛教想像」：淡化了涅槃寂靜終極目標，以「家國」爲整體視野的「出世與入世」的二元論〔註327〕。

〔註320〕 章太炎：《曼殊遺畫弁言》，《蘇曼殊全集四》，北京：中國書店，1985 年版，第 77 頁。

〔註321〕 柳亞子曰「人目爲癡，然談言微中，君實不癡也」，參見柳亞子：《燕子龕遺詩序》，同上，第 82 頁。

〔註322〕 章太炎：《曼殊畫譜序》；何震：《曼殊畫譜後序》，同上，第 21～22、第 24 頁。

〔註323〕 失名：《記曼殊上人》，《蘇曼殊全集四》，北京：中國書店，1985 年版，第 136 頁。

〔註324〕 章父：《燕子龕詩跋》，同上，第 96～97 頁。

〔註325〕 參見陳世強：《蘇曼殊圖像》，北京：中國青年出版社，2008 年，第 490～500 頁；黃懺華：《蘇曼殊的生平》，載《文化史料叢刊》第 4 輯，文史資料出版社，1983 年，第 102 頁。

〔註326〕 陳仲甫：《絳紗記序》，《蘇曼殊全集四》，北京：中國書店，1985 年版，第 46～47 頁。

〔註327〕 轉引自陳世強：《蘇曼殊圖像：畫家‧詩人‧僧徒‧情侶的一生》，北京：中國青年出版社，2008 年，第 236～237 頁。

如前所述，印度原始佛教，特別是小乘的「部派佛教」講究自度，以對「苦諦」的感受爲入口、以出離「輪迴」爲目的，是完全「出世」的法門。到了大乘佛教就開始講求利他，也有了調和「出世法」與「世間法」的中道思想。特別是唐代中期南宗禪興盛以後，中國詩學的亮色開始越來越多地體現在「即」字上。由於漢語駢文化的特點，「即心即佛」「即寂即照，雙存雙泯「煩惱即菩提」這類修辭，時常給人以整齊的二元論的印象。然而必須說明的是，以「解脫」爲終極視野的佛教系統中的「出世與入世」，並無「壓抑——回歸」的意味。如上文的分析，章太炎的「眞俗不二」，是「一」與「多」的相即，並非「一分爲二看問題」的機械辯證法和「經濟基礎／上層建築」的「上下」結構。儘管章太炎也曾對革命灰心失望，萌生過「當和尙」的念頭，但他不但沒有「亦僧亦俗」的理論建設，更通過「俱分進化論」等對這一類邏輯進行了批判。

> 抑吾嘗讀赫爾圖門之《宗教哲學》矣，其說曰：「有惡根在，必有善根，若恬憺無爲者，其善根亦必斷絕。」此謂惡尙可爲，而厭世觀念，則必不可生也。不悟厭世觀念，亦有二派：其一，決然引去，惟以出此世界爲利，亦無余念及於眾生，此佛家所謂鈍性聲聞，無有菩提種子者也。其一，以世界爲沉濁，而欲求一清淨殊勝之區，引彼眾生，爰得其所，則不憚以身入此世界，以爲接引眾生之用，此其志在厭世，而其作用則不必純爲厭世。若是，則何不可厭世之有？〔註328〕

在這裡，章太炎將大乘佛教的厭世與小乘之出離區分開來，更符合大乘佛教哲學的原旨，而曼殊的「出世」則偏於小乘式的厭離，其「出世與入世」的二元性關係卻又並非「求一清淨殊勝之區，引彼眾生，爰得其所」，而是具有鮮明的儒家政治色彩。

李歐梵認爲，蘇曼殊繼承了釋道傳統中的個人行爲方式——自然與風流〔註329〕。但作爲一種文化政治觀念「自然」和風流天眞的「隱士傳統」內部亦有不同的脈絡。40 年代，廢名曾經總結，先秦、魏晉的「隱逸」方式與唐

〔註328〕　參見章太炎：《俱分進化論》（署「太炎」，《民報》第七號，1906 年 9 月 5 日），《章太炎全集》（四），上海：上海人民出版社，1985 年，第 393 頁。

〔註329〕　李歐梵：《現代性的追求》，北京：生活·讀書·新知三聯書店，2000 年，第 94 頁。

代和宋明以後有很大差別。魏晉時期，上層士大夫是更加注重出世的，然郭象的《莊子注》已經有了打通出世與入世，同時又側重入世的傾向〔註330〕：「夫聖人雖在廟堂之上，然其心無異於山林之中，世豈識之哉！其戴黃屋、佩玉璽，便謂足以纓拂其心矣；見其歷山川、同民事，便謂足以憔悴其神矣，豈知至至者之不虧哉！」成玄英解此句曰：「言聖人動寂相應，則空有並照，雖居廊廟，無異山林，和光同塵，在染不染。」〔註331〕這種寓聖人心地已悟、人品高潔的方式，至此成爲「出世山林、入世廟堂」的濫觴。到宋明的黨爭中，自任清流的士大夫更是一邊排佛，一邊受到佛家「淡泊」之吸引，以談禪論道稀釋官場焦慮。范仲淹的「居廟堂之高則憂其民；處江湖之遠則憂其君」，便是耳熟能詳的典型。亦如歐陽修《題青州山齋》中自稱喜誦常建詩「竹徑通幽處，禪房花木深」，「欲效其語作一聯，久不可得」「物景又在其目，然不得自稱其懷」。《酬淨照大師》、《送曇穎歸廬山》〔註332〕等作中，也有「佛說吾不學，勞師忽款關」「山林往不返，古亦有吾儒」「吾聞廬山久，欲往世俗拘」等句，皆可謂政治失意時的「別有會心」。正如葛兆光所言：「禪宗在士大夫思想上始終是一個補充結構，成爲他們閑暇時表示高雅淡泊的一種手段，失意時使心理平衡的一種自我安慰。」〔註333〕錢穆也認爲宋學將功利與心性和儒、釋融成之一種理想境界〔註334〕，這是蘇軾「《莊子》與《華嚴經》打通的人生境界」〔註335〕。

　　論者常用來形容曼殊的「逃禪」一語，最初來自於唐朝詩人的飲酒詩。然而比起杜甫「蘇晉長齋繡佛前，醉中往往愛逃禪。李白一斗詩百篇，長安市上酒家眠」的《飲中八仙歌》，曼殊的「無端狂笑無端哭，縱有歡腸已似冰」（《七絕·過若松町有感示仲兄》〔註336〕）在精神氣質上更接洽宋儒的禪宗想

〔註330〕　參見張煜：《心性與詩禪：北宋文人與佛學論稿》，上海：華東師範大學出版社，2012 年，第 159 頁。

〔註331〕　《南華眞經注疏》卷一，（晉）郭象注，（唐）成玄英疏，北京：中華書局 1998年。

〔註332〕　同上，第 2 頁～3 頁。

〔註333〕　葛兆光：《禪宗與中國文化》，上海：上海人民出版社，1986 年版，第 78 頁。

〔註334〕　李歐梵：《現代性的追求》，北京：生活·讀書·新知三聯書店，2000 年，第 15頁。

〔註335〕　參見錢穆：《中國學術思想史論叢（五）》，北京：九州出版社，2011 年，第 6頁。

〔註336〕　參見《蘇曼殊全集一》，北京：中國書店，1985 年版，第 51 頁。

像。同時，他的小說對道德倫理的訴求以及對「革命」「政治」「國家」不假思索的認同，與其說出自解構主義的佛家，莫如說更多地來自於儒家士大夫的「官學」視野。如戴啓鈞所言，「或以情癡目之，曼殊未嘗失其節也」〔註337〕，此「節」或許仍然是儒家之「節」。曼殊自己也強調，他是因失國家大義而躲入禪門的：

嗟夫！聖人不作，大道失而求諸禪；忠臣孝子無多，大義失而求諸僧；春秋已亡，褒貶失而求諸詩。以禪爲道，道之不幸也。〔註338〕

此外，章太炎的得意門生黃侃曾以明季抗清詩人、嶺南三大家之一的屈大均（入清後爲僧，號苦瓜和尚）曾以出佛入儒爲喻而贊曼殊之還俗：鄭燮曾爲屈氏題詩「國破家亡鬢總璠，一囊詩畫作頭陀。橫塗豎抹千千幅，墨點無多淚點多」（《題屈翁山詩札、石濤石溪八大山人山水》），而「曼殊亦粵人，蓋眞能師法先賢者。昨聞其有還俗之事，顧深喜之。」〔註339〕章太炎的許多學生對他講談佛理並不認同，其中尤以黃侃爲代表。此則軼事，頗能反映儒家看問題的角度。由是觀之，曼殊所謂「出世／入世」，實以「出佛入儒」來標明更加準確。然因其以僧人身份自我標榜，小說和詩詞中又堆疊著大量的「佛語禪言」，人們自然地視他爲「佛教文學」的代言人，而很少從儒家思想的角度來整體把握他的政治哲學和詩學特徵。而綜上觀之，曼殊文本中的儒佛關係及其各自的功能卻值得探討。以下試舉二例。

（三）「即」字的抉擇：以《紅樓夢》和李叔同爲例

1.《紅樓夢》

被稱爲「二十世紀中國現代小說先聲」的名作《斷鴻零雁記》是以第一人稱講述的愛情悲劇。男主人公三郎前往日本櫻山村尋母時，和表妹靜子產生了愛情，卻對青梅竹馬的少女雪梅的愛情難於割捨，自身又早已入空門。三郎最終逃離了靜子的愛情回到中國，卻發現雪梅已死，他到故宅尋其墓地，已找不到愛人亡魂所在。

李歐梵認爲，以此爲代表的曼殊小說與《紅樓夢》在人物結構特徵和基

〔註337〕 戴啓鈞：《曼殊說集跋》，《蘇曼殊全集四》，北京：中國書店，1985年版，第75頁。

〔註338〕 蘇曼殊：《嶺海幽光錄》，《蘇曼殊全集二》，北京：中國書店，1985年版，第3頁。

〔註339〕 黃侃：《題蘇曼殊象》，《蘇曼殊全集四》，北京：中國書店，1985年版，第127頁。

本的文化精神方面極為近似〔註340〕。曼殊本人對《紅樓夢》的迷戀〔註341〕（如英譯《葬花詩》）使他的許多推崇者都將「女兒國」裏「片葉不沾身」的「多情似無情」的賈寶玉視為其最典型的自我投射。如中茵英助所說，「《紅樓夢》中的貴公子寶玉，可以說是曼殊自身最理想的人物。他沒能同心愛的黛玉結合，終於釀成悲劇；與不愛的寶釵雖然結了婚，而且生了孩子，但他還是遁入了空門。」他在花街「徵歌選色」，實踐著寶玉的「情癡」〔註342〕。彭訓文認為，「不論是在寫作風格上，還是內容、用語，甚至詩辭歌賦上，蘇曼殊的小說都有很濃的『紅樓味』」〔註343〕，楊鴻烈甚至評判《斷鴻零雁記》中三郎懷想家人、拜見姨母等場景都可與《紅樓夢》中的場面相媲美，對靜子閨閣的描寫更能使瀟湘館「對之滅色」〔註344〕。

然而不論這些「表皮」如何相似，蘇曼殊作品的精神結構毋寧說是與《紅樓夢》距離最遠的：賈寶玉雖然也像曼殊和他筆下的主人公們一樣對「仕途經濟」感到憎惡，但他的憎惡中顯然並不包含對儒士官場「清流／濁流」的自我期許和「出則山林，入則廟堂」的精神規劃。同樣需要注意的是，在大觀園裏耽溺於女兒國的寶玉也並沒有對佛家的出世生活表露出任何嚮往。

按照小說的佛教設定，寶玉的「真身」一直是青梗峰上的頑石，無情之「真」玉「即」是他的多情之「幻」身，這暗喻著「即真即假」「當體即空」。「真」是寶玉的境界，然而在大觀園的紅塵夢境中懵懂遊戲、認假為真的寶玉，是不會知道、也不會想到這個「真身」的。警幻仙子一出並未引出禪僧的「棒喝」之效，而是為以後的故事埋下伏線。強以論之，它的效果有些類似於布萊希特的「間離」理論，戲中的演員突然向觀眾席喊話，瞬間撕裂了舞臺的「真實」幻覺，隨後又將之合攏。高鶚續作的寶玉出家結局，應是符

〔註340〕 李歐梵：《中國現代作家的浪漫一代》，北京：新星出版社，2010 年，第 65～66 頁。

〔註341〕 蘇曼殊迷戀《紅樓夢》，是離開橫濱廣東人的小圈子，入東京進入早後，過著遊學生活時的事。那時，在日留學期間，他加入了學生革命團體青年會，「在不能點燈的黑暗中，遐想寶玉的命運。」（日）中茵英助：《詩僧蘇曼殊》，甄西譯，太原：山西教育出版社，1999 年，第 20～21 頁。

〔註342〕 同上，第 44、118 頁。

〔註343〕 彭訓文：《懺盡情禪空色相：蘇曼殊傳》，北京：北京聯合出版公司，2012 年，第 36 頁。

〔註344〕 楊鴻烈：《蘇曼殊傳》，《蘇曼殊全集四》，北京：中國書店，1985 年版，第 180 頁。

合原作的哲學邏輯的：一旦「證悟」了眞身，寶玉也就再也無法回到原來的女兒國了。

另一個相關的話題是「空色」。曼殊研究幾乎都會涉及到情與佛、「風流與嚴謹」「禁慾與縱慾」的關係。然而，對於「以情絕情，在愛中涅槃」、「人間不能有愛，也不能沒有愛」的「宗教式」的愛情觀〔註345〕，其「宗教性」究竟何解，卻很少有深入的探討。值得注意的是，將「色相」讀解成「情色」「情愛」這一流俗的知識錯誤在學界研究中同樣普遍，它正是通過倉央嘉措和蘇曼殊這類「情僧」形象和「懺盡情禪空色相」「曾遣素娥非別意，是空是色本無殊」〔註346〕之類的詩句得到了強化。

包天笑等人常回憶起曼殊在《太平洋報》供職時期日日飲宴招妓的場景。包氏且有詩描敘「散花不著拈花笑，漫說談空入上乘。記取秋波春月夜，萬花簇擁一詩僧。」〔註347〕這種場景極易使人聯想到寶玉在大觀園中群芳環繞的場面。曼殊此舉未嘗沒有模仿這位貴公子的心態。然而以本文對《紅樓夢》的理解來說，賈寶玉的「至情至性」「多情似無情」並非建立在摒棄肉體關係的「精神柏拉圖」的基礎上。儘管曼殊模仿寶玉，視男女爲污泥，女子爲清水〔註348〕，但與他充滿「性回歸張力」的「群芳宴中我獨醒」的姿態不同，支撐大觀園女兒國的僅僅是以「未嫁女兒」的短暫青春來映襯的無常易碎的人生觀。曹雪芹並沒有避諱寶玉的「初嘗雲雨」的描寫，因爲青梗峰的超越精神並非以「對肉體的壓抑」作爲對立項。

佛教的空間倫理，並不在於「官場——山林」，「都市——田園」的設置，而在於「眞與幻」的辯證。彌漫著「身在曹營心在漢」的感傷氣氛的「出世與入世」，並不同於大乘圓教的「假作眞時眞亦假」：《紅樓夢》中對「煩惱即菩提」「眞俗不二」的理解，是隨著主體認識立足點的變化而變化的。儘管眞

〔註345〕　如陳平原：《論蘇曼殊、許地山小說的宗教色彩》，《陳平原自選集》，杭州：浙江文藝出版社；盧天玉：《走不出的情與佛——從〈絳紗記〉看蘇曼殊的思想矛盾》（《廣東工業大學學報（社會科學版）》2004 年第 03 期）、金勇：《情與佛：走不出的生存困境——蘇曼殊小說新論》（《河南大學學報》社會科學版，1994 年 01 期）等文。

〔註346〕　《西京步楓子韻》、《次韻奉答懷寧鄧公》（即《答鄭繩侯》），《蘇曼殊全集一》，北京：中國書店，1985 年版，第 67 頁。

〔註347〕　陳世強：《蘇曼殊圖像：畫家・詩人・僧徒・情侶的一生》，北京：中國青年出版社，2008 年，第 389 頁。

〔註348〕　如曼殊常主動爲女子畫畫，卻拒絕男子求畫。第 466 頁。

「即」是假，對於主體來說，「即」的實現卻有其時間和空間的差異。如廣為知識人引借的天台宗便將從因地凡夫到果地佛位的修行過程稱為「六即佛」，從凡夫位的理即佛、名字即佛，外凡、內凡位的觀行即佛、相似即佛，到菩薩位的分證即佛，一直到佛位的究竟即佛，從迷到悟、從有漏凡夫到無漏佛果的修行過程才算圓滿。在此，「即」字既是頓悟的共時性，又代表漸悟意義上的歷時性。假不能同時是真，真也不能同時是「假」，正如圓上的一個點不能同時佔據兩個位置。此亦可以用「唯識三性」來解釋：同屬於自然狀態的「依他起性」和「圓成實性」，是不能同時存在的，「依他起」是俗諦，而「圓成實」是主體窺破遍計執、轉化依他起的結果，它屬於真諦的領域。如同太極「陰陽魚」的黑白影像並非從中間切分，真與俗並非一分為二的兩面，而是孕育著相依而相轉化的道理。在這個原理中，諸佛與眾生的關係如同臺下的觀眾與臺上的演員。眾生演出生老病死之苦，入戲而不自知，然而在根本上，演員與觀眾仍是在「這是假的」共謀關係中沉迷於劇情的。這就是大乘佛教天台宗、華嚴宗常用的「即心即佛即眾生」「眾生與佛共法身」。佛對眾生的救度，只是暫時加入演員上臺演戲的「夢中佛事」。直到令演員也意識到戲的虛幻本質，「夢裏明明有六趣，覺後空空無大千。」〔註349〕而在曼殊那裡，「即」字被讀解成「既……又」的兩可性結合，一個主體在同一時間可以「既是煩惱的，又是清靜的」，既是出世的，又是入世的：他心中同時裝著、并同時（不）認可這兩樣東西。

這就是曼殊詩學與佛教視角的主要差別，也是太炎和曼殊佛教觀的分途之處。在章氏的思想譜系中，對於「倫理關係」的超越是徹底的，而曼殊小說中「靈」對「肉」的超克卻充滿了回歸「體制」的衝動。他「無情」的支撐物，恰恰是對女性肉體的長久的凝視。如曼殊之友尤溫如觀察：「大師很喜歡女人，很喜歡看女人，尤其是堂子裏的女人，故十有九日的光陰消磨於珠光釵影之中。然而只是看，用（把）女人當作花一般地看，如見一個美麗的妓女，大師即呼之來，命立前面，仔仔細細地看一回，看了以後，即遣之去。如這個妓女不諳他的素性，不用別的，只要用手拉他一把衣裳，這衣裳大師就不要了，情願穿著短衫回家。」〔註350〕亦如馬仲殊所記：

〔註349〕 唐永嘉大師（即玄覺）《證道歌》中句。參見弘學：永嘉玄覺禪師《〈證道歌〉》講析，成都：巴蜀書社，2006年，第1頁。

〔註350〕 參見陳世強：《蘇曼殊圖像：畫家‧詩人‧僧徒‧情侶的一生》，北京：中國青年出版社，2008年，第第462頁。

　　曼殊得錢，必邀人作青樓之遊，爲瓊花之宴。至則對其所召之妓，瞪目凝視，曾無一言。食時，則又合十頂禮，毫不顧其座後尚有十七八妙齡女，人多爲其不歡而散。越數日，復得錢，又問人以前之雛妓之名，意蓋有戀戀者。人爲引之其處，而曼殊仍如前此之態，終於不言而回。亞子謂其「姹女盈前，弗一破其禪定」，而曼殊殆一傷心人別有懷抱者？〔註 351〕

　　在重解弗洛伊德的拉康那裡，精神分析是目光的哲學〔註 352〕。「靈」與「肉」的張力，「壓抑——回歸」，是視線的正反打。曼殊靜坐在萬花叢中歸然不動的意象帶給旁觀者和他本人的快感，是通過目光的認同建立起來的。在這裡，「空」與「有」被理解成「精神」與「肉體」的對立又依存的關係。「空」並非超越肉體，而是對肉體的壓抑所造成的反彈。

　　以這種「肉體和精神」的關係來格義佛教的「空」和「有」是一種典型的誤讀〔註 353〕。儘管有學者稱他開創了清末民初以來「佛教文學」的先聲，使「佛教小說」作爲一個獨特的類型與譴責小說、俠義小說和「鴛蝴派」並置〔註 354〕，但儒與佛在曼殊詩學中的作用卻是不同的。從表面上看，它們共同構成了對主人公的「新式愛情」的阻礙，然而戀愛雙方在相處之時「天然」地發乎情止乎禮，顯示了對倫理道德內在的、日常性的認同，而主人公經常背誦的佛教的戒典章句卻與他的生活格格不入。如《斷鴻零雁記》中，三郎最初出家的因緣，是息未婚妻雪梅愛己之心，使其享有家庭之樂，其動機顯然是逃情，並非如其所謂「皈依三寶」。後三郎在日本聽妹妹談論唯識學的「相、名、分別、如如、正智」等「五法」之說，感歎其眞「大善知識」耳，然而它們不僅對三郎對抗情愛家國之煩惱沒有任何幫助，也沒有被用於分析這些煩惱的來源和本質。在情節的功能上，這些深奧的佛教義理只是佐證了女眷們的才情罷了。同樣，三郎被生母逼婚，難於藉口拒絕，「反復思維，不可自聊」之際，忽然「因念佛言身中四大，各自有名，都無我者。嗟乎，望吾慈母，切勿驅兒作啞羊可耳！」這類感歎性的佛情禪語，與主人公心心念

〔註 351〕　馬仲殊：《曼殊大師軼事》，《蘇曼殊全集四》，北京：中國書店，1985 年版，第 142 頁。

〔註 352〕　參見（法）拉康：《拉康選集》，諸孝泉譯，上海：上海三聯出版社，2001 年。

〔註 353〕　參見何建明：《佛法觀念的近代調適》，廣州：廣東人民出版社，1998 年。

〔註 354〕　鄧子美：《傳統佛教與中國近代化：百年文化衝撞與交流》，上海：華東師範大學出版社，第 227 頁。

念的麻煩事沒有任何契合之處，「無我」之說只是三郎不堪重負、急欲逃避難題的虛無主義藉口而已。另一方面，三郎與日本表姐靜子情竇暗生，卻又念及家鄉的雪梅和自己的僧人身份，正在情、佛和道德義理之間不能自拔，作者卻借靜子之口，道出明亡之際朱舜水流亡日本之遺事，要與三郎共祭亡國忠魂。此外，三郎至姨母及靜子家，見其家中所藏「多宋人理學之書，外有梵章數種，已為蟲蝕，不可辨析，俱唐本也」〔註355〕。

　　凡是種種皆可暗示，曼殊生活和小說中的情愛結構是以佛理為表，以儒家倫理為裏。如敖光旭所言，在道德理性之前，蘇曼殊的浪漫主義幾乎蕩然無存〔註356〕。在某種意義上，蘇曼殊的禮制化的儒學，不僅體現在政治哲學層面，也體現在詩學上的「莊禪詩學」的套路化。學者張春香總結了曼殊詩文中堆疊的禪佛意象。如「佛、袈裟、入定、缽、經、齋罷、未剃、面壁、空相、持錫、禪心、鏡臺、無生、三生、隨緣、劫灰、劫前塵、劫後灰、劫火焚、兵火頭陀、破缽芒鞋、空、恕、懺」等概念和修辭佔據了極大的比例〔註357〕。然如前述的分析，這些佛教修辭只是為敘事增添一種美學的亮度，而這種美學早在宋明時代就已經成熟了。在這裡須簡要說明的是，佛教對中國文學最深刻的影響，在於唐代中期到宋代的南宗禪，特別是其中的「公案禪」。歷史上的中國禪宗於南北朝時由達摩傳來，初時的理念主要在於苦行實踐，禪宗僧眾的日常行持是嚴格而肅穆的。這一法門的出現原本是為了刺挑沉悶的修學空氣，使行者行持中道，不墮入「空」「有」二邊。唐六祖慧能宣揚頓悟法門之後，佛教由莊肅變得詼諧，由唯識學的精嚴縝密和天台、華嚴、律宗的苦學精修的「漸進」，到「直指人心」「頓悟成佛」的「頓修」「至大至簡」為其主要特徵，並極大影響了此後的中國詩學。在儒家士大夫的提倡下，以頓悟法門主要特色的南宗禪與六朝時的佛教文學重新融匯，最終形成了以「即」字為中心的中國文化和文學的「莊禪特色」〔註358〕。在這一過程中，逐漸被人淡忘的是，公案和語錄本身是「禪和子」引導開悟的工具。「棒喝」、「默照」、「話頭」都是以「性命」來「證道」的嚴酷的修行方法，而在士大

〔註355〕　參見蘇曼殊：《斷鴻零雁記》，《蘇曼殊全集三》，北京：中國書店，1985年版，第30、82、88～89、71～72、162～163頁。
〔註356〕　敖光旭：《蘇曼殊文化取向析論》，《歷史研究》，2010年第5期。
〔註357〕　參見張春香：《南社文人與日本》，北京：商務印書館，2013年，第72頁。
〔註358〕　參見張煜：《心性與詩禪：北宋文人與佛教論稿》，上海：華東師範大學出版社，2012年4月，第3～4頁。

夫參禪的風潮中，這些方法喪失了解脫的含義和身體的配合，而轉化成單純的文字遊戲。文人參禪常被佛教徒稱爲「戲論」，原因即在此。另一方面，儘管宋代士大夫對佛典、公案的運用豐富了詩學流派（如「江西詩派」的「奪胎換骨」「點鐵成金」〔註359〕），此後卻越來越喪失了禪學和心學中新鮮激烈的思想性；大乘佛教的「『即』字訣」原是詩學實踐裏化繁爲簡的妙字，卻同樣因爲喪失了宗教性能而被官學視野所拘限，「煩惱即菩提」成了一種盡人皆知的「文學熟語」，喪失了豐富的時空含義。在某種意義上，爲周作人等人所極力闡揚的晚明文學，以及《紅樓夢》的異軍突起，正是作爲對此「封閉的莊禪詩學」的反彈而出世的。在明末散文家張岱的《陶庵夢憶》裏，佛教的本體論和認識論被重新激活，而《紅樓夢》更是以三教中的「釋道」反抗「宋明理學」、特別是官學思維的經典文本。從某種意義上說，「出世／入世」「靈與肉」的對立和博弈形態，正是它極力反抗的意識形態。

從這個角度上說，蘇曼殊的佛教文學無疑是套路化的。楊鴻烈稱讚《斷鴻零雁記》中靜子談朱舜水遺事等段落，比《紅樓夢》過之不及，可以說正是對《紅樓夢》的誤讀。〔註360〕五四時期的文學和美學界以「動靜」「空有」「出入」「寂照」的二元主義來論禪仍然是主流。如宗白華的美學即將此發揮到了極致：「禪是動中的極靜，也是靜中的極動，寂而常照，照而常寂，動靜不二，直探生命的本原。禪是中國人接觸大乘義後體認到自己心靈的深處而燦爛地發揮到哲學境界與藝術境界。靜穆的觀照和飛躍的生命構成藝術的兩元，也是構成『禪』的心靈狀態。」〔註361〕到了2、30年代，這種美學結構經常被用於討論「東方文明」和「西方文明」之間的差異。在某種意義上，它也與西方化的「東方主義」的視角相吻合。

2. 李叔同

在同一時期，與《紅樓夢》中的佛教模式最爲相近的「眞人眞事」，並非蘇曼殊，而是李叔同。

蘇曼殊與李叔同在《中華日報》社共事，二人都是活躍於書畫、音樂、戲劇、文學各領域的風流才子，都有不凡的僧俗經歷，並稱「南社奇僧」。1918

〔註359〕 同上，第368～369頁。

〔註360〕 楊鴻烈：《蘇曼殊傳》，《蘇曼殊全集四》，北京：中國書店，1985年版，第180頁。

〔註361〕 宗白華：《禪境的表現》，《宗白華全集：第三卷》，合肥：安徽教育出版社，1994年，第89頁。

年，蘇曼殊在杭州終因長年暴食致病身死，死前要求以「僧衣葬我」〔註362〕。同年，李叔同因往杭州虎跑寺斷食養生、羨慕寺中僧侶清淨生活而披剃出家，並於靈隱寺受戒，法號弘一。一暴食，一斷食，一位弘傳律宗，並感歎世並無眞正能傳戒的大德和可執戒的戒子，一位受了「三壇大戒」後便即刻破戒……這些巧合似乎喻示了兩人似同而實異的僧俗之路。

在世人眼中，弘一法師與蘇和尚、章瘋子都是民國狂人、「魏晉風流」的代表。然而「竹林七賢」的「談玄論道」是以道家思想爲支撐，眞正爲人熟知的「狂僧」「情僧」形象，同樣來自於唐代禪宗分化後的南禪系統。在禪門記載歷代禪師和行者事蹟的「《傳燈錄》」裏，多的是悟道後瀟灑任行的狂僧，他們「不事經典」「不拘戒律」，更有「丹霞燒佛」「南泉斬貓」〔註363〕這類貌似褻瀆的軼事，而不拘一格、行事詭秘的禪僧寒山、拾得與濟公的癲狂行狀也大大顛覆了小乘佛教中莊嚴肅穆、威儀高峻的「阿羅漢」形象，一變而爲嬉笑怒罵、不拘一格的「十八羅漢」；大肚能容、笑口常開的彌勒佛也在民間文化中深入人心，以至於很少有人注意到，四川岷江江畔重偉岸的樂山大佛才是唐代以前的「當來下生佛」彌勒的標準形象。

蘇李二人的「風流與自然」「多情與無情」，可以說出自於同一個「南禪──心學」的歷史脈絡。然而「李叔同傳奇」比之「蘇曼殊神話」的不同之處，亦在於「即」字所代表的「異時性」。從「弘一法師」開始，「風流才子李叔同」的生命就徹底結束了。他出家後弘揚已經衰頹的律宗法脈，奉持「三千威儀，八萬細行」，完全棄絕了早年的社會身份。「弘一法師」仍有書畫詞曲問世，卻僅爲傳教而作；晚年他更鮮與外界接觸，每日念佛，自審己過，懺悔不已。

易言之，在「李叔同傳奇」中同樣沒有「壓抑──回歸」的結構。後半生的弘一，是一個完完全全的佛門弟子，他曾作《佛法十疑略釋》之演講，其中有言：「眞正之佛法，先須向空上立腳，而再向不空上作去。」〔註364〕這亦是

〔註362〕 陳世強：《蘇曼殊圖像：畫家‧詩人‧僧徒‧情侶的一生》，北京：中國青年出版社，2008 年，第 525 頁。

〔註363〕 《五燈會元》卷五（卍續一三八‧八四上）記：後於慧林寺，遇天大寒，取木佛燒火向。院主訶曰：「何得燒我木佛？」師以杖子撥灰曰：「吾燒取舍利。」主曰：「木佛何有舍利？」師曰：「既無舍利，更取兩尊燒。」主自後眉鬚墮落。

〔註364〕 李叔同：《佛法十疑略釋》，《李叔同說佛》，星雲法師點評，陝西師範大學出版社，2004 年，第 106 頁。

禪宗所謂的「至道無難，惟嫌揀擇，但莫憎愛，洞然明白，毫釐有差，天地懸隔」〔註365〕的含義：大乘佛教的「即」字，是一種認識論意義上的、對「我」的生命行為的抉擇；「自由意志」同時意味著「絕對律令」。李叔同的僧俗道路，因之與章太炎「唯我主義」設定和後來梁漱溟以「佛」為體、以「儒」為用更為近似。如前文所述，「真諦」與「俗諦」各有其功能界限，不能混同。大乘佛教、乃至於《易經》和佛老的「中道」哲學，其出入世觀，並非一分為二的折衷主義模式。正如當代政治哲學家齊澤克頗受「陰陽魚」影響而屢屢強調的拓撲學圖形「莫比烏斯帶」〔註366〕（Mobius）一樣：主體在一個平面上走著，遭遇一個反轉點後，路雖然依然走下去，但經過了那一點，那個平面本身的形狀卻改變了。也就是說，沒有人能夠真的「亦僧亦俗」。出家之人只有安住於「出世法」這一端，才能夠真正的「隨順世法」。作為僧人，弘一法師同樣愛國。日軍侵華之際，他慨歎「身為佛子，不能共紓國難，為釋迦如來張些體面，自揣不如一狗子。」但與曼殊每每入寺後又懷想家國而逃出僧門，再因世事艱難而遁入佛門不同，弘一法師的「愛國」是佛教徒角度的「入世」，是抉擇於僧的身份後「隨順世間法」的情形。日軍將犯閩之際，他拒絕往內地避難，稱「為了護法，不怕炮並彈!」「念佛不忘救國」，將其居所命名為「殉教堂」，又題詩「亭亭菊一枝，高標矗晚節。云何色殷紅，殉教應流血。」〔註367〕當此時，殉教與殉國沒有任何衝突之處，更沒有彼此抵消的情況。相形之下，曼殊的人生則是「反覆中途下車，反覆中途下船」。舉例來說，《本事詩十章》中的「九年面壁成空相，持錫歸來悔晤卿，我本負人今已矣，任他人作樂中箏」以及著名的「還卿一缽無情淚，恨不相逢未剃時」，誠可以說是自相矛盾的典例：詩中對錯過之情愛的悔恨之情溢於言表，然既以成「空相」，又何來此「亢龍有悔」？《答鄭繩侯》中的「九年面壁成空相」，又怎成「萬里歸來一病身」〔註368〕？只能說此「空」並非真「空」。另一方面，曼殊的主體在俗情中又難免憶佛念佛。三郎出家，及家鄉有媒妁之言的雪梅事，並未告知生母河合夫人，

〔註365〕　參見中國禪宗三祖僧璨《信心銘》。北京：宗教文化出版社，2003 年，第 1頁。

〔註366〕　其原理取自德國學數學莫比烏斯（1790～1868）的拓撲學圖形。

〔註367〕　參見謝和琛：《弘一大師李叔同：半世瀟灑半世僧》，www.douban.com/note/222204675。

〔註368〕　蘇曼殊：《答鄭繩侯》，《蘇曼殊全集一》，北京：中國書店，1985 年版，第 47、67 頁。

「茲出家與合婚二事，直相背而馳。余既證法身，固弗娶者，雖依慈母，不亦可乎？」〔註369〕如是再三思量，「出世與入世」在他那裡變成了一對彼此撕扯的對立項。他一生如夢遊，該認真負責時卻以夢遁，應付之一笑時卻有情執。對於蘇李二人所現的「僧相」，時人林谷芳與孫小寧的對話頗能代表教界人士的看法。他們都認為弘一是「道人」，而蘇曼殊是「藝術家」。曼殊在「哪一邊得不到，就會去另一邊。他的空是悵然的空，其實映現了生命的難以割捨。曉得空又捨不掉，此時生命的感慨尤深。站在世情角度完全可以闡釋，但弘一則不能視同於此」。因為「道人不會無可奈何，當捨即捨。」他前期豐富多彩的生活可能促使他出家，但此後，這些對他自身的解脫就無關係了。那些只是『暫時的移情』，是『喪失性命』」〔註370〕。

儘管一個在抉擇之際「乾淨利落」「殺伐決斷」，一個「藕斷絲連」「纏綿緋惻」，曼殊本人亦並非無所歸趣。柳亞子曾說蘇李二人一是逃釋歸儒，一人是逃儒歸釋〔註371〕，這種描述大體是準確的。儘管生命最後堅持以僧相「入滅」，並遺言「一切有情，都無掛礙」，但與其說曼殊是世緣未了的僧人，而是放不下家國大義的儒士。但他本人卻並不願承認這一點，而總是試圖令「風流才子與肅穆的法師」化成行為與作品的「陰陽兩面」。

自律或散漫只是個人性格，但它們卻可能被包裝成神話，成為時代煩惱的投影。在寫於 1927 年的著名的《兩法師》一文中，葉聖陶對李叔同領他和一些文人朋友拜謁印光法師的「傳教」之舉並無興趣，對印光法師的宗教佈道亦覺隔膜，認為「印光法師乃是一般信徒用意想來裝塑成功的偶像」，他「顯然以傳道者自任，故遇有機緣不憚盡力宣傳」。然而弘一法師對印光法師的恭敬，卻並沒有被他視為「一般信徒」，相反，作者極力歌詠李叔同身上散發的肅穆和虔誠。這其中的矛盾，正是以詩意的比喻調合的：「弘一法師可不同，他似乎春原上一株小樹，毫不愧作地欣欣向榮，卻沒有凌駕帝的卉木而上之的氣概。」〔註372〕顯然，在作者筆下，弘一法師的「宗教性魅力」實際上是

〔註369〕 蘇曼殊：《斷鴻零雁記》，《蘇曼殊全集三》，北京：中國書店，1985 年版，第 58 頁。

〔註370〕 林谷芳、孫小寧：《觀照：一個知識分子的禪問》，北京：作家出版社，2013 年，第 204 頁。

〔註371〕 陳世強：《蘇曼殊圖像：畫家・詩人・僧徒・情侶的一生》，北京：中國青年出版社，2008 年，第 414～417 頁。

〔註372〕 葉聖陶：《兩法師》，參見《葉聖陶集》第五卷，南京：江蘇教育出版社，1998 年，第 296 頁。

一種詩學魅力；不論這位法師自己的意願如何，在作者的心中他永遠是一位文藝家。

　　葉聖陶的文章有廣泛的影響。它反映了一種大眾化的美學標準，這種標準的形成，與上述「莊禪詩學」的套路化關係密切。這種對「宗教」的美學化看法，在 20 年代以後，進一步發展成了「宗教」與「哲學」、「科學」的徹底對立。

（四）「即」字的墮落：認識主體與道德主體的混淆

　　以上種種跡象表明，佛教並不是蘇曼殊人生的根基。如楊聯芬所言，「蘇曼殊只是一個以袈裟芒鞋爲道具的浪漫主義者，其作品的宗教意象，更多是一種審美想像，並不代表蘇曼殊人生價值與信仰的眞正選擇。」〔註 373〕亦如李歐梵所說，「那副和尙的外表僅僅只是一種裝飾罷了。並不能爲他的生活態度提供多少正當的理由，倒是給他的人格抹上了一層傳奇的色彩」〔註 374〕。然而值得注意的是，在其僧人生涯中，蘇曼殊常常以一個「佛教復興者」和「整頓者」的形象出現。他曾受著名居士楊仁山之邀，至南京金陵刻經處爲僧俗二眾講授梵文，爲晚清的「人間佛教」「居士佛學」的振興貢獻良多；他也曾在與章太炎聯署的《告白衣書》（即《告宰官白衣啓》。白衣，指未出家而習佛、在家修行的居士）、《徹告十方佛弟子啓》（即《告佛子書》，1908）等文中嚴斥僧團管理中的種種時弊，特別是「度僧之太易」、戒律之廢弛，乃至引來政府排佛之禍。在文中，二人辭色嚴正地強調僧俗二眾應當分開，謂佛法「斷割貪癡，流溢慈惠」，然「今之僧眾，半起白徒；名字未知，何論經教？亦有顯違戒律，趣逐塵勞，斯實可爲悲憤。」〔註 375〕更強調僧人不應近俗居，因「一近俗居，染污便起」〔註 376〕。

　　這類建議不僅符合太炎以「反迷信的佛教」言革命的初衷，也與他「不齊而齊」的理論是相應的，於曼殊自身的行持卻大悖不然：他「三次出家、三次還俗」的傳奇經歷，正可謂「度僧太易、戒律廢弛」的典型。

〔註 373〕　楊聯芬：《逃禪與脫俗：也談蘇曼殊的「宗教信仰」》，《中國文化研究》，2004 年春之卷。

〔註 374〕　李歐梵：《現代性的追求》，北京：生活・讀書・新知三聯書店，2000 年版，第 94 頁。哈迎飛亦有類似觀點。

〔註 375〕　蘇曼殊：《告宰官白衣啓》，《讀禪閱心》，北京：北京聯合出版公司，2013 年，第 30 頁。

〔註 376〕　蘇曼殊：《徹告十方佛弟子啓》，《讀禪閱心》，北京：北京聯合出版公司，2013 年，第 3 頁。

　　出家經歷是曼殊生平最主要的謎團之一，廣為流行的訛傳很多，最常見的就是所謂「三次說」。該說主要出於日僧飛錫寫於金閣寺的《潮音‧跋》。儘管經柳亞子、柳無忌等人的考證，很可能沒有飛錫此人〔註377〕；最近的一些研究也指出，曼殊的出家與受戒，實際上只可能有一次，而且並不正規。此次係1903年11月，曼殊參與宋教仁籌建華興會事後至惠州，虛託南雄府始興縣趙氏子在一破廟內拜一老僧為師，得字「遭凡」，法名「博經」，自號「曼殊」。其後不久他便因耐不住芒鞋破缽的清貧生活之苦竊取師父銀洋二角，不辭而別。數月後，穿著袈裟的蘇曼殊又突然出現在《中國日報》社，同事為之愕然不已〔註378〕。

　　儘管有此「闢謠」論，歷來曼殊傳記和研究仍多依據「三次」說，有的說他「三次出家，一次比一次道心堅定」〔註379〕；「三進三出，萬里擔經，雖不是佛門中人，卻勝過萬千比丘。其詩其畫，無不透露出佛理禪意，令人深思。」〔註380〕

　　類似這樣「意圖」與「行為」相矛盾的情節，構成了蘇曼殊生平和他的「神話」中真正「弔詭」的部分。除上述兩篇文章之外，他本人的大量文章、書信和小說皆顯示，他對佛教殺、盜、淫、妄、酒等基本五戒極其重視。其《斷鴻零雁記》、《非夢記》等小說中，男子常因「為戒律所拘」而「奈何歎息」；「三戒俱足之僧，永不容與女子共住者也」，「忍情而就佛」〔註381〕。然而即在小說中，主人公也難於完全壓抑相思拒絕女子。如《斷鴻零雁記》中，三郎自我激勵：「佛言：佛子離佛教千里，當念佛戒。……吾今而後，當以持戒為基礎，其庶幾乎。余輪轉思維，忽覺斷惑證真，刪除豔思，喜慰無極；決心歸覓師傅，冀重重懺悔耳。」然待靜子與其送行，顧美人之顏色「莊豔絕倫」，「吾魂又為搖也。」〔註382〕

〔註377〕　參見柳無忌編：《對於飛錫〈潮音跋〉的意見》。後柳氏父子雖將《潮音跋》實為蘇曼殊自傳的說法推翻，對其作者仍存疑。《蘇曼殊研究》，上海：上海人民出版社，1987年。第371～378頁。

〔註378〕　參見孫放遠、趙亞宏：《蘇曼殊「三次出家」考及出家深層原因探析》，《通化師範學院學報》，2011年9月。

〔註379〕　大荒、隱塵編著：《蘇曼殊說禪》，北京：中國廣播電視出版社，2006年，第1頁。

〔註380〕　黃軼：《蘇曼殊思想新論》，《中州學刊》，2006年第6期。

〔註381〕　蘇曼殊：《斷鴻零雁記》、《非夢記》，《蘇曼殊全集三》，北京：中國書店，1985年版，第116頁、304～310頁。

〔註382〕　同上，第119頁。

　　在現實中，最不遵守他自己宣揚的戒條的，亦恐非曼殊本人莫屬：除竊僧徒度牒或銀洋之類的行跡外，曼殊自敘中也有在寺中饞嘴而食鴿肉等事。他本人的敘說極其坦然，而錄敘和描述者更樂道於此〔註383〕。此外，他最爲人追捧的「於眾花叢中只欣賞，而不涉色觸之事」的「柏拉圖戀愛」，也同樣觸犯了大乘佛教對「意淫」的制戒。有趣的是，曼殊本人對此並非不知，更屢次對此類行爲嚴加批駁：

　　　　夫毗尼細節，起特今古有殊，亦乃東西互異。四分十誦，科條
　　繁密，非專習戒律者，容有周疏。若彼大端，無容出入。佛制小乘
　　食三淨肉，大乘則一切禁斷。至夫室家親昵，大小俱者。若犯此者，
　　即與俗人不異。出家菩薩，臨機權化，他戒許開。獨於色欲有禁，
　　當爲聲聞示儀範故。而云大乘恢弘，何其謬妄！〔註384〕

　　此外，曼殊甚至認爲「詩詞歌賦小說者流，於世道民心無助益」〔註385〕，應予禁之。而他自己的詩文小說，卻被視爲「鴛鴦蝴蝶派」的濫觴之一。最大的矛盾表現在他對女性的態度上。柳亞子寫道，曼殊主張戀愛自由，然而又反對自由戀愛〔註386〕。陳平原認爲，徐枕亞、章士釗、蘇曼殊等人小說中的文化觀是「新中有舊」：「既譏笑恥言歐化的守舊派，又力戒女學生之奔放無度，即使熱戀中也能不忘古訓謹守禮義。」〔註387〕他們作品中「一男擇二女」和「假性三角」模式，負擔起了「新舊中西對比」的文化功能。然而「作家的文化理想是否高明」〔註388〕卻是一個值得玩味的問題。儘管劉師培激進的女性主義妻子何震地狂熱崇拜曼殊，他本人卻很難被稱爲「女性解放」的支持者。他喜愛宣傳的多是歷史上節烈女子的事蹟〔註389〕，對於西化女子的

〔註383〕　蘇曼殊曾將此事告知好友章士釗，章則口占云：「五香鴿子清齋具，方丈番茶
　　　　　解渴宜。……君在廣州爲僧徒日，以偷食五香鴿子，犯戒被逐。君曾自暴其
　　　　　事。」章士釗：《題曼殊上人遺墨冊》，載施蟄存輯《燕子龕詩》，南昌：百花
　　　　　洲出版社，1993 年，第 89～93 頁。
〔註384〕　蘇曼殊：《儆告十方佛弟子啓》，《讀禪閱心》，北京：北京聯合出版公司，2013
　　　　　年，第 6 頁。
〔註385〕　蘇曼殊：《儆告十方佛弟子啓》，《讀禪閱心》，北京：北京聯合出版公司，2013
　　　　　年，第 6 頁。
〔註386〕　（日）中薗英助：《詩僧蘇曼殊》，甄西譯，太原：山西教育出版社，1999 年，
　　　　　第 43 頁。
〔註387〕　陳平原：《中國現代小說的起點：清末民初小說研究》，北京：北京大學出版
　　　　　社，2005 年版，第 235 頁。
〔註388〕　同上，第 233～235 頁。
〔註389〕　如陳世強所說，「特別是一些有氣節與才華女子的事行，他更爲關注，明末鄧

大膽開放也持批判態度，認為彼時女子遊學日本，是高等妓女學〔註 390〕，「女子留學，不如學毛兒戲」，凡此種種，似充分顯示了他思想中的「保守主義」成分。然而他一面如道學家般嚴斥僧徒近女色，奉勸女性要循規蹈矩，「衲敬語諸女同胞，此後勿徒效高乳細腰之俗」〔註 391〕，一面又頻頻以香豔詩句和與女性的「純潔」的風流軼事煊示世人。他多次表示不願與日本人為友，卻對日本女子的髮髻和素手有極濃厚的興趣。曾於淺草觀音堂觀察女子，畫《女子髮髻百圖》〔註 392〕；1909 年與「江戶名花第一枝」春本萬龍和歌伎百助楓子的交往，更留下著名的「東居十九首雜詩」，其中多有濃辭豔句……

　　凡此種種可見，曼殊「神話」的敘事邏輯其實常常只是相「反」，不能相「成」。一方面於佛制諸戒無所不犯，另一方面卻自視為護持佛法、不遺餘力的虔誠佛教徒，並不斷撰文呼籲改革僧俗混濫之流弊，這種自相矛盾既不能用賈寶玉的「多情似無情」、也不能引「狂僧濟公」為憑據。因為在佛教徒解釋中，濟公「示現」的「瘋狂」和其「神驗」是相互支撐的。大乘佛制規定不事怪異、不顯神通，因神通往往只是修行過程中的「副產品」，並非「智慧」和「解脫」本身。如菩薩因慈悲心而顯神通度世人，往往狀若癲狂，令人心生鄙棄，以免迷信崇拜〔註 393〕。他們通常也並不會承認自己是「菩薩」「聖人」，如承認「身份」，也是其離世之時；「丹霞燒佛」等偶像褻瀆的公案，其目的也是使那些「著於法我相」的修行者開悟解脫，是一種「應時教化」的方法，不可隨意傚仿之。而這些「以身示教」的「示現者」本身仍然會受到破戒的懲罰，只因為他們很可能已經證悟而獲得自在，故只擔其「事」，不擔其「苦」——這些解釋都是基於主體的「內證」程度而言，與章太炎認為聖者「上知

太妙即為一例。」《蘇曼殊圖像：畫家‧詩人‧僧徒‧情侶的一生》，北京：中國青年出版社，2008 年，第 218 頁。

〔註 390〕　見蘇曼殊 1915 年左右與柳亞子的書信。轉引自（日）中茞英助：《詩僧蘇曼殊》，甄西譯，太原：山西教育出版社，1999 年，第 260～261 頁。「毛兒戲」語，見《與柳亞子書》（乙卯三月日本），《蘇曼殊全集一》，北京：中國書店，1985 年版，第 310 頁。

〔註 391〕　蘇曼殊：《華洋義賑會觀》，參見《讀禪閱世》，周宏編，西安：陝西師範大學出版社，2007 年，第 34 頁。

〔註 392〕　陳世強：《蘇曼殊圖像：畫家‧詩人‧僧徒‧情侶的一生》，北京：中國青年出版社，2008 年，第 379 頁。

〔註 393〕　據《五分律》卷二十六，因佛弟子使用神通不當而誤導世人，佛陀制戒禁止隨意使用神通；《根本說一切有部毗奈耶》卷五，《摩訶僧祇律》卷二十九可見，依慈悲心而現神通是可開許的。

千世，下知千世」、承認主體的認識視野的差異一樣。這種「冷暖自知」的內證體驗，與蘇曼殊前後邏輯的自相矛盾並不能混同在一起。有研究者認為，曼殊「來醉金莖露，胭脂畫牡丹。落花深一尺，不用帶蒲團」（《簡（亦作「柬」）法忍》）這類「種塵世享受、參禪拜佛兩不影響的愉悅之句」，於中國僧人的立場來看是非常矛盾的，作者很可能是受到日本淨土真宗「僧人可結婚生子」的影響〔註394〕。「真宗」這一制度的與近代日本的「排佛」思想雖不無關聯，曼殊對此現象亦有所瞭解〔註395〕，但其思想的主要淵源，仍然來自於「南禪」和陽明心學的「世俗化」弊病：明季陽明學的許多信徒和參禪的士大夫抓住「頓悟」法門中「直指人心、見性成佛」「即心即佛」「煩惱即菩提」等語，盲目模仿濟公等人不拘戒律的行跡，令世人不知凡聖，難分真假。此類人被批判者被稱為「陽明末流」「滿街聖人」，有解無行，有教無證；只知「酒肉穿腸過，佛祖心中留」，而不知其下文「世人若學我，如同進魔道」。

清末民初，隨著「士大夫」轉型的新知識分子紛紛舉起「佛教復興」「宗教救國」的大旗，「滿街聖人」的現象也再次氾濫，來自佛教界內外的批判亦不絕如縷。楊文會、梁啟超、弘一法師等曾極欽慕的淨土宗第九祖釋印光成名之文即是《宗教不宜混濫》〔註396〕，表達了對「白衣傳法」、「混合佛儒、外道亂法」現象的憂慮；南京支那內學院的歐陽竟無宏揚法相唯識而反對禪宗，也正是出於對許多「佛教救國」者「不修邊幅，面垢頭蓬，楚囚不啻，於飲食起居，往往意志不屬，漫無節制」〔註397〕的「名士派」作風，卻每以「亦僧亦俗」「亦空亦色」自辯的左右逢緣的「跨界」現象的警惕，稱「流毒所至，混同能所，致趨淨而無門；不辨轉依，遂終安於墮落。」〔註398〕此中的「能」「所」，即是指對「能認識」的主體和「所認識」的對象的層次應有所自省和分判，轉依之義，正是「真如本性」雖人人自具，卻有從「染污」位轉向「清淨」位的修證過程。如本文一再強調的，「煩惱即菩提」「清淨即染污」這類最常被引用的修辭，是大乘圓教思想的用語，是證悟「本真」後

〔註394〕 陳春香：《南社文人與日本》，北京：商務印書館，2013 年版，第 72 頁。
〔註395〕 同上，第 73 頁。
〔註396〕 參見《印光法師文鈔》，張育英注解，北京：宗教文化出版社，2008 年。
〔註397〕 參見車吉心主編：《民國軼事 第 3 卷》，濟南：泰山出版社，2004 年，第 239 頁。
〔註398〕 《呂澂覆熊十力（一九四三年四月十二日）》，《熊十力論學書札》，上海：上海書店出版社，2009 年，第 26 頁。

自得的境界。從「行門」的角度，從凡到聖有修證的次第，唯有在「即」字上「修行」和「轉依」，才能「看山還是山」。如若「未得謂得，未證言證」，則醍醐翻成毒藥，千經萬論皆是「魔說」、皆是「謗佛」：說「空」是減損謗，說「有」是增益謗，說「非空非有」就是戲論謗，說「即空即有」就成了相違謗〔註399〕。而蘇曼殊的行跡常常有意無意給人造成「似凡似聖」的兩可印象。他曾抄錄《波梨波闍書》中「通玄峰頂，不是人間；心外無法，滿目青山」句以自謂。這是禪宗開悟後的視角，而無論是他與友人的書信，還是小說中主人公們的情佛糾纏，所述者都是自己的「身世之恫」和無法解脫的心結。從這一角度來說，章瘋子和蘇和尚雖都頗多「民國狂人」的瘋癲行跡，唯章氏不以僧徒自居，明確自身應用佛教的理由和方式，是其與曼殊不同之處。如上一節所敘，章太炎認爲陽明學和禪宗雖有斬截之利，卻因不事修行、不究義理而存在著以凡濫聖的問題，「而末流沿襲，徒事機鋒，其高者止于堅定無所依傍，顧於惟心勝義，或不瞭解，得其事而遺其理，是不能無缺憾者。」〔註400〕他比較中印佛教之長短，認爲印度人思想精嚴，通大乘者沒有不通小乘，而中國人思想雖高遠，卻沒有精細的研求，許多不合論理、不通俗諦的話，隨便可以掩飾過去〔註401〕。

　　舉太炎論佛諸文，鮮見空談「空色有無」之論，都是明確了論述者的發聲位置才展開議論的。如前所述，他解構了國家間戰爭的「正義性」並明確了其「復仇」的本質，同時強調自己「本非聖人」，因而同樣要以「復仇」定「是非」。總之，對於如何運用、在何種意義上運用、誰來運用佛教的話語資源，曼殊的自覺性顯然不能與太炎先生相提並論。

　　值得注意的是，蘇曼殊對於漸教、頓教的差別和「心學末流」的問題所在也是清楚的。他在《答瑪德利莊湘處士書（辛亥七月爪哇）》一文中寫道，「檢諸內典，昔佛在世，爲法施生，以法教化，一切有情；人間天上，莫不以無時八教，次弟調停而成熟之，諸弟子亦各分化十方，恢弘其道。……唐宋以後漸入澆漓，取爲衣食之資，將作販賣之具。嗟夫異哉！自既未度，焉

〔註399〕　張祥龍：《拒秦與漢和應對佛教的儒家哲學》，桂林：廣西師範大學出版社，2012 年。

〔註400〕　章太炎：《答鐵錚》，《章太炎全集》（四），上海：上海人民出版社，1985 年版，第 369～370 頁。

〔註401〕　同上，第 305 頁。

能度人？譬如落井救人，二俱陷溺！」〔註402〕然而，曼殊的教理知識並沒有滲入到他的文本「結構」的內部：它們始終只是「知識」。正是在「曾遣素娥非別意，是空是色本無殊」〔註403〕的「圓融教解」之中，「即」字中所蘊涵的「行」與「證」的必要性、「頓悟」與「漸悟」的時空差異被抹消了，其後果之一，便是「主體」神話的生成。

　　王德鍾說曼殊「早歲悟禪悅」，因此所爲詩「極其神化之境，蓋如羚羊掛角而弗可跡也。曠觀海內，清豔明雋之才，若曼殊者，殊未有匹焉。」〔註404〕1925 年，在廈門大學所改編的話劇版《斷鴻零雁記》中扮演曼殊的鄭江濤，稱其「於胭脂隊裏參禪，狎而不亂」〔註405〕。在許多人眼裏，這是曼殊闍黎得道的佐證。章父在《燕子龕詩跋》中即云：「陶思入禪，遊心七覺，冷湫湫地，著衣持缽，遍訪百城煙水，不可謂非第一離欲阿羅漢也。」「歡足方寸，獨恬事外，同遊者以比諸維摩。（《維摩詰經》云：『入諸婬舍，示欲之過；入諸酒肆，能立其志。』）」，更引《楞嚴經》句，稱曼殊非凡夫，而是邀遊於六欲天之天人，其理由是六欲天天人只有牽手、凝視等微薄的情慾，無低級的肉欲煩惱，正合曼殊行持。其中「傳言兜率境界，既脫人間貪惡妄念，特色相未能泯」，正合用來解釋曼殊情執未捨〔註406〕。此類佛教「證辭」雖亦煞有介事，但不僅於曼殊本人對「婬欲」的批評相矛盾，所謂「天人淡泊」的言說，也與其詩中的濃豔色彩不甚相符。《東居雜詩》19 首中，濃豔的情色其實極爲突出；「秋韆院落月如鉤，爲愛花陰懶上樓；露濕紅蕖波底薄 自拈羅帶淡蛾羞」等句，在精神上早已不能「獨恬事外」。儘管孫伯醇以見證者的口氣強調，曼殊的詩句提示了似乎存在的異性關係，而事實上卻一點沒有〔註407〕；然而如林谷芳所說，如果曼殊果真能藉色悟空，其詩作就不會如此濃烈〔註

〔註402〕　蘇曼殊：《答瑪德利莊湘處士書（辛亥七月朮哇）》，《蘇曼殊全集一》，北京：中國書店，1985 年版，第 231 頁。
〔註403〕　蘇曼殊：《答鄧繩侯》，同上，第 67 頁。
〔註404〕　王德鍾：《燕子龕遺詩序》，《蘇曼殊全集四》，北京：中國書店，1985 年版，第 84～86 頁。
〔註405〕　鄭江濤：《斷鴻零雁劇本序》，《蘇曼殊全集四》，北京：中國書店，1985 年版，第 66 頁。
〔註406〕　章父：《燕子龕詩跋》，同上，第 96～97 頁。
〔註407〕　參見（日）中薗英助：《詩僧蘇曼殊》，甄西譯，太原：山西教育出版社，1999 年，第 255 頁。
〔註408〕　林谷芳、孫小寧：《觀照：一個知識分子的禪問》，北京：作家出版社，2013 年，第 210 頁。

408）。可以說，曼殊的「亦僧亦俗」與佛教徒「提起性命」的修行有極大的距離，毋寧說這是一個自律性很差、理智無法戰勝習氣，「能說不能行」又有著過剩語言意識的人物。戴季陶稱「這個人是我所不願學，同時也是我所不能學的一個人。……高而不崇，潔而不純，於個人可稱為良友，於社會絕不能不說是贅疣。」〔註409〕而在出家後即修習律宗的李叔同來說，或許沒有比「偷嘗天女唇中露，幾度臨風拭淚痕」「懺盡情禪空色相，琵琶湖畔枕經眠」〔註410〕更有害於佛教修行的「佛教敘述」了。

　　然而，關於曼殊身世越來越多的考證和來自佛教徒的質疑，不但沒有減少曼殊神話的厚度，反而有愈加誇大的徵象。無論彼時或後世，常有人斷言蘇曼殊為「文化轉型時代一位將中國大乘禪學精神推至高前高度的現代禪僧」〔註411〕。自其逝世後，被大肆渲染的不僅是他似真似假的僧人身份、「中日混血」的身世之恫，還有那些顯示其深厚佛法修為的故事，如出生時因頂生肉髻（佛三十二相之一）而為相士斷「高抗逃禪」之命（飛錫，潮音跋）、四歲時畫獅子（佛教中，佛常被描述為人中獅子，講經發「獅子吼音」），臨命終時「一切有情，都無掛礙」等，……這些神奇的故事都津津於描述一個慧根超凡、特立獨行、放蕩無羈而又看破紅塵的瀟灑禪僧的形象。

　　由是可見，「曼殊神話」的問題不在於蘇曼殊的個人行持的道德可信度，而是他的「知行不合」之處，雖然無論用儒家的道德還是佛家的超道德都無法消釋，卻被時代建構成一種極具蠱惑力的美學。日本中國文學研究者增田涉的回憶頗有意味：

> 他到底是日本人還是上國人不很清楚，據說是混血兒。我非常感到興趣，混血兒和頹廢派相結合，耽溺於一種好像「有道理的」感傷。……這時候，知道了他是魯迅的朋友卻不免有些驚訝。我問了種種關於蘇曼殊的問題，可是除了上述的浪漫不羈的生活，和章太炎的關係那一些之外，再問不出別的了〔註412〕。

〔註409〕　轉引自陳世強：《蘇曼殊圖像：畫家・詩人・僧徒・情侶的一生》，北京：中國青年出版社，2008年，第522頁。

〔註410〕　蘇曼殊：《寄調箏人》，《蘇曼殊全集一》，北京：中國書店，1985年版，第50頁。

〔註411〕　黃永健：《蘇曼殊詩畫論》，北京：中國社會科學院出版社，2001年，第1頁。

〔註412〕　轉引自陳世強：《蘇曼殊圖像：畫家・詩人・僧徒・情侶的一生》，北京：中國青年出版社，2008年，第214頁。

「欲說還休」、非聖非凡的主體所造成的「好像有道理」的感傷主義印象，無論如何悖謬的行為，都引來「也許就是奇人的秉性」〔註413〕的慨歎，正是「狂禪」的批判者所謂的「籠統真如，顢頇佛性」。值得注意的是，這些坊間「傳奇」誇張和似是而非的部分，有許多是蘇曼殊本人有意經營或聽之任之的結果。對於眾說紛紜的《潮音跋》之謎，好友劉三曾讓蘇曼殊「公佈作者飛錫僧的真相」。他卻答「這不成什麼問題，馬馬虎虎就算了。」〔註414〕其本人的不置可否，加深了莫測高深的印象。一些對佛學不明究理的學者，甚至認為他在《燕子龕隨筆》《斷鴻零雁記》中自稱在十二歲時披剃且被高僧稱為「大德」，於事實固然可疑，而於佛理卻有可參詳之處，只因佛教有「十二緣生」之說。這種荒誕說法的直接根據，卻來自於曼殊自己的肯定：「此章為吾書發凡，均紀實也。」〔註415〕

　　從曼殊對於自身事蹟的曖昧態度，即連柳亞子也慨歎「曼殊好弄玄虛」〔註416〕。李歐梵認為，他「有意地顯示出一種放浪不羈的生活風格，同時又試圖用佛教教義來證明其合理性。」〔註417〕

　　而與多有羨藻浮辭的曼殊傳記不同，日人中茵英助在《詩僧蘇曼殊》一書中對蘇曼殊的身世之恫、情愛之觴、僧伽生涯和革命活動做了較為冷靜的考察，他認為曼殊巧妙地掌握了文人相處的套路（給劉半農的信就顯示了這一點）〔註418〕，這與文公直等認為曼殊「出淤泥而不染」的印象有一定的差距。中茵就此認為，章太炎與蘇曼殊這一對「民國狂士」在思想路徑上有極大的不同：「章太炎不想從革命中得到任何好處，哪怕是得到一點點東西的報酬，他有著徹底的反權力傾向。而蘇曼殊在虛張聲勢的贗品人生中巧妙地保護了天真爛漫。」〔註419〕

〔註413〕 彭訓文：《懺盡情禪空色相》，北京：北京聯合出版公司，2012年，第43頁。

〔註414〕 陳世強：《蘇曼殊圖像：畫家・詩人・僧徒・情侶的一生》，北京：中國青年出版社，2008年，第426頁。

〔註415〕 蘇曼殊：《斷鴻零雁記》，《蘇曼殊全集三》，北京：中國書店，1985年版，第4頁。

〔註416〕 蘇曼殊：《娑羅海濱遁跡記》，《蘇曼殊全集二》，北京：中國書店，1985年版，第307頁。

〔註417〕 李歐梵：《現代性的追求》，北京：生活・讀書・新知三聯書店，2000年版，第94頁。

〔註418〕 （日）中茵英助：《詩僧蘇曼殊》，甄西譯，太原：山西教育出版社，1999年，第285頁。

〔註419〕 同上，第288、307～308頁。

　　中茵暗示蘇曼殊並不是「眞正的反權力者」，並強調這是章、蘇之間的致命差異。然而蘇曼殊並不是一個「理論」家，他與太炎在佛教或者革命「理念」上的分歧從沒有浮出水面，他們的私人關係在「討袁問題」後的疏遠，卻意味著蘇曼殊代表著某種更爲普遍的「社會態度」。這種態度襯托出章太炎反國家主義、反中心主義思想的曲高和寡之處。

　　回到晚清革命對「道德」問題的關注：太炎祭起蘇曼殊純眞、激進的詩學形象，是爲了超越個人——群體的話語結構的黏縛，反對以「社會」所攜帶的群體意志宰制個人，甚至建立以「個人對個人」的原子化的、自然倫理的「社會」契約，並建立起「不齊而齊」的新的道德意識。然而在另一個「曼殊神話」的版本中，主體卻在「出世與入世」「即心即佛」之間找到了一個曖昧的、似是而非的位置。在這個位置上，對「即」字的駢文化解讀將佛教隱含的本體與現象的複雜時空結構「吞」了下去，從而可能在特定的歷史情境下引發嚴重的思想危機：「無」很容易被理解成「虛無主義」，「即」字則以其二元性的「均衡」假象，在理論上否決了「個體爲眞，團體爲幻」的思想建構，更使「體制儒學」的話語在它被驅趕的原地重新復活。

　　與太炎等人極力將曼殊塑造爲以「願心」對「機心」的代表之努力相比，曼殊的「自我神話化」有一種微妙的反諷意味。然而包括太炎在內的友人們眼中，曼殊的自我妝點並不意味著他虛矯和老於世故，而在於他可能已經悟道。前引孫中山將釋太虛與蘇曼殊作比，稱「太虛是曼殊的學生」「內典工夫，固然曼殊爲優；即出世與入世之法，太虛亦遜曼殊多多也。」〔註420〕孫中山對佛教不感興趣，他的判斷很可能是受到了章太炎的影響。蘇曼殊曾編譯《梵文典》八卷（已佚失），章太炎寫《初步梵文典序》，一再贊其「詞無礙」「法無礙」，並稱其所譯與印度論師之說，都與大乘佛法的義理相輔助。比較《書蘇元瑛事》等文僅在品行上作文章，該文實際上也透露了太炎自己整理佛教理論譜系的心得。除了曼殊視爲「眞俗不二」的「超道德」的純潔典範，太炎也看重其「實質」的貢獻，即佛典翻譯對重啓法相唯識學文獻的意義，以及「溝通華梵」、推廣梵文以在世界範圍內弘揚佛學的「文化民族主義」和「世界主義」思路。太炎以外，劉師培亦步其後，將《梵文典》置於中國佛教典籍之存亡續絕這一高度來評價〔註421〕。然於太炎而言，推崇印度諸論師的「內

────────────

〔註420〕　參見邵盈午：《蘇曼殊新傳》，北京：東方出版社，2012年，第192頁。
〔註421〕　章太炎將梵文與中土的關係加以疏理，作了大量的訓詁考據來說明蘇曼殊所

典」有其明確的意義，即以法相唯識的「科學性」和務實態度來補禪宗和陽明心學的「行證」不足。太炎的這一思路充分表明了他對於「以情求道」的頓悟法門運用於知識界時的謹慎態度。

然而曼殊的多數友人和崇拜者並不在意「道」是什麼，它被籠統地理解成不可思議的超驗世界，而曼殊知行之間的矛盾則變成了「聖人」的證明。陳去病稱其為得道高僧〔註422〕，當代評者也每每稱其「全心即佛，全佛即人，人佛無異。」〔註423〕這種判斷顯然直接來自於南禪——陽明學心性論的「即」字敘述。

綜上，蘇曼殊的「出世——入世」可謂以「共時」取代「歷時」的兩難結構。與其說，主體試圖用一把鑰匙開兩把鎖，不如說是多出了一個偽造的鎖眼——先是抹消了「出世解脫」的真實性，進而又將某種特定的「現實」打造成了神話，這也正是「現代性的神學性」原理。如前文所敘，章太炎「以差異言平等」的思想也並不能完全支付他的「種族主義」情結，然而，他畢竟抉擇於佛教的終極原理「真如」並將之普遍化，並從這一點出發認清了自己的「種族立場」的相對性。儘管他盡可能地為「排滿」革命的合法性尋找語言和歷史上的種種依據，卻並不將之放在絕對的「公理正義」的位置上；而曼殊卻把他的個人經歷經營成一種雄辯的、通暢的詩學觀，成為一種相當有影響力的敘事模式，以此言「國族」和「愛情」，這就是一個引人思考的問題了。

二、曼殊敘事的「後果」

（一）五四的靈與肉：「青年美學」的構成

80 年代以來的學界通常把蘇曼殊視為五四運動的前鋒人物。李歐梵寫道，「蘇曼殊認為人的情感天性不僅不需要道德依據，而且當它外化為一種獨特的生活方式時，應該僅僅是人的個性的特徵和人的創造物的標誌。」〔註424〕

譯《梵文典》的價值。劉師培更稱「漢土語言，多導源梵語」。參見劉師培：《梵文典序》，《蘇曼殊全集四》，北京：中國書店，1985 年版，第 5 頁。

〔註422〕　陳去病：《為曼殊大師建塔院疏》，《蘇曼殊全集四》，北京：中國書店，1985年版，第 151 頁。

〔註423〕　黃軼：《蘇曼殊思想新論》，《中州學刊》，2006 年第 6 期。

〔註424〕　李歐梵：《現代性的追求》，北京：生活·讀書·新知三聯書店，2000 年，第 94頁。

他據此推斷，蘇曼殊的「個人主義」代表了晚清到五四的某種承續性。然而從前文的分析可見，「唯意志論」「唯我主義」和五四個人主義的浪漫抒情模式是有區別的——眾所周知，「五四」浪漫青年的主要形象代表郁達夫筆下的「我」，是由「國家」所詢喚出來的抒情主體，而章太炎的「我」則恰好相反。

　　在此意義上，「曼殊神話」更可能的角色，是「多聲複義」的晚清過渡到「新青年」的五四的一種快捷方式，它以其內部的「敘事裝置」逐漸抹消了唯意志論和「個人主義」的差別。

　　首先涉及到中西資源的配置。不僅是賈寶玉、魏晉文人、濟公和寒山拾得，傷情的茶花女和英年早逝的拜倫同樣是曼殊自我的投射對象。對此，多數當代學者的觀點是，「傳統中國」和「西方新語」是在慌亂中被統一起來的〔註425〕；早在五四之初，創造社成員陶晶孫就認爲蘇曼殊一下子從傳統跳接到了西方浪漫主義模式，特別是他對拜倫的崇拜表達了一種斷裂性的、錯位性的經驗〔註426〕。陳平原認爲，曼殊的小說是「一個在東西文化、俗聖生活的矛盾中苦苦掙扎的心靈的自白。」〔註427〕；他「借女性選擇的困惑，來表達作者文化選擇的困惑」：「中西新舊」「兩種女性似乎都不理想。或許是因爲新的太野，舊的太迂吧？」〔註428〕當代學者敖光旭則認爲，80年代以來的蘇曼殊研究過於強調浪漫主義的西方因素，而忽略或淡化了蘇氏的「遺民」情結和「保守主義」的一面〔註429〕。凡此種種強調曼殊在「大轉折的時代」「若有所悟又無所適從」的心態，都旨在突出中西話語之間的矛盾衝突。

　　另一種聲音是強調中西話語之間的連接。李歐梵認爲，在儒家思想的合法性遭到質疑的時代，蘇曼殊不像林紓一樣完全囿於儒家經典，而是聰明地採用了一種儒教與道家合流的生活模式〔註430〕。但李歐梵並沒有深入探討「合

〔註425〕　參見沈慶利《彷徨於生理血統與文化血統之間——從〈斷鴻零雁記〉看蘇曼殊獨特的文化心理衝突》、張如法：《處於中西文化夾流中的蘇曼殊的小說》、袁凱聲：《蘇曼殊與郁達夫：文化衝突中的雙重選擇與感傷主義》。轉引自張婷：《蘇曼殊研究綜述 兼談其譯作〈葬花詩〉》，《語文學刊》2011年第5期。

〔註426〕　陶晶孫：《牛骨集·急忙談三句曼殊》上海：太平書局，1944年，第81頁。

〔註427〕　陳平原：《中國小說敘事模式的轉變》，北京：北京大學出版社，2003年，第229頁。

〔註428〕　陳平原：《中國現代小說的起點——清末民初小說研究》，北京：北京大學出版社，2005年，第234頁。

〔註429〕　敖光旭：《蘇曼殊文化取向析論》，《歷史研究》，2010年第5期。

〔註430〕　李歐梵：《現代性的追求》，北京：生活·讀書·新知三聯書店，2000年，第94頁。

流的儒道」與「西學」在認識論上的異同。最早在曼殊故事裏尋找儒佛和西方浪漫主義之間的一致性的，卻是他的好友陳獨秀和章士釗。在給曼殊小說《絳紗記》所作的序言中，陳獨秀將西方的心理學說與佛教的「十二因緣」和唯識學的真如思想勾聯起來，解讀小說中癡情男女的生死選擇。陳並認為曼殊和世紀末的耽美才子王爾德一樣，都知愛與死為生之本，食色性為自然之本能，個人意志之自由。「人生兩大命題，曰死曰愛，依佛教十二因緣，愛欲緣於無明。而如來藏有清淨有染污」「一心具真如生滅二用，果能助甲而絕乙耶？其理為常識所難通，即絕死棄愛為妄想，而生人之善惡悲歡，遂紛然雜呈，不可說其究竟。」〔註431〕作者認為曼殊與小說裏的夢珠是一體雙生，如莊生化蝶「曇鸞存而五姑歿，夢珠殀而秋雲存，一殀一存，而肉薄夫死與愛也各造其極。」〔註432〕

如前文所述，阿賴耶識的染淨相雜是本體界範疇內的問題，實不能與塵世（現象界）的「生死愛欲」相混淆。陳獨秀以「真如」張揚個人主義的合法性，把「真俗不二」作為「愛驅力」和「死驅力」的換喻結構，將「靈與肉」統一為「個人自由意志」，於不經意間就將東西方的文化差異同質化了。最後，陳獨秀表示《碎簪記》是將矛頭對準了封建禮教，「最痛切」地反映了封建思想對個人意志的壓迫。

值得注意的是，「靈肉關係」原本是《新青年》前期的主要論題，這篇序言或與胡適對曼殊小說的批判有一定的聯繫。胡適在《新青年》第4卷1號上刊載的《論小說及白話韻文（答錢玄同書）》一文中，稱《絳紗記》「全是獸性的肉欲」，《焚劍記》直是一篇胡說。〔註433〕錢玄同表示贊同胡適對中國傳統小說和彼時鴛蝴派小說」描摩淫藝」的批判，同時以進化論的觀點爭辯，如曼殊所作因相符於社會現實，仍可謂「二十世紀初年有價值之文學」〔註434〕；另一些為曼殊辯護者則稱胡適對於《絳紗記》的批評是無中生有，因為這篇小說只有純潔的愛情，並沒有肉欲的問題〔註435〕。與錢玄同以進化論為

〔註431〕　陳仲甫：《〈絳紗記〉序》，《蘇曼殊全集四》，北京：中國書店，1985 年版，第 46～47 頁。
〔註432〕　陳仲甫：《〈碎簪記〉後序》，同上，第 49 頁。
〔註433〕　《胡適文存第一集·答錢玄同書》，合肥：黃山書社，1996 年，第 34 頁。
〔註434〕　《答錢玄同書·附錄一錢先生原書》，同上，第 41 頁。
〔註435〕　楊鴻烈：《蘇曼殊傳》，《蘇曼殊全集四》，北京：中國書店，1985 年版，第 210 頁。

曼殊小說的「道德問題」進行辯護的方式有所不同，陳獨秀和章士釗運用欲望本能的普遍性將小說的「靈」與「肉」張力視爲對生命眞諦的呼喚。從辯護者運用兩種「西學」原理的方式來看，「清末民初」蘇曼殊、章士釗等人的作品，與其說是在「東西方之間選擇的困惑」，莫如說是一種將「西方性」內化的文學機制。

在進行了這樣的理論建設後，蘇曼殊很快被吸收爲五四浪漫主義「青年文化政治」的肖像。1924 年，廈門大學將他的作品改編爲話劇上演，獲得極大成功，無數少女落淚〔註 436〕。他的侄女紹瓊更在寫下了《弔曼殊》的幾年後自殺，足見曼殊形象之於「感傷的五四」的影響力。如陶晶孫所言，「五四運動之前，以老的形式始創中國近世羅曼主義文藝者，就是曼殊。」〔註 437〕楊義稱他是「預示浪漫抒情小說在『五四』時期獲得長足發展的一個先驅」〔註 438〕。據楊聯芬的考察，不僅郁達夫的作品與曼殊有著精緻上的一致性，五四後期抒情小說的代表人物倪貽德、陳翔鶴、白采、王以仁等人均曼殊小說影響至深。王以仁的《神遊病者》中情感纖細的男青年手拿曼殊的《燕子龕遺稿》坐在行駛的電車裏，讀著「偷嘗天女唇中露，幾度臨風拭淚痕」爲對面的女子神迷，而那位女子眼中卻只有旁邊的「西裝少年」。這位男青年如同郁達夫沉淪中的「我」一樣，心中飽含「孤憤與酸情」，爲他目光的落空吶喊著祖國的貧弱，命運的不公。最後他蹈海自盡——有許多人相信，《斷鴻零雁記》乃如小說中的「我」所言，是爲紀念投海而死的愛人而作的〔註 439〕。

楊聯芬就此總結，「清高、孤獨、病態、感傷，使黃仲則、蘇曼殊和五四浪漫派，成了精神上的一脈。」〔註 440〕。亦如中茵英助所說，「李賀、拜倫、賈寶玉，都是與蘇曼殊相關的名字。他們都是永恆的青少年」〔註 441〕；羅建業則認爲「曼殊的文學，是青年的，兒女的。他的想像，難免有點蹈空；他

〔註 436〕　彭訓文：《懺盡情禪空色相》，北京：北京聯合出版公司，2012 年，第 238 頁。

〔註 437〕　陶晶孫：《急忙談三句曼殊》，《牛骨集》，太原書局，1944 年，第 81 頁。

〔註 438〕　楊義：《中國現代小說史　第一卷》，北京：人民文學出版社，1993 年，第 61 頁。

〔註 439〕　彭訓文：《懺盡情禪空色相》，北京：北京聯合出版公司，2012 年，第 40 頁。作者認爲傳主於 16 歲在廣州蒲澗寺出家，是爲給死去的愛人乞靈。

〔註 440〕　楊聯芬：《蘇曼殊與五四浪漫文學》，《陝西師範大學學報（哲學社會科學版）》，2004 年 5 月。

〔註 441〕　（日）中茵英助：《詩僧蘇曼殊》，甄西譯，太原：山西教育出版社，1999 年，第 9 頁。

的精神，又好似有點變態。」〔註442〕從中，我們可以讀出兩個相互聯結的信息：首先仍然是「壓抑——回歸」。

　　人們從曼殊的形象中，主要提取的是「清新」和「感傷」這兩樣「五四之味」。雖然周作人將他視作鴛蝴派的一員，但五四時代及後世的多數論者卻強調他異於鴛蝴派「馥馥脂粉氣」和林紓「沉沉暮氣」的「清新風分」。柳亞子稱其「說部及尋常筆札，都無世俗塵土氣。殆所謂『卻扇一顧，傾城無色』者歟。」〔註443〕曹聚仁稱，「蘇曼殊的浪漫氣氛，才是真正的革命詩人……這位獨向遺編弔拜倫的詩人，也正代表了南社的清新風分……所以我說蘇曼殊才是南社最好的代表人物。」〔註444〕。「冷、淺、殘、荒、空」的意境，「哀感頑豔」「清豔明雋」「明媚雋逸」的風格，也是當代蘇曼殊研究中常見的修辭。彭訓文說他「以清新來寫苦情，充滿了現代主義的味道」〔註445〕然而，五四青年越是「靈性」十足，對於「肉體」的需要就越是強烈。如前文所述，曼殊的純潔故事一向需要他者在感官和倫理上的雙重凝視。關於革命（國家）與戀愛之間一體雙面的關係已經有相當多的研究〔註446〕，研究者多數都認同，國族激情和戀愛激情一樣，都是「力比多」的根鬚所生長出來的兩種欲望模式。但這裡需要強調的是，其兩者之間並非手心手背的關係：與「出世與入世」一樣，表面上相互撕扯、勢均力敵，內裏卻並不平衡：在「我已袈裟全涇透」和「那堪重聽割雞箏」之間，主體真正駐紮的地方只有其中一端。在整齊的二元修辭背後，是「靈」對「肉」的呼喚。「肉體」是「精神」創造出來的，正如「山林」是「廟堂」想像出來的一樣，這是一種在表面上強調精神、實際上卻堅稱「實」大於「虛」的二元結構。

　　原本，曼殊對物質的「戀而不貪」，應與章太炎的自然倫理邏輯相符。胡韞玉等人多次生動描述曼殊「視金錢如糞土，而視食物如珍寶」「得錢即

〔註442〕　羅建業：《曼殊研究草稿》，《蘇曼殊全集四》，北京：中國書店，1985年版，第391頁。

〔註443〕　柳亞子：《蘇玄瑛新傳（代序）一》，《佛門三子文集·蘇曼殊集》，張竟無編，北京：東方出版社，2008年，第4頁。

〔註444〕　參見曹聚仁《南社、新南社》，《我與我的世界：未完成的自傳》，香港：三育圖書文具公司，1973年，第311～312頁。

〔註445〕　彭訓文：《懺盡情禪空色相》，北京：北京聯合出版公司，2012年，第237頁。

〔註446〕　如劉劍梅：《革命與情愛：二十世紀中國小說史中的女性身體與主題重述》，上海：上海三聯書店，2009年。

治食，錢盡則堅臥不起」〔註447〕的情形。沈尹默曾爲他作悼詩曰：「任性以行遊，關心惟食色；大嚼酒案旁，呆坐歌筵側；尋常覺無用，當此見風力」〔註448〕曼殊沒有積攢、儲蓄或交換的物欲，他揮霍金錢，也視金錢爲無物。在某種意義上，這種姿態與章太炎基於「依他起性」的「存在性」思路很接近：對物質的感官性的熱愛與「物質主義」是不同的。在太炎反物質主義的革命情境中，曼殊的揮霍也被視爲一種「空性」的抵抗，因爲它意味著主體沒有交換意識，對「社會」無所欲求，社會作爲「生命養料的提供者」的角色也就失去了魅力。然而，在曼殊「壓抑——回歸」爲底色的「靈肉」關係內，在目光——敘述的結構性的要素中，實際上仍然存在著「交換」：主體對食物和美人的感官性（主要是「眼」「觸」和「味」）的熱愛儘管襯托出了對金錢與權勢這類「物欲之心」的鄙視，卻也在召喚著認同和故事。他時時刻刻都在古今中外的文本中尋找自我影像的投射體，他需要他的友人從他的經歷中讀出「故事」，也讀出他要模仿和映像的形象。在他因暴食而病重時，曾對奉蔣介石之命來探病的陳果夫講到自己的病在心，「必須自己改過自己的性情。」〔註449〕同時他並不節制飲食，「日食摩爾登糖三袋，謂是茶花女酷嗜之物。」〔註450〕他嗜糖暴飲而死，自嘲與其「坐化」，不如「糖化」。有人將他的行爲讀解成「看破紅塵的一種慢性自殺」，並認爲此源於對佛教「苦諦」的透悟〔註451〕，這又是將佛教「苦諦」比附爲感傷主義的一種格義方式。章太炎早已用唯識學討論了其時流行的自殺行爲：從「眞」而言，自殺是無明的逃避，只會令主體在輪迴迷宮中陷得更深；從「俗」而言，不論動機是家國大義還是情愛纏縛，自殺只關乎個人選擇。曼殊的追隨者們則將他的個人選擇比附爲菩薩的救世精神，或者一個民族的「屈辱」自我。時

〔註447〕　胡韞玉：《曼殊文選序》，《蘇曼殊全集四》，北京：中國書店，1985 年版，第79～80 頁。

〔註448〕　摘自沉尹默：《劉三來言子谷死矣》，《蘇曼殊全集五》，北京：中國書店，1985年版，第 367 頁。

〔註449〕　蘇曼殊：《與某君書（壬子七月日本）》《蘇曼殊全集一》，北京：中國書店，1985 年版，第 253 頁。

〔註450〕　陳世強：《蘇曼殊圖像：畫家‧詩人‧僧徒‧情侶的一生》，北京：中國青年出版社，2008 年，第 518 頁。

〔註451〕　參見孫宜學：《「婆須蜜多」：蘇曼殊的涅槃情結》，《同濟大學學報（社會科學版）》，2011 年 4 月第 2 期。

人陳樾以「隨順眾生」的菩薩道讚揚他的自虐行爲：「和尙病，曰眾生病」「眾生病，菩薩不能不病」〔註452〕。

由此可見，「既出且入」的二元性邏輯本身是一種精神交換：主體已經證悟，因而可以爲所欲爲的錯覺，正是前述「公理」「表象主義」的話語邏輯。與之相比，感官層面的瀟灑並不能構成曼殊神話的根本隱喻。

不論曼殊本人是否已達其悟境，菩薩道的「無我」與知識階層作爲「救世者」的「我執」之間究竟何者爲是，這種「選擇的困惑」，或者「表層的形骸放浪」和「內裏的保守」之間的張力的眞正根源，或許並非「西方」和「東方」不同的文化性格，或者「傳統」和「現代」的時間差。正如陳世強所說，陳獨秀與曼殊邊改邊和的十首《本事詩》，圍繞著百助之事而傷懷，其用典的方式，折射了皇權與性愛之間的關係。〔註453〕壓抑──回歸、施虐／受虐模式，是國家主義的典型態度。周作人曾以「《金瓶梅》上蓋《論語》」來批判體制儒學的「表象主義」形而上學。將「論語」替換成曼殊的浪漫感傷，同樣行之有效。曼殊的「高僧神話」的眞正嚴重的後果，就是將「知行不能合一」變身爲精神上的超越性的、現代國家主義「吸收一切」的敘事邏輯。

（二）單一的「天下空間」

1925 年廈門大學改編的曼殊戲劇裏的布景，也如作者飄行不定的行蹤一樣，「忽而中國，忽而日本，忽而荒郊，忽而大家」〔註454〕。在章太炎以個體爲中心的世界圖景中，離開了社會性幻覺的主體遊走於廣大的世界中，所到之處就是「文明空間」，走到哪裏都「立地皆眞」。他是一個自我否定的、沒有固定本質的、因應環境而改變的主體。看上去，這與蘇曼殊四處遊走的任俠形象是那麼相近──他不僅輾轉於中國、亞洲各地，生活的每一個階段也都有不同的擬象。從曼到錫蘭的路上，他自比玄奘〔註455〕；數年前從橫濱到上海時則是荊軻，這兩個人物幾乎象徵了他想像中的「文明」與「革命」的兩極。

〔註452〕　陳樾：《曼殊和尚遺象贊》，《蘇曼殊全集四》，北京：中國書店，1985 年版，第 148 頁。

〔註453〕　陳世強：《蘇曼殊圖像：畫家・詩人・僧徒・情侶的一生》，北京：中國青年出版社，2008 年，第 363 頁。

〔註454〕　飄零生：《斷鴻零雁劇本序》，《蘇曼殊全集四》，北京：中國書店，1985 年版，第 64 頁。

〔註455〕　蘇曼殊：《畫跋》，《佛門三子集・蘇曼殊集》，張竟無編，北京：東方出版社，2008 年，第 13～16 頁。

　　然而，這個流動的「我」，其「名」雖變，其「實」卻從未改變過。無論古今中外，任何可以託寄「國族身世」的人物形象，以及與「國家」「興亡」「革命」「動亂」相關的歷史事件，都能令這位「一切有情都無掛礙」的僧人「極目神州餘子盡，袈裟和淚伏碑前。」〔註456〕

　　曼殊於國殤遺跡的種種憑弔是他廣為人稱頌的行跡之一，也是他多數詩作、畫作的「背景」緣起。無論是過江戶謁延平王，於錫蘭經五印度殘堙誦拜倫詩，還是於南京「孝陵垂泣」〔註457〕，皆是「和淚」「淒然」「扶病弔」。「其所悲憐，方將鎔鑄堯舜，興起聖哲靈胄。」〔註458〕如上文所敘，章太炎對於歷史遺跡同樣極其重視，他與蘇曼殊亦經常合作，為其畫作題詩作文，通過憑弔遺跡激發人們的民族感情。所不同的是，太炎儘管強調民族記憶的連續性並以漢語系統的輾轉「孳乳」來證明之，他關於文化和民族記憶溯源的考據文章仍然花費大量的篇幅在發現和考究差異之上。

　　而在曼殊那裡，所有被「借用」來的主體和事件都吸附於、服務於同一種情緒，其內在的差異也因之被抹消了。由於作品中空間地點的頻繁變換，蘇曼殊被認為是中國近現代小說中描述「異國風情」的先鋒人物之一。如楊鴻烈認為，曼殊「秋風海上已黃昏，獨向遺篇弔拜倫。詞客飄蓬君與我，可能異域為招魂」（《題拜倫集》）和「人間花草太匆匆，春未殘時花已空，自是神仙論小謫，不須惆悵憶芳容」（《偶成》）等詩句傳達了濃烈的異域風情，更盛讚其詩作「我手寫我口」，與「模仿的、浮淺的詩」不同，「可以徂百代。」〔註459〕熟悉他的柳無忌卻指出，「毫不遲疑地引用前人辭藻」才是蘇曼殊詩歌主要的創作手法之一〔註460〕。前述引文中的禪門意象是「佛理詩」的典型道具，而「孤」「獨」「病」「愁」「淚」「客」「飄」「過」「遠」「去」〔註461〕則是中國歷代的感時憂懷詩最常用的表述。上引詩句為題獻「西班牙雪鴻女詩人」

〔註456〕　參見《過平戶延平誕處》，《蘇曼殊全集一》，北京：中國書店，1985年版，第44頁。

〔註457〕　參見陳世強：《蘇曼殊圖像：畫家·詩人·僧徒·情侶的一生》，北京：中國青年出版社，2008年，第117頁。

〔註458〕　毛常：《斷鴻零雁劇本序》，《蘇曼殊全集四》，北京：中國書店，1985年版，第61頁。

〔註459〕　楊鴻烈：《蘇曼殊傳》，同上，第170～173頁。

〔註460〕　參見柳無忌：《亦詩亦畫話曼殊》，參見柳光遼等主編：《教授·學者·詩人——柳無忌》，北京：社會科學文獻出版社，2004年，第187～210頁。

〔註461〕　張春香：《南社文人與日本》，北京：商務印書館，2013年，第68頁。

然而除了文字「說明」和詩中的「異域」等詞彙之外，讀者實際上看不到任何「異域」的特徵。此外，曼殊備受稱讚的「蹈海魯連不帝秦，茫茫煙水著浮身」「國民孤憤英雄淚，灑上鮫綃贈故人」「易水蕭蕭人去也，一天明月白如霜。」(《以詩並畫留別湯國頓》)等懷古詩、題畫詩的用典和抒情方式也豁白易懂，並無明顯的別出心裁之處，甚至可以說極為程式化。如「雨笠煙蓑歸去也，與人無愛亦無嗔」(《寄調箏人》)、「故國已隨春日盡，鷓鴣聲急使人愁。」(《吳門依易生韻》)〔註462〕等句，都有明顯模仿的痕跡。據柳亞子稱，曼殊早歲學詩，太炎等雖偶而從旁指點，實並不上心。曼殊捧誦唐全集而習詩，自然處處承襲前人。「太炎也認為，曼殊詩風肖似義山，「或因是懸想提維，與佛弟難陀同轍，於曼殊為禍為福，未可知也」。〔註463〕難陀曾因是佛陀親屬，認為修行有所倚仗而不思進取，被佛陀批評。太炎此語顯然也透露了他對曼殊詩水準的評價。在某種意義上，曼殊詩文的「保守性」遠大於其「革命性」。就此而觀，一些論者稱曼殊詩「觀滌內外無匹」〔註464〕「祖香草美人遺意，疑屈子後身」「別闢庭戶，不奴古人」〔註465〕，似有溢美之嫌。然而真正的問題並不在於曼殊是否「祖述前人」，而在於他其多樣題材背後的，是精神指向的單一性：在他的小說、詩文、翻譯作品、乃至於廣受稱歎的繪畫中，讀者實際上找不到任何能夠區分日本、中國、香港、廣東、蘇州之文化和地理特徵的精神地標，不論主人公身處新加坡還是巴黎，都好像是在蓬萊仙山的煙雲裏一樣。特別令人驚歎的是，儘管至少三分之一的生命都在日本渡過，又有「中日混血」的終身之憂，與身在日本的革命同道、母親、姨母（何合仙究竟是他的母親還是姨母，各種版本的曼殊傳記仍無統一的說法）和各位情人之間難於割捨的牽絆，他的作品中卻沒有任何文化品格和倫理上的「日本特色」。儘管他曾非常精細地觀察過日本女子的髮髻和素手並為此吟詩作畫，在小說中的她們卻都是典型的「扁平人物」。除了活潑豪爽和沉靜文雅的東方女子等「能指」外，在一西一東兩類女子間，並不存在質感上的差別。

曼殊對日本的漠視甚至反感的態度在彼時留日中國學生中是富有代表性的。據中茵英助、陶晶孫等人考察，他們往往只跟本國人交流，不屑於學習

〔註462〕《蘇曼殊全集一》，北京：中國書店，1985年版，第42、50、56頁。

〔註463〕章炳麟：《為曼殊題師梨集》，《蘇曼殊全集四》，北京：中國書店，1985年版，第126頁。

〔註464〕王德鍾：《燕子龕遺詩序》，同上，第84頁。

〔註465〕馮印雪：《燕子龕遺詩序》，同上，第93頁。

日語，以同鄉或師友為圈子組成學生革命團體。即使一些「精英分子」借其地譯其言，除了周作人等人之外，仍很少有人真正關注日本的文化特色和民族心理特徵〔註466〕。

並不是說曼殊完全不重視文化和文明的差異性。他的貢獻主要體現在語言方面。在雜著《燕子龕隨筆》中，他多次談到漢、英、梵的對譯和語源關係。他最早編譯的詩選《文學因緣》則體現了他對於文明水準的判斷：「衲謂文詞簡麗相俱者，莫若梵文，漢文次之，歐洲番書，瞠乎後矣！」「漢譯經文，若輸盧迦，均自然綴合，無失彼此。蓋梵漢字體甚茂密，而梵文八轉十羅，微妙瑰琦，斯梵章所以為天書也！今吾漢土末世昌披，文事鬆弛淪久矣，大漢天聲，其真絕耶？」〔註467〕《文學因緣》的編排順序將「阿輸迦王表彰佛誕生處碑」置於卷首，其次是英譯漢詩，最後才是漢譯英詩。這種編排體現了他「以漢英的譯作，作為接觸、學習梵學的初階」的文化傳播意圖，且有意識通過英、梵比較來突顯梵文優美之處。通過以梵文和佛學來引領世界文化，「當願恒河沙界，一切有情，同圓種智」〔註468〕。這是與太炎相近的「文化民族主義」和「世界主義」思路。然而正像他對於「狂禪末流」弊端的批判一樣，這種「知識」上的瞭解並沒有滲透到他自身的話語組織當中。在「水晶簾卷一燈昏，寂對河山叩國魂」「故國已隨春日盡，鷓鴣聲急使人愁」「相逢莫問人間事，故國傷心只淚流」等詩句中透露出的信息是：主體所游蕩的「物理」和「精神」空間，實際上是一種共時性的「家國天下」的想像空間。

在柄谷行人等後結構主義思想者的帶動下，越來越多的文學研究致力於討論「私小說」「自敘傳」小說中「我」的遮蔽性機制。很明顯，蘇曼殊「世上飄零誰似我」的「無根」的感傷，與郁達夫身為弱國子民而飄零寄世的小說主題一脈相承。感傷主義、鄉愁式的復古主義是浪漫派的民族主義者的主要情緒特徵。〔註469〕另一方面是對資本——國家的批判。「國家」是一個巨大而空洞

〔註466〕　參見陶晶孫：《給日本的遺書》，曹亞輝、王華偉譯，上海：上海文藝出版社，2008年。作者稱除魯迅、周作人等少數人外，晚清到民國的中國留學生很少能在日本的現代文化史上留下痕跡，這是大可深思的事。

〔註467〕　蘇曼殊：《文學因緣序》，《蘇曼殊全集一》，北京：中國書店，1985年版，第121～123頁。

〔註468〕　蘇曼殊：《〈潮音〉跋》，《蘇曼殊作品精選》，汪樹東、龍紅蓮選編，武漢：長江文藝出版社，2003年，第253頁。

〔註469〕　安德森在《想像的共同體》所說，英國浪漫派大多是社會主義者。轉見（日）柄谷行人：《日本現代文學的起源》，趙京華譯，北京：生活·讀書·新知三聯

的能指，消彌差異、將不同來源的事物變成同質的東西，正是國家主義的需要。在某種意義上，曼殊得到的褒揚要遠遠大於他的成就，正是「國家美學」的「政治無意識」。這位任俠獨我的蕩子、「茫然仗劍四顧」的永恆的青少年，似乎處於一個無邊無際、無所依傍的廣袤世界中，像一尾魚一樣四處游曳。然而不同於「荷戟彷徨」的魯迅在「人」和「鬼」等多種敘事維度中左衝右突，也不同於周作人專注於研究希臘、日本等異文化的精神實質，曼殊所到之處只有「儒家天下」的均質水域，所表達的是同一種家國飄零感。他追隨玄奘足跡南遊與他感懷石達開的情緒一致：佛教的傳法高僧、刺秦的荊軻與太平太國的志士都已是「過去的不可及之夢」，因此才值得感傷。在南洋，他只關注同胞的苦難，而「印度尼西亞人的水深火熱，卻被他巧妙地省略了。」〔註470〕

　　像他自然地承襲前人的詩歌套路一樣，他本人並沒有對革命的獨特理解。在集合了民族意識和鄉黨意識的日本大同學校裏，中國學生參加革命組織就像今天的大學生參加校園社團一樣，是自然而然的事情。他對同學馮自由、鄭貫一等人成人般的言行姿態有下意識的崇敬：對於懷有「身世之恫」的他來說，「革命帶給他有如投入母胎的身份歸屬感」〔註471〕。在某種意義上，這種「太初有革命」的人生軌跡，意味著他的詩文所反映的是時代主流的症候意識。在這股革命風潮裏，他遇到了迷戀佛學的章太炎，遇到了充滿佛理禪意的《紅樓夢》。然而「曼殊神話」最後導歸的地方卻是與章太炎的「反國家主義」完全不同的地域。章氏「佛教救國」的題中之義是以解構性的「宗教信仰」來反對神學性的「宗教迷信」，以佛家的超越精神啓發革命道德，從無盡的「虛空」中汲取豐沛的力量。其始發點是不能對象化、也不能消解的絕對之「我」；而在利用儒與佛的闡釋邊界和「通俗化」的禪宗詩學建構起來的曼殊神話中，「我」已經消融在「國家」敘事中。所有事件的節奏，所有情感的失落，所有的生活、時間、思想、話語，都沒有離開「國族」的範疇。「我」所站立的、不同情境的「地面」消失了，我們看到的，是一個漂浮於虛空中的、「儒家天下」的圓。

　　　　書店，2003 年，第 191～192 頁。安德森在《想像的共同體》所說，英國浪
　　　　漫派大多是社會主義者。
〔註470〕（日）中茵英助：《詩僧蘇曼殊》，甄西譯，太原：山西教育出版社，1999 年，
　　　　第 196 頁。
〔註471〕蘇曼殊寫給馮自由的《三次革命軍序》中，稱其「雖年少卻有成人風範」。該
　　　　議論仍參見中茵英助的說法。同上，第 18 頁。

　　事實上，一個人無法既是實體論者又是空性論者，既是僧人又是俗人，既是儒教徒又是佛教徒。然而，這個「不可能」卻在現代性的「神話體制」中實現了。這是一個以「個人」爲公理、文明之新「名」的顛倒性機制。這樣的「兩難性敘事」無法拒絕「國家」的詢喚，也無法眞正生產「我」；而在已失去了「我」的獨立性的敘事中，他者也就變成了均質化的「風景」。

　　同是以佛教爲革命的資源，章太炎和蘇曼殊的觀念結構，就像金剛石和煤炭，由於元素的排列組合的不同而有天淵之別。可以說，「蘇曼殊」的神話之上一直纏繞著兩種敘事光環，分別以儒家和佛教的世界觀及對彼此的想像方式爲支點，其結果則分別反射出現代性和反現代性的兩面；比起「章太炎版」的曼殊，曼殊本人的詩學表述反而更加符合「體制儒學」「現代性」的「表象主義」邏輯：它諷刺地站到了章太炎核心意圖的對立面。而這種敘述的影響力和它被接受的程度，要遠遠高於太炎的佛學建構。晚年他慨歎「佛法雖高，不應用於政治和社會」，原因或在於此。

　　章蘇之間的似同實異是一個關於「現代性」和反現代性的問題症候的模板，在五四以後中國的歷史進程中不斷地被複製。如新儒家的代表人物熊十力在 20 到 40 年代由儒轉佛，復又出佛入儒的人生經歷，幾乎可以是對「出世／入世」一框架中隱藏的「歷史的詭計」之最形象的概括。與此同時，這不僅僅是中國內部的症候。中茵英助就曾在曼殊傳記中有意無意地勾勒出「亞洲主義」的線索〔註472〕。儘管章蘇二人都曾是鼓吹亞洲文明聯合的人士，但正像曼殊小說中的精神空間並沒有展現文明的差異一樣，這條線索在當時很少爲國人所注意。在某種意義上，亞洲主義的「革命夢想」後來轉化成帝國主義是一種歷史的必然：儒與佛的「宗教性格」的差異在國族層面上的延伸，形成了「儒教中國」與「佛教日本」的碰撞。

〔註472〕（日）中茵英助：《詩僧蘇曼殊》，甄西譯，太原：山西教育出版社，1999 年。

第二章　文明和宗教視域中的亞洲
　　　　主義——以周作人爲中心

第一節　文明——泛亞洲主義的問題概述

　　「泛亞洲主義」（The Great Asianisma 或 Pan-Asianism）是與章太炎和蘇曼殊的佛學建樹和革命活動密切相關的另一個論域。1907 年 3 到 4 月，他們與陳獨秀、張繼、劉師培、何震、陶冶公、呂復、羅象陶、日本志士幸德秋水、大杉榮、堺利彥、山川均、印度人鉢邏罕、保什、帶君等人在東京發起組織「亞洲和親會」，章氏任會長。參加者除中、日、印的革命者和流亡者之外，還有安南、朝鮮、菲律賓等國志士。組織章程則以「反抗帝國主義、期使亞洲已失主權之民族各得獨立」爲宗旨，規定「凡亞洲人，除主張侵略主義者，無論民族主義、共和主義、社會主義、無政府主義，皆得入會」〔註1〕。與此同時，在《民報》第十三號上發表《記印度西婆耆王紀念會事》、《送鉢邏罕、保什二君序》，其中有將中、日、印三國比作一把扇子之喻：「吾三國其猶摺扇耶？印度其紙，支那其竹格，日本其繫柄之環繩也」〔註2〕。

　　如學者陳永忠所說，章太炎的「亞洲和親」是建立在「亞洲一體化」之

〔註 1〕　參見湯志鈞《關於亞洲和親會》附錄，章念馳編：《章太炎生平與思想研究文選》，杭州：浙江人民出版社，1986 年。

〔註 2〕　參見章太炎：《記印度西婆耆王紀念會事》（署「太炎」，《民報》第十三號，1907 年 5 月 5 日），《章太炎全集》（四），上海：上海人民出版社，1985 年版，第 356～358 頁。

思想基礎上的，是「在組織上把亞洲各被壓迫民族的革命者結合在一起的嘗試」。「和親會」中沒有一個孫中山系統的人，可以看作是章太炎「力圖實現自己獨創一套的革命理論的實踐產品」，〔註3〕而這個理論本身，則可以說就是「個體爲眞，團體爲幻」的本體論──政治哲學思想在「宗教與國家」層面的一次展示。

如王汎森、彭春凌等人的分析，「和親會」聯合印度有其策略的一面，那就是超越日本以「僞儒術」爲基礎的國體論、支那論和亞洲論述。〔註4〕其中更值得注意的是，章太炎在佛教平等論的基礎上批判儒教與「日本帝國主義」的關係，與其批判康有爲的孔子宗教論是有內在聯繫的。在康有爲那裡，孔教是可以超越民族國家的、具有普遍價值的體系，但爲了獲得制度支持，康氏同樣將其鑲嵌在「國家」的視野之中，而章太炎的「亞洲論」則不無將「宗教」從「國家」上剝離開來的意味：「集庶姓之宗盟，修調絕之舊好，用振我婆羅門、喬達摩、孔、老諸教，務爲慈悲惻怛，以排擯西方旃陀羅之僞道德。令阿黎耶之稱，不奪於皙種，無分別之學，不屈於有形。」〔註5〕儒教與「國家」意識形態的「黏著」是中國學界最主要的「我執」〔註6〕，而章太炎是少數能夠跳出來的人物之一。從《大乘佛教緣起考》〔註7〕等對佛教歷史的考證文章看來，章氏在「亞洲和親會」中強調印度的作用，不僅因爲它同樣受到來自亞洲「內部」和西方帝國主義的雙重壓迫，也因爲它貢獻了佛教哲學。

就此而言，「亞洲和親」或「亞洲一體化」在一定意義上具有普遍性的、反「國家主義」的性質。瑞貝卡‧卡爾從晚清政治思想當中區分出了兩種不同的民族主義：「國家的民族主義」和「民族的民族主義」。前者的主旨是爭取國家的政治主權，使社會隸屬於國家，其代表是梁啟超，主要的文本是《新

〔註3〕 參見陳永忠：《革命哲人：章太炎傳》，天津：百花文藝出版社，2012年，第113～114頁。

〔註4〕 參見彭春凌：《儒學轉型與文化新命：以康有爲、章太炎爲中心（1898～1927）》，北京：北京大學出版社，2014年，第41頁。

〔註5〕 參見《亞洲和親會約章》，《章太炎選集注釋本》，姜義華、朱維錚編注，上海：上海人民出版社，1981年，第429頁。

〔註6〕 參見（韓）白永瑞：《在中國有「亞洲」嗎？──韓國人的視角》，《思想東亞：朝鮮半島視角的歷史實踐》，北京：生活‧讀書‧新知三聯書店，2011年，第114～167頁。

〔註7〕 章太炎：《大乘佛教緣起考》（署「太炎」，《民報》第十九號，1908年2月25日），《章太炎全集》（四），上海：上海人民出版社，1985年版，第466～480頁。

民說》，後者是以民族爲基點的民族主義，最終強調民族間的聯盟，其代表就是辛亥革命時期的章太炎，組織上的形態就是亞洲和親會。〔註8〕她的研究表明，這種民族聯盟意義上的反國家主義思維，從很早開始就是亞洲「後發現代化國家」共同擁有的視角之一。20 世紀 30 年代中日危機加劇之前，「亞細亞主義」曾作爲亞洲聯合的政治和文化模式，引起過亞洲各國知識人相當的共鳴。日本著名文明論者、美術家岡倉天心在其 1903 年的名文《東洋的理想》（The ideals of the East）〔註9〕中的首句「亞洲是一體的」，便是彼時廣泛流傳的名言。它既借用黑格爾「東方知道一個自由，希臘知道有些自由，日爾曼知道全體自由」〔註10〕這一新的世界進步史觀的框架，又試圖突破後者傲慢的西方中心主義。將民族國家視爲危機本源之毒的泰戈爾在 1910～1920 年代的訪日和訪華之行曾引起東西方世界的關注，也影響了各國內部關於「文明」和「世界危機」「人類前途」的討論〔註11〕。除此之外，「亞洲主義者」在二戰前的組織和觀點，還包括西村茂樹「東洋學會」（1886）、三宅雪嶺、井上圓了、井上哲次郎的「文化亞洲主義」和「亞粹主義」，尾崎秀實、橘樸的「東亞協同體論」，以及日本禪學者鈴木大拙、京都學派的西田幾多郎等將禪宗和老莊相結合而打造的「東方哲學」——「絕對無」哲學。由於宣揚以同質性的文明作爲民族國家和國家間聯合的基礎，許多亞洲主義者在意識形態取向上更親近於「階級論」，也更願意選擇無政府主義和社會主義。在日本宣揚「五無論」的時候，章太炎就被日本無政府主義者幸德秋水的社會主義宣傳所吸引。令周作人心馳神往的日本白樺派作家武者小路實篤等人倡導的「新村」運動，在某種意義上也可以說是周作人所提倡的共產主義——亞洲主義思路的一個組成部分〔註12〕。「新村」以托爾斯泰、梅特林克等人的文學思想作爲

〔註8〕　慕唯仁：《中國民族主義、國家主義與弱國聯盟》，《讀書》2003 年第 12 期。

〔註9〕　（日）冈仓天心《東洋的理想》，龟井胜一郎，宮川寅雄編：《明治文學全集》第 38 集，东京：筑摩书房，1968 年，第 6 頁。譯文參考蔡春華譯：《中國的美術及其他》，上海：中華書局出版社，2009 年，第 3 頁。

〔註10〕　「東方從古至今知道只有『一個』是自由的；希臘和羅馬世界知道『有些』是自由的；日耳曼世界知道『全體』是自由的」。見（德）黑格爾：《歷史哲學》，王造時譯，上海：上海書店出版社，2006 年 3 月第 1 版，第 96 頁。

〔註11〕　泰戈爾訪日、訪華的情形，參見汪暉：《文化與政治的變奏　一戰和中國的思想戰》，上海：上海人民出版社，2014 年 9 月第 1 版，第 55 頁。

〔註12〕　參見董炳月：《周作人與〈新村〉雜誌》中周作人使新村「國際化」的相關論證。《中國現代文學研究叢刊》1998 年第 2 期。

其無政府主義的精神來源，岡倉天心致力於在美術、考古等文化領域尋找東方文明的基質，宮崎滔天創作的小說《明治國姓爺》中瀰漫著歐洲虛無主義者的影響……與其說，他們的行動表明在政治、軍事上作為稱霸政策的「大亞細亞主義」「大東亞主義」「亞洲門羅主義」「大東亞共榮圈」之外還存在著一條較為溫和的文化亞洲主義的脈絡，莫如說，「亞洲主義」在其作為「超國家」的共同體觀念的意義上，原本是在更接近「文明」「文化」的維度中提出來的。

　　「文明」來自對起源的辨識，也意味著對「終結」的感知。兩次世界大戰前後曾出現兩次亞洲主義浪潮，與西方現代性引發的「文明危機」的焦慮相伴。孫中山革命的支持者宮崎滔天與北一輝等人就並未對明治維新感到歡欣，而是面對「瞬間向帝國日本這個巨大的集權主義國家變貌」〔註13〕的時代而陷入深深的絕望與掙扎，這種掙扎激發了他們向中國革命靠攏〔註14〕。「大正教養主義」的代表阿部次郎在海外旅行後提出，「在階級鬥爭與民族紛爭之外，找到奠定新世界基礎的道路」〔註15〕，其立旨顯然與梁啟超的《歐洲心影錄》一樣，試圖引導亞洲人脫離和反思西方現代模式所引發的世界危機：

> 為了肩負這一使命的重擔，明治以後的日本，必須作出多深的懺悔和贖罪、清算和整理啊！這一點如果不誠實地、仔細地思考的話，東方的盟主最終將會墮落成一個拜倒在歐美式虛偽下的追隨者。對於我們來說，必要的不是志高氣揚，而是深沉地默默地勞動。
>
> 〔註16〕

在超越「民族國家」的意義上，亞洲的文明聯合扮演著至關重要的角色：它是一個讓我們看到「國家」的裝置。要在民族國家所形成的區隔內部建立起既能觀察到文化差異的多樣性、又能超越民族主義的整體主義的視角，就需

〔註13〕（日）野村浩一：《近代日本的中國認識》，張學鋒譯，北京：中央編譯出版社，1999年，第156頁。

〔註14〕宮崎滔天也積極為《民報》籌劃、與章太炎、蘇曼殊往來，並曾與北一輝、和田三郎等人策劃響應《民報》的《革命評論》。他被中薗英助稱為「行動的浪漫主義者」。參見（日）中薗英助：《詩僧蘇曼殊》，甄西譯，太原：山西教育出版社，1999年。

〔註15〕（日）阿部次郎：《東洋》，轉引自（日）野村浩一：《近代日本的中國認識》，張學鋒譯，北京：中央編譯出版社，1999年，第44頁。

〔註16〕同上，第79頁。

要注意查特吉所提出的問題：在試圖解釋一個觀念時，我們是在外面還是裏面。〔註17〕

柄谷行人和汪暉都認爲，現代民族「國家」的功能從其自身內部是難以察覺的〔註18〕。柄谷指出，原本，國家就與政府不同，它擁有獨立於國民意志的「國家意志」，這一點在近代以前的國家中是很明顯的，在近代民族國家的模式確立後卻變得難以看清了。馬克思和哈貝馬斯都有通過恢復市民社會的公共性、從內部來揚棄國家的觀念，然而國家之所以難以揚棄，正是因爲它是針對其他國家而存在的。國家只有在其對外的方面，才可以顯露出與在內部所見不同的面向。

這就是爲什麼，「主權國家」在戰爭的狀態下才得以突顯，而聯合國在「民族國家」的政治意義秩序內，就擔任了這樣一個超越性的視點位置。章太炎等人發起的亞洲和親會同樣具有這樣的視點。儘管這個組織由於日本政府和清政府的聯合壓制，僅僅一年多就不得不停止活動，不曾也無法發揮任何實際的政治作用，但它的潛在目的正是爲了使人們能夠從「文明國家」的角度、從各自國家的內部看到「國家」本身〔註19〕。在同一個「能見」的位置上，反國家主義的主體期望：主權國家之間法權意義上的平等與它們自然行成的「文明等級狀態」並行不悖。在章太炎那裡，「文明」程度意味著對絕對眞理的領悟程度，在理想的狀態下（亦即不以自己的「文明」意識侵凌他者），不同文明程度的國家會在「主權平等」的保護下相安無事，甚至彼此合作。」亞洲和親會《規章》中的「扇子說」就是一個關於「一」與「多」、平等與差別的功能論譬喻：「扇子」象徵著亞洲作爲一個完滿的文明形態的整體性，而「扇骨」「扇紙」「扇繩」的功能之別，不在於各個獨立的主權國家的政治限定，而是由它們各自所擁有的宗教文化意義上的歷史和現實的自然狀態決定的：「亞洲諸國，若一國有革命事，餘國同會者應互相協助，不論直接間接，總以功能所及爲限。」〔註20〕在「平等」的意義上，它們在整體中「缺一不

〔註17〕　轉引自賀照田主編：《東亞現代性的曲折與展開》，《學術思想評論第七輯》，長春：吉林人民出版社，2002年，第214頁。

〔註18〕　參見（日）柄谷行人：《世界史的構造》，趙京華譯，北京：中央編譯出版社，2012年，第146頁；汪暉：《文化與政治的變奏　一戰和中國的思想戰》上海：上海人民出版社，2014年，第66頁。

〔註19〕　參見王有爲：《試析章太炎〈亞洲和親會約章〉》，《學術月刊》1979年06期。

〔註20〕　《亞洲和親會約章》，《章太炎選集注釋本》，姜義華、朱維錚編注，上海：上海人民出版社，1981年，第429頁。

可」，而歸根結底，它們的差別來自於「文明覺悟」的程度，如印度佛教可治中國入世儒者的功利心，而印度人好談玄義、不擅「經國之術」的「弱項」則可以中國「體國經野」之術補之〔註21〕。

正是為了與這種「超國家」的組織意圖相配，章太炎與蘇曼殊合作，從思想和語言上著手排布世界文明的高下。從世界範圍內哲學思想的覺悟水平來說，他們認為佛學為上，理學次之，而西學又次之，「若欲涉西學，叔本華、康德等人之哲學當為首選，以其能會通佛學。至英人之說，則甚膚淺」〔註22〕。因思想蓋由語言所傳達，就語言學習的次第而言，應先習母語，再學梵文，西文則兩可，而歸結到底惟梵文「能詮慧學」。章氏給蘇氏的信中曾力陳以「佛法」和「梵文」推動「亞洲和親之局」的看法。〔註23〕在日講學之初，章氏便有學習梵文、翻譯佛經的志向，還曾聘請梵文老師，邀集魯迅、周作人兄弟一起聽梵文課。而蘇曼殊於 1904 年到印度朝聖時，也曾師事過錫蘭著名佛學大師喬悉磨長老學習梵文，經三年始能「溝通華、梵」〔註23〕。1907 年，蘇氏又於日本得陳獨秀贈英文底本，完成漢澤《梵文典》第一卷。他自道編纂《梵文典》之苦心孤詣曰：「夫歐洲通行文字，皆原於拉丁，拉丁原於希臘，由此上溯，實本梵文。」〔註25〕

以語言標明文明性格和文明身份乃是文化民族主義者的思想地標之一。章蘇二人在語言上下工夫，與他們眼中的「亞洲和親會」的意義一樣，都是意圖尋找抵抗西方現代性國家敘事的陣地。1917 年，章氏在南京發起亞洲古學會，「欲聯同洲之情誼」「溝通各國之學說」「以研究亞洲文學、聯絡感情為宗旨」〔註26〕創共通文字，仍在推崇「東方高尚之風化，優美之學識，固自有不可磨滅者」，以歐戰的慘烈「益證泰西道德問題掃地以盡」〔註27〕。然而，

〔註21〕　章太炎：《送印度鉢邏罕保什二君序》，《民報》第十三號，1907 年 5 月 5 日。
〔註22〕　參見馬勇編：《章太炎書信集》，石家莊：河北人民出版社，2003 年，第 193 頁。據《甲寅》1 卷 8 號，1915 年 8 月 10 日，題《與蘇子谷書》。
〔註23〕　原文：「我亞洲語言文字，漢文而外，梵文及亞拉伯文最為成就，而梵文尤微妙。若得輸入域中，非徒佛法之幸，即於亞洲和親之局，亦多關係。」，同上。
〔註23〕　蘇曼殊：《〈梵文典〉自序》，《蘇曼殊全集》（卷一），北京：中國書店，1985 年 9 月第 1 版，第 120 頁。
〔註25〕　同上，第 119 頁。
〔註26〕　湯志鈞：《章太炎年譜長編》（上），北京：中華書局：2013 年，第 553～554 頁。
〔註27〕　同上，第 554～555 頁。

不僅「和親會」「古學會」的命運是短暫的，孫中山、陳獨秀等人也沒有在亞洲聯合的道路上走多遠。我們要提出的問題是：在自由進步的文明聯合的意義上提出的亞洲主義，對於中國和日本有怎樣不同的含義？在日本，它又爲什麼會變成「大東亞主義」這一最反動的精神悲劇？

在日本，「文明」自明治維新時代就是一個鮮明的主題。從「脫亞入歐」到「近代的超克」，日本現代以來主要的思想者都直接而自然地以「文明」和「亞洲」這樣的詞匯切入國族問題。在文學領域內，從明治到大正的夏目漱石、森鷗外、小泉八雲、岡倉天心、永井荷風和谷崎潤一郎，從戰中持續到戰後的「日本浪曼派」（原文即爲「曼」）的保田與重郎、尾崎士郎，以及二戰後「反浪漫的浪曼派」三島由紀夫等人，都曾是重要的文明論者和亞洲主義者，其政治思想中強烈的文化性和雜糅性與日俄戰爭前後大正時期（1912～1916）日本社會的國際主義氛圍有關。幸德秋水等人反國家主義的思想文化運動呈現出比明治時期福澤諭吉的西方化的「文明論」遠爲多元的傾向，印度佛學、日本本土的無政府主義和社會主義、托爾斯泰式的佛教虛無主義匯聚在一起，成爲日本軍國主義化之前洋溢著色彩斑斕的世界主義情調的、短暫的「大正教養主義」的表徵。如三島由紀夫所說，大正日本是一個匯聚了多方資源同時又保持了其各自特質的「坩鍋」〔註28〕。相形之下，晚清革命的思想者們似乎較少看顧其所吸收的資源之間的差異。儘管前有王德威以晚清的多元現代性來對抗五四一元化的敘述傾向，後有汪暉爲「五四」再「翻案」，發掘其所蘊藏的「世界性」、「國際性」的對話語境，以日本爲參照，中國近代革命的「國際主義」特色相對來說是較爲淡薄的。這裡所說的國際性，主要不在於其言說的內容，而在於言說的形式，在於氛圍和情調的塑造。蘇曼殊在語言上的天賦造詣並沒有傳達到他的文化觀念中，這從一個側面反映出，在晚清到民國時期的中國，儒家思想所散發的文化氛圍仍然具有壓倒性的優勢。從某種意義上說，中日之間各自的主流文化差異和對「異文化」的理解和運用的方式，直接影響了今後的歷史走向。這裡固然有漢語和日語語體特徵的因素，更深刻的原因卻來源於民族的宗教性格及其與作爲政治實體的「國家」之間的關係。

只要涉及到「國家」，就很難不發生關於文明「領導權」的爭論。類似「文

〔註28〕 （日）三島由紀夫：《小說家的休閒》，《太陽與鐵》，唐月梅譯，北京：中國文聯出版社，2000 年，第 239 頁。

明扇子喻」的功能排布只是章太炎等人以佛教作爲認識論基礎的一廂情願的看法，只要稍稍改變重心和角度，關於「文明」的討論就又可能回到「以己說凌人意」的套路上去。1924 年，距離日俄戰爭勝利已有二十年，在神戶商業會所等五團體舉辦的歡迎會上發表的關於「大亞洲主義」的著名演講中，孫中山提出，旅居西方的亞洲人對於日俄戰爭的勝利比在本土生活的亞洲人更感到高興，因爲他們對於這一戰爭對西方人的心理影響看得更爲清楚。但在那些「恢復亞洲之前的地位，中日要加強聯絡」的外交辭令之中，演講者並未忘記提點他的日本友人們「審慎選擇」〔註 29〕，毋以霸道代替王道——畢竟，中國式的仁義道德才是亞洲聯合的基礎。

由於「儒教文化圈」的歷史界定，基督教徒孫中山仍然自然而然地選擇以儒教倫理來安放中國對於亞洲的精神領袖的位置。與其相反的是，儘管明治之前的日本一直在進行「排佛」運動，在涉及到「代表東方文明」的問題時，日本的亞洲主義者則不斷地拿起佛教作爲「日本是亞洲核心」的依據。禪學家鈴木大拙和「日本近代哲學之父」西田幾多郎向西方人推薦的「東方哲學」中最主要的成分是禪學，但他們仍然不免強調，必須要在日本文化這樣的存在之中（才能）尋找到柳綠花紅的大乘佛教的眞意。〔註 30〕岡倉天心在其「亞洲是一體的」論斷之後，緊接著就提出了「喜馬拉雅山山脈分割了兩個強大的文明，即孔子共同社會主義的中國文明和吠陀個人主義的印度文明」，但其醉翁之意卻是暗示日本所擁有的文明形態能夠「橫跨」喜馬拉雅山的屏障：「日本是亞洲文明的博物館，甚至比博物館還要豐富」〔註 31〕，而《東洋的理想》通篇提供的支持依據，主要是日本所擁有的佛教文化的痕跡。在這裡，章太炎和蘇曼殊試圖爲梵文所賦予的普遍性意義與岡倉天心在一分爲二的「地理——文明」框架中建立日本——佛教——亞洲的普遍聯繫的意圖可謂相映成趣。前者並無「國家」的負擔，後者卻飽蘸著「國家」的焦慮：

〔註 29〕　孫中山：《大亞洲主義》，《孫文選集》，廣東人民出版社，2006 年，第 619～629 頁。

〔註 30〕　「柳綠花紅」是禪宗的一個境界，是對色即是空的一種參悟，指無雜念、無貪欲地欣賞自然。參見賀照田主編：《東亞現代性的曲折與展開》，《學術思想評論第七輯》，吉林人民出版社，2002 年。

〔註 31〕　（日）：冈仓天心《東洋的理想》，亀井胜一郎，宮川寅雄編：《明治文学全集》38 集，东京：筑摩书房，1968 年，第 6 頁。譯文參考蔡春華譯：《中國的美術及其他》，上海：中華書局出版社，2009 年 6 月，第 3～4 頁。

當以「儒教」來涵蓋「東亞」文明圈時，日本的邊緣地位就難以改變。正如溝口雄三所說：

> 如所周知，至少到清末爲止，中國思想的正統是一貫在儒學一面，而且以支配權力使它在體制上得到保證。反映這一點的是，中國儒者對佛（包括老）的別際意識，幾乎近於敵意，這一意識也給日本的中國思想研究者投下濃重的影子。〔註 32〕

儘管日本的宗教因素是極爲複雜多元的，在某種意義上仍可以說，日本文明性格的根本乃是靠神道教和佛教支撐起來的。此前儒學在日本傳播已久並成爲江戶時期的國教，然而，一些學者「日本的文化亞洲主義其實是儒學回歸主義」〔註 33〕的結論卻值得商權。從歷史上說，日本社會的主流從不以儒教作爲文明之正統，它最初是作爲禪宗的附帶品而被宋僧帶來。被現代西方學者判爲日本精神象徵的「武士道」是儒學、禪學以及此前的平安時代（794～1192）的貴族佛教混合的產物，儒學在其中並不佔據最主要的地位，至少在制度的意義上是如此。在德川幕府統治時期的日本，主要的儒學流派乃是以「學問」的姿態存活的，它們始終無法直接參與到政治秩序的建構當中〔註 34〕。而此前，佛教卻曾經作爲與貴族政治相結合的宗教長期地主宰過日本歷史。就佛教與社會政治、經濟和文化生活結合的緊密程度而言，日本學者的「佛教情結」與中國思想界的「儒學無意識」的性格十分相似。也正因此，近代日本國家轉型的革命運動中，儘管發生了激烈的排佛運動，佛教化的政治哲學也並不像在中國那樣，需要借助「宗教救國」的口號才浮現出來。陽明心學在明治前後的日本異常活躍並反過來影響了中國的思想界，就是一個典型的例子〔註 35〕。眾所周知，這是與大乘佛教特別是禪宗更加接近的思想流派，日本學者常將儒學統稱爲「朱子學」，而將「心學」以「不同於朱子學的陽明學」單獨標注出來，顯然與其歷史脈絡中的佛教地位有關。反過來說，

〔註 32〕　（日）溝口雄三：《中國前近代思想的演變》，索介然、龔穎譯，北京：中華書局，2005 年，第 136 頁。

〔註 33〕　參見盛邦和：《東亞：走向控的精神歷程──近三百年中日史學與儒學傳統》，浙江人民出版社，1995 年。，第 133 頁。

〔註 34〕　參見韓東育：《從「脫儒」到「脫亞」──日本近世以來「去中心化」之思想過程》，臺北：臺大出版中心，第 140～141 頁。

〔註 35〕　參見彭春凌：《儒學轉型與文化新命：以康有爲、章太炎爲中心（1898～1927）》，北京：北京大學出版社，2014 年，第 42～67 頁。

儘管一部分近代日本武士受黑格爾和福澤諭吉文明論的影響，視本土的神道教與佛教為過時之物而接受了「先進的」基督教，卻沒有接受其文化基礎。如田村直臣所言：

> 只是基督教是文明國家的宗教，神道、佛教自然不行，如果不是基督教就不能成為歐美那樣的文明國家，只是這一點吸引了我。多少有些神的觀念，但基督或基督的拯救之類的問題，一點也不能佔據我的心。〔註 36〕

可以說，日本人的「超國家」意識，除了超克「儒教中國」的文明體系，還有著框定整個「亞洲文明」的意圖，自然無法得到中國思想者的回應。然而「儒教中國」與「佛教日本」之間不可調和的衝突，以及兩國政教結合的不同方式，卻是文明聯合的亞洲主義的失敗更深層次的原因。正如文明論者亨廷頓所指出的，在一個極端上，文明和政治實體可能恰好重合〔註 37〕。這一點正可以用來說明中日兩國的情況：儒家思想一直主導著中國政治秩序的建構，「文明」在現代化進程中出現的頻率沒有那麼高，從側面反映了儒學與國家相「疊映」的自然狀態。如韓國學者白永瑞所說，「天下」思想真正的威力，不在於它形成了朝貢式的國家，而在於它所創造的儒教國家的文化結構。這種文化普遍主義一旦將其他民族和地域統一進去，則不會輕易承認它們的分離，「正是這樣一種集體記憶深深刻印在中國人的腦海裏。」〔註 38〕

　　與之相反，「日本在追求近代化的初期，就提出了與西方相區別的、強調內在獨特性的『東洋』概念，將中國視為東洋的一個國民國家而使之相對化，從而形塑了日本的主體性。這一思想傾向，就是日本所謂的亞細亞主義」〔註 39〕。

　　我們可以這樣理解：當中國要提出「中國」時，想到的是超越主權國家的普遍主義的「文明」，而當日本提到「亞洲」的時候，它在暗示它自己。易

〔註 36〕 （日）田村直臣：《信仰五十年史》，東京大空社，1992 年，第 24 頁。轉引自肖霞：《日本近代浪漫主義文學與基督教》，山東大學出版社，2007 年，第 26 頁。

〔註 37〕 （美）塞繆爾·亨廷頓：《文明的衝突與世界秩序的重建》，周琪等譯，新華出版社，2010 年，第 23 頁。

〔註 38〕 （韓）白永瑞：《思想東亞：朝鮮半島視角的歷史實踐》，生活·讀書·新知三聯書店，2011 年，第 5 頁。

〔註 39〕 同上，第 11 頁。

言之，日本確立現代自我的路徑就是建立一種以普遍主義爲核心的特殊性，它需要不斷地建立不同的參照系來實現，而其邏輯秩序與中國的「特殊到普遍」的認識秩序正好相反。

進一步說，僅僅由儒教文明圈爲主軸建立的「中心——邊緣」結構來看待日本構建亞洲主義的歷史邏輯，並不能解決我們的全部困惑。美國學者盧西思・派伊（Lucian W.Pye）在描述中日兩國現代性道路之差異時曾有一個精闢的論斷：中國「是一個裝扮成一個國家的文明」，日本則「既是一個國家又是一個文明。」〔註40〕在中國內部的視角而言，儒教與中國的疊映還是較爲清晰的，而日本的國家與文明之間的相對獨立就不是輕易能夠理解的了。派伊的直覺性的論斷之所以重要，正是因爲它直指我們的認識盲區：我們的儒教——國家的本位主義思考，已經無形中建立了對「他者」不求甚解的意識形態，也就難於體解亞洲主義的視域內日本與中國的關係。

孫中山最主要的支持者之一宮崎滔天曾經遺憾於自己不是一個中國人〔註41〕。這是一個意味深長的表述：從反國家主義和西方化的革命目標來說，宮崎對中國革命的支持是自然的，然而值得深思的是，如野村浩一所說，中國革命賦予他的任務，必須是以日本人的身份、以日本人的自我認同才能完成的。如果他只滿足於作一個中國革命的協助者，就不會對中國有這種異乎尋常的欣慕之情了。宮崎對中國的感情不是來源於「支那通」——那種對「中國文化」的傳統主義的迷戀之情已經在日俄戰爭以後的日本迅速地幻滅——而是來源於「將支那作爲世界革命的根據地」的認識〔註42〕。

面對「十數年間加速度般腐敗墮落之本國」，「從精神的最根本處徹底改變其面貌」，是日本與中國革命志士共通的心理基礎。而「唯有在支那的革命，才是推動日本改造的源起」，這種堅固的觀念又是如何形成的呢？「爲什麼沒有先進行日本的革命呢？爲什麼沒有想到要在日本進行革命呢？這個問題，也許才是辛亥革命以後的滔天不得不重新自問的課題」。〔註43〕

〔註40〕 （美）盧西思・派伊：《中國人的政治文化》，胡祖慶譯，臺北：臺灣風雲論壇出版社，1992 年 5 月第 1 版，第 55 頁。

〔註41〕 （日）宮崎滔天：《三十三年之夢》，林啓彥譯，桂林：廣西師範大學出版社，2011 年 3 月第 1 版。

〔註42〕 （日）野村浩一：《近代日本的中國認識》，張學鋒譯，江蘇人民出版社，2014 年 6 月第 1 版，第 144 頁。

〔註43〕 （日）野村浩一：《近代日本的中國認識》，張學鋒譯，江蘇人民出版社，2014 年 6 月第 1 版，第 156 頁。

　　導致類似宮崎這種想法的歷史原因，或許如日本作家三島由紀夫所說，是由於日本沒有像東南亞各國那樣淪爲殖民地，因此也就沒有辦法在日本國內產生反抗性的民族主義意識〔註44〕。但這或許只是揭露了問題的「歷史性」，而非哲學性的一面。

　　越三十年，經歷了中日戰爭的竹內好以「近代的超克」等一系列「以亞洲爲方法」的論著中延續了宮崎滔天的感情，並且在哲學層面回應了這個問題。中國革命失敗了，日本革命成功了，這顯然是因爲其中有文明國家和民族國家、或者所謂「民族的民族主義」和「國家的民族主義」這兩種不同的脈絡。在那篇名爲《何謂近代——以日本與中國爲例》的著名文章裏，竹內祭出了他最重要的哲學邏輯：關於「東洋／西洋」「前進——後退」的否定之否定的辯證法。竹內指出，面對「西洋」的入侵、世界結構的變化，在明治維新中模仿西洋、看上去一直在前進的日本，在西方所設置的二元對立結構中其實永遠是後退的，而看上去「落後」「失敗」的中國革命，卻在失敗中孕育著創造新的亞洲文明的超越性精神〔註45〕。

　　竹內對宮崎在精神和哲學層面的回應，讓我們來到了「亞洲主義」問題的最深處。隨著自由民權變成征韓論，反政府運動變成了臺灣征討戰，早期的文明聯合構想一步步變質爲帝國主義的苦果後，「亞洲主義」已經是一個令人掩鼻的概念，然而在新一輪的世界反西方現代性的革命浪潮中，竹內等已經受過戰爭洗禮的思想者仍然想以「火中取栗」的態度來對抗批判和質疑，從這一被歷史拋棄的領域中打撈新的價值，其動機當然不僅在於個人偏好，而是哲學和文化的歷史邏輯在背後運作的結果。這一階段的亞洲主義的提出，其實是20世紀50到70年代世界範圍內的反現代性的革命風潮的一部分。中國文化大革命、日本反安保條約運動與1968年巴黎「五月風暴」乃是在同一幅反資本主義的世界圖景中，讓「東西方文明」的異同再一次成爲問題。也正是在這一圖景中，羅蘭·巴爾特、湯恩比、列維－斯特勞斯——後結構主義者、歷史文明論者和人類學家才把「東方文明」的人類學反思與「紅色運動」放置在一起討論，而這一風潮可以說是一戰前的世界革命運動在新的歷

〔註44〕　（日）三島由紀夫：《日本文壇現狀與西方文學的關係》，《殘酷之美》，唐月梅譯，北京：中國文聯出版社，2000年，第442頁。

〔註45〕　參見（日）竹內好：《近代的超克》，李冬木、趙京華等譯，北京：生活·讀書·新知三聯書店，2005年3月第1版，第181～224頁。

史語境中的延續。用柄谷行人的術語來說，這是一種「歷史的反復」〔註46〕。

　　需要注意的是，竹內好賴以建構「中國的失敗是成功，日本的成功是失敗」的歷史認識論邏輯，以及從孫中山到毛澤東的「中國革命」的整體脈絡的哲學辯證法直接來源於西田幾多郎和鈴木大拙的禪學思想〔註47〕。在第一輪亞洲主義浪潮中，鈴木和西田爲與強大的西化思潮對抗而致力於「精練提取」東方思想的精華並加以哲學化。在1934年（昭和九年）發表的《從形而上學的立場來看東西方古代的文化形態》一文中，西田以「有」和「無」這兩種對「實在之根本形態」的認識來界定東西方文化的差異，稱「東方」與希臘的「太一」、基督教的「神我」不共的特色，乃是大乘佛教的「無」或「空」的本體論。西田因此而被稱爲日本近代哲學的創始人〔註48〕，而鈴木在西方的宗教宣傳，更使東方思想「空無虛靜」在世界範圍內成爲一種常識而固化下來。竹內正是把西田的本體之「無」建設成一個能夠突破「東／西」「傳統／現代」的時空的症候點，來建構魯迅、孫中山、中國革命、亞洲之間的換喻性關係。

　　由此來看，佛教，以及儒教的本體論、世界觀的運作方式，不能僅僅在一種狹義的文化或美學的層面上來看待，它們是與現代國家政治觀念是密不可分的。然而，這個代表東方之本體的「無」，也是西田眼中「天皇制」的合法依據。像國家神道、民俗學、武士道一樣，「否定之否定」、「絕對矛盾的自我同一」這一套基於佛教哲學而生的辯證法也同樣被吸收到日本的國家主義體系之中。以文明聯合爲目標的亞洲主義和帝國主義使用著同一種資源，這就是歷史的精神分裂，也是現代性久治不愈的傷口。

　　綜上，如果我們不去探討佛教意識形態在中日兩國是如何起作用的，就難於解開「亞洲主義」的建設與失敗的掙扎中充溢的歷史執念，也難於回答「國家」、「文明」和「宗教」在反現代的現代性運作當中的結構性關係。歸根結底，這會使我們難於看清自身的問題。然而在現有的研究中，仍鮮有學者將日本的亞洲主義者跟中國學者的宗教問題意識聯接起來。要進入這個荊

〔註46〕　（日）柄谷行人：《歷史與反復》，王成譯，中央編譯出版社，2011年。
〔註47〕　參見賀照田主編：《東亞現代性的曲折與展開》，《學術思想評論第七輯》，長春：吉林人民出版社，2002年；吳汝鈞：《絕對無詮釋學：京都學派的批判性研究》，臺北：臺灣學生書局，2011年。
〔註48〕　參見（日）藤田正勝《西田幾多郎的現代思想》，吳光輝譯，河北人民出版社，2011年2月。

棘叢生的場域，需要把原本在同一個問題意識中、卻被「那場戰爭」隔絕的
對象重新聚集在一起才行。

深受日本文化影響的周作人是可以串聯上述問題的最佳人選。本章嘗試
以周氏爲經線，將一些看上去並不相關的人物放在同一個緯度上去審視。

第二節　周作人的「亞洲主義」邏輯

一、雜學、佛教、中道

關於 20 世紀 40 年代出任僞職的周作人提出的「儒家文化中心論」，學界
向有兩類觀點〔註49〕。然而不論是錢理群等所謂適應「大東亞共榮圈」的「周
督辦的治安策」〔註50〕，還是董炳月提出的與皇道軍國主義相對抗的、具有
中國人自覺意識的「民族主義文化觀」〔註51〕，都是就其與民族戰爭的因應
關係而言的。對比戰後 50 年代「新儒家」學者致力於使儒家現代化、中心化、
乃至同化其他文化的宏大意圖，即會發現兩者於「因地發心」的不同。周氏
的「中心論」裏，其實並沒有太多爲國族豎旌幢，或爲儒學建道場的意味。
他所謂儒家中心或儒家性格，毋寧說是出於對中國人性格的歷史學、人類學
考察而做出的一種自然主義的判斷。雖然他表示自己「學問的根柢在儒學，
後來加上些佛教的影響，平常的理想在中庸」〔註52〕，而在《女人三護》等
主敘中國歷史上儒、釋、道關係的文章中，周氏表示中國的儒家原本即是道
法兩家的化合物〔註53〕。他常將三教的理想關係描述爲「一氣化三清」，同時
強調它們不僅是三種「教」，也可以是一個人可能的三樣態度〔註54〕。比起形

〔註49〕　參見李雅娟：《以「人」爲目標的文學政治實踐——周作人思想研究（1906～
　　　　　1946 年）》，北京大學 2013 年博士論文（未刊稿），第 163 頁。

〔註50〕　參見錢理群：《周作人傳》，北京：北京十月文藝出版社，2005 年，第 384～
　　　　　385 頁。

〔註51〕　參見董炳月：《周作人的「國家」與「文化」》，《中國現代文學研究叢刊》，2000
　　　　　年第 3 期。

〔註52〕　周作人：《兩個鬼的文章》，《周作人散文全集》9，鍾叔河編訂，桂林：廣西
　　　　　師範大學出版社，2009 年，第 644 頁。

〔註53〕　周作人：《女人三護》，《周作人散文全集》8，鍾叔河編訂，桂林：廣西師範
　　　　　大學出版社，2009 年，第 268～269 頁。

〔註54〕　周作人：《談儒家》，《周作人散文全集》7，鍾叔河編訂，桂林：廣西師範大
　　　　　學出版社，2009 年，第 394～396 頁。

而上的「主義」，更重要的是面對人生的誠實態度，是「疾虛妄」的精神，這一類的觀點才是周氏思想的精髓所在。

終其一生，周作人都在宣揚和呼喚一種不斷調適、吸納和包容一切事物的透明而彈性的認識論和倫理觀，在許多時候，他將之表述爲「中庸」或「中道」。他多次聲稱自己不是哲學家，但綜合他一生的思想歷程，毫無疑問的是，他相信真理只有一個，無論它以「哲學」還是「文化」的形態出現，那就是至善和至美，或曰自然的和諧狀態，它能在世界各地的文明和宗教中找到。從這一角度來說，周作人中道思想的歷史資糧至少包括中國的「原始儒家」、希臘哲學和印度佛教。與講求條理性的周氏性格相符的是，它們也正是「古代三大邏輯學說」——中國的墨辯、印度的因明學與希臘的亞里士多德邏輯學的基點。細究起來，「中」的思想在這三種文化和學說中差異極大，但周氏原本即善於找到差別事物的相通之處，在這些「古老文明」之間的共性上，也作了充分的理論建設。

無論是天台宗的「以實相爲中道」、「即空即假即中」的「一心三觀」、儒家的「誠者，不勉而中，不思而得，從容中道」「喜怒哀樂之未發謂之中」〔註55〕還是亞里士多德的「在適當的時間、適當的場合、對於適當的人、出於適當的原因、以適當的方式感受這些感情，就既是適度的又是最好的。這也就是德性的品質」〔註56〕，都具有無支配（Isonomia）的自然法理〔註57〕的色彩，貫穿了這樣一些倫理品質：不落「二邊」、節制、和諧、誠實、寬容。在周氏看來，中國和希臘的現世主義都在歷史上產生了受季節影響的道德觀，中國

〔註55〕　（宋）朱熹章句《大學·中庸》，金良年導讀、胡眞集評，上海：上海古籍出版社，2007年，第58頁。

〔註56〕　（古希臘）亞里士多德：《尼各馬可倫理學》，廖申白譯注，商務印書館，2003年，第47頁。

〔註57〕　在新作《哲學的起源》中，柄谷行人試圖繞開雅典城邦和民主這對「理想範式」，貶低柏拉圖而抬高「前蘇格拉底」的自然哲人，在哲學的發祥地愛奧尼亞找到一種理想的哲學——政治理念，這是一種以個體與個體之間的關係爲基礎的、遊動性的鬆散共同體思想，它恰恰對應於柏拉圖和雅典模式以「個體——集體」的關係作爲」民主「和」自由「基礎的政治哲學理念。柄谷將之概括爲 Isonomia（無支配）。柄谷暗示，從希臘開始，一直到現代和後現代主義思潮，所有的西方哲學家都分屬「柏拉圖」式的超越形而上學派和愛奧尼亞式的「無支配思想」。從周作人所綜的希臘資源和他本人的哲學和倫理觀來看，都屬後者。參見（日）柄谷行人：《哲學的起源》，林暉鈞譯，臺北：心靈工坊文化出版社，2014年，第69頁。

的聖人由四季的輪替「引申出儒家的中庸思想來」，希臘人則「因了寒來暑往而發見盛極必衰之理，多既極盛，春自代興，以此應用於人生，故以節爲至善，縱爲大過」〔註58〕，它們都表達了「天人合一」的自然法理的性質。

儘管曾「謝本師」，周作人的某些思想與其師章太炎在精神上是非常接近的。如在發現了佛教的包容精神后轉而排布「三教」，並建立「通學」意義上的認識論體系，可以說是二人共同的特徵。以佛學來說，周氏不僅像其師一樣喜談大乘佛教「悲智雙運」、化身萬物救度眾生的菩薩道精神，並且特別強調「化身萬物」這一點。他常引《布施度無極經》裏的「眾生擾擾，其苦無量，吾當爲地。爲旱作潤，爲濕作筏。饑食渴漿，寒衣熱涼。爲病作醫，爲冥作光。若在濁世顛倒之時，吾當於中作佛，度彼眾生矣」，認爲其不但表達了「眾生無邊誓願度」的偉大的襟懷，且「說理與美和合在一起」〔註59〕，是難得之作，也是啓蒙知識人的眞正目標：「事實上執筆寫文章所能做的，也只是爲病作醫，爲冥作光這個願心，一字一行雖是細微，亦費心血，所冀有半麻半麥之益，功不唐捐耳。」〔註60〕對周氏來說，主體之所以有此能力，是因爲能看到「他者」的「我」。這個「我」，章太炎是在唯識學中找到的，而周作人的結論則來自於對佛教戒律的「興趣閱讀」。他常引用大乘佛教的「戒律手冊」《梵網經》《菩薩戒本》中對盜戒的注疏：「善見云，盜空中鳥，左翅至右翅，尾至顛，上下亦爾，俱得重罪。準此戒，縱無主，鳥身自爲主，盜皆重也」，並贊「鳥身自爲主，這句話的精神何等博大深厚，我曾屢次致其讚歎之意，賢首是中國僧人，此亦是足強人意的事。」〔註61〕

周氏一向有對自己認同和重視的觀念反覆書寫的習慣。「鳥身自爲主」的佛家護生之精神即是其一〔註62〕。同時，他認爲釋家戒律繁細嚴密，及至如廁也有詳細的規定，卻並非神經質的約束與逼迫，而能「多順人情處」〔註63〕，

〔註58〕 周作人：《立春以前》，《周作人散文全集》9，鍾叔河編訂，桂林：廣西師範大學出版社，2009年，第444頁。
〔註59〕 參見周作人：《我的雜學（十九）·佛經》，同上，第238頁。
〔註60〕 周作人：《啓蒙思想》，《周作人散文全集》8，鍾叔河編訂，桂林：廣西師範大學出版社，2009年，第514頁。
〔註61〕 周作人：《立春以前》，《周作人散文全集》9，鍾叔河編訂，桂林：廣西師範大學出版社，2009年，第444頁。
〔註62〕 如《讀戒律》（1936）、《護生的意見》（1950）等。
〔註63〕 周作人：《談搔癢》，《周作人散文全集》8，鍾叔河編訂，桂林：廣西師範大學出版社，2009年，第44頁。

因而對於「周密地注意於人生各方面」的「印度先賢」常感欽佩〔註64〕，「鳥身自爲主」尤令他有豁然開朗之感，因佛教制定戒律的理由，並非基於以人類或者某一團體爲中心的倫理性關係，而是基於包括全體生命在內的生存體驗。〔註65〕置換成唯識學的術語，鳥類儘管第六意識理性思維不如人類，卻也像任何生命一樣，擁有第七意識——末那識的「我執」。在世上只有一個「我」的認知上，在「我」不想遭受傷害的意義上，「鳥」與「人」、與任何「有情眾生」都是絕對平等的。

正是在這一意義上，周氏一直對蒼蠅、麻雀等小動物都極爲關注。出於田園詩般的美學欣賞固是其一方面，如1964年的《鳥聲》，作者感激啼囀的黃鶯能賞光駕臨他院子裏槐柳之類一般的樹，爲他帶來山林裏的聲音〔註66〕便是尋常的一例。但更主要的原因仍是尊重「他者」自有的世界。在《人與蟲》中，他曾笑言昆蟲「那好多對的複眼，不知看出來這世界是何形狀，叫人無從設想。」〔註67〕在建國後的「除四害」運動中，他反對撲殺麻雀〔註68〕，不是出於人道關懷或者環境保護意識，因爲這兩者都是從「人」的假定的社會性的利益考慮，而是像「鳥身自爲其主」一樣，蒼蠅也自有其「我」。除了此一「生命的悲憫」之外，周氏也在文中收納各種不同觀念體系中的「蒼蠅」，包括日本俳人喜歡吟詠的「搓手搓腳」的蒼蠅之情態和現代衛生觀念中不潔的蒼蠅〔註69〕。在他看來，它們都是存在於這個世界的現象，而世界原本就是由各種觀念構成的，只要能說出道理，就是一種存在，也具有可尊重的理由。由於主體對他者的認識在時間和空間上具有無限性，他才於每一種日常之事皆體察入微，「蒼蠅」對於他來說，是一個可以無限寫下去的賦體文。就

〔註64〕 周作人：《入廁讀書》《周作人散文全集》6，鍾叔河編訂，桂林：廣西師範大學出版社，2009年，第841～845頁。

〔註65〕 周作人：《讀戒律》，《周作人散文全集》7，鍾叔河編訂，桂林：廣西師範大學出版社，2009年，第302～306頁。

〔註66〕 周作人：《鳥聲》，《周作人散文全集》14，鍾叔河編訂，桂林：廣西師範大學出版社，2009年，第256頁。

〔註67〕 周作人：《人與蟲》，《周作人散文全集》10，鍾叔河編訂，桂林：廣西師範大學出版社，2009年，第344頁。

〔註68〕 周作人：《談除四害》，《周作人散文全集》13，鍾叔河編訂，桂林：廣西師範大學出版社，2009年，第44～45頁。

〔註69〕 參見周作人：《蒼蠅》，《周作人散文全集》3，鍾叔河編訂，桂林：廣西師範大學出版社，2009年，第447～450頁；另見卷9《蒼蠅之微》（《散文全集》9，第827～828頁），《蚊子與蒼蠅》，（《散文全集》11，第289～290頁）

此來說，他所認同的菩薩行的「同體大慈，無緣大悲」，正是基於對「他者之我」的發見，從而有「無我」的、對世間萬物的無條件的體察和容量。此意雖至簡至易，卻也至大至廣。正是在這一點上，才有佛儒的相通，「莫令餘人得惱，是佛教偉大精神的發露，也是中國的恕道」〔註70〕，而佛教思想更把儒家的「己所不欲，勿施於人」推而廣之：己所不欲，勿施於眾生；己所欲者，亦勿強施於眾生。因此，在周氏看來，「大乘的思想之入世的精神與儒家相似，而且更爲深徹」〔註71〕。

以上正關聯著周作人的「人的文學」中對人類共同體的態度：「彼此都是人類，卻又各是人類中的一個。所以須營一種利己而又利他，利他即利己的生活。」而：

> 我所說的人道主義，並非世間所謂「悲天憫人」或「博施濟眾」
> 的慈善主義，乃是一種個人主義的人間本位主義。這理由是，第一，
> 人在人類中，正如森林中的一株樹木。森林盛了，各樹也都茂盛。
> 但要森林盛，卻仍非靠各樹各自茂盛不可。第二，個人愛人類，就
> 只方人類中有了我，與我相關的緣故〔註72〕。

與章太炎的「不齊而齊」一樣，這是一種「單點式」「原子式」的態度，它既不同於左翼思想以「集體」詢喚「個人」，又不同於黑格爾式的「以人觀物」的「人類中心史觀」。1910年代，周氏被武者小路實篤的白樺派和新村運動所吸引，正是因爲其具有「更爲個人，又更爲人類」的思想，一種非暴力、而又非神學的清新之感。〔註73〕這就是外延幾經變化的「人的文學」最穩定的內在意涵，也是周作人意義上的「啓蒙」：提倡「以物觀物」，反對以人觀物，以無限的、無邊界的認識論和承認他者相異於自身的獨立存在來對抗形而上學的一元性壓迫。

李歐梵認爲，周作人在30年代被迫爲早期的人道主義重下定義，是因爲存在於個人與群體之間的一個共同基礎正逐漸地變得無法維持。已經「語言成熟」的左翼群體認爲他「變質了」，從「大我」轉向了對「小我」的關注，

〔註70〕 周作人：《我的雜學（十九）·佛經》，《周作人散文全集》9，鍾叔河編訂，桂林：廣西師範大學出版社，2009年，第238頁。

〔註71〕 周作人：《我的雜學（二十）·結論》，同上，2009年，第240頁。

〔註72〕 周作人：《人的文學》，《周作人散文全集》2，鍾叔河編訂，桂林：廣西師範大學出版社，2009年，第87～88頁。

〔註73〕 周作人：《日本的新村》。同上引，第134頁。

同時，周作人亦必須抗拒對文學的社會性的功利要求，這使得他早早地被左翼作家們放置在被批判的名單上。〔註 74〕而從以上的分析來說，早期周作人的「人間本位主義」和後來的中道思路並無根本區別，甚至還有所強化。事實上，將早期的「人道主義」定義爲一種五四思潮中很普遍的「泛人道主義」是有問題的。上述《人的文學》已經很清楚地揭示了，周氏接受「群體」概念是由於它與「我」相關。因此，與其說周作人將目光移向了「小我」，不如說，他始終是從個體出發來談論群體的。雖然他自比爲「小乘」，但這是自指沒有度人的能力（這涉及到他對「啓蒙」的定義和態度，以及對社會狀況的冷靜觀察）。從他對佛教護生救生精神的感歎來說，他始終是以菩薩道的大乘精神爲理想境界〔註 75〕。30 年代左翼的疾風暴雨式的話語不僅與他本人的性格不相適應，也同樣不符合他的「群體」是由「個體」組成的觀念。在這一點上，周氏兄弟的道路自始便不同。儘管魯迅從未徹底接受「個人——集體」的嵌套式結構，但亦如李歐梵所說，周作人式的「人文主義」也並未發生在魯迅身上。舉例來說，周作人接受安德羅葉夫是認爲文學是「人類爲擦拭各種障礙及人與人之間的距離的一項偉大成就」，而魯迅則致力於「對這些人民更深層的國家主義精神的追尋。」〔註 76〕

可以說，章太炎以「我」與「世界」的直接接駁來破除「公」與「私」的二元對立，恰能夠與周作人的「雜學」和「反俗的孤立主義」（趙京華語）〔註 77〕相耦合。在這一點上，周作人的思想亦像其師一樣與康德有親近之處。在康德那裡，他者不僅僅是手段，還同時是目的，他者不僅意味著生者，還意味著死者和未來的生者。當人們以破壞環境爲代價來獲得經濟繁榮的時候，就是以他者爲犧牲，把他者單純地用作手段了〔註 78〕。可以說，康德在

〔註 74〕　李歐梵：《現代性的追求》，北京：生活・讀書・新知三聯書店，2000 年版，第 52～53 頁。

〔註 75〕　在佛教中，「隨喜」「隨順」本身即是重要的認識態度，同時也是「行門」的修行方式。如《華嚴經·普賢行願品》所載，普賢菩薩十大願王，爲佛教徒每日必修之功德。其中之一是「隨喜一切功德」。謂雖不做惡而隨喜惡，則惡種已植，雖不自作善而隨喜善，則善根已種。以此來研判周作人自稱「隱士」的深意，參考《夢想之一》、《大乘的啓蒙書》（1945 年，收入《立春以前》）等文中對大乘的讚歎和對小乘的批評，對照周氏思想境界，自可得出結論。

〔註 76〕　李歐梵：《現代性的追求》，北京：生活・讀書・新知三聯書店，2000 年版，第 53 頁。

〔註 77〕　趙京華：《周氏兄弟與日本》，北京：人民文學出版社，2011 年，第 205 頁。

〔註 78〕　參見（日）柄谷行人：《世界史的構造》，趙京華譯，北京：中央編譯出版社，2012 年，第 208～210 頁。

否定宗教的同時搭救了宗教的倫理核心，這與章太炎師生對佛教的態度是一致的。在通過佛學擴大了的儒家的「恕道」之中，覺悟了的人就不會再以自己為世界的中心，而「聖人」相對於「凡人」和「動物」的高貴之處卻又正在於此。周氏像章氏一樣喜愛王充和戴震，他們在中國化的馬克思主義哲學中被視為唯物主義的代表人物，但與「唯物主義」的先驗決定論不同，章太炎師生「唯物」的認識範圍是無限的。也正因此，章氏稱聖人能「上知千世，下知千世」，而周氏雖然並不迷信鬼神，卻對講「鬼」的種種傳說和理論都保持著濃厚的興趣，並對印度和日本的「萬物有靈論」表示過讚歎。

以上思想在知識論上的體現，就形成了周作人所謂的「雜學」：在 1944 年那一組具有總綱性質的散文《我的雜學》〔註79〕中，作者明確表示他的「雜」不是「亂」，而是有一個統一的態度貫穿其中的。從邏輯學的角度來分析，周氏的「雜學」與章氏的「齊物論」一樣，亦是偏重於用「一」和「多」的辯證結構來描述「中」的結果：能「中」而能「雜」也就是能「一」而能「多」。使這種辯證關係得以成立的條件同樣是明確自他關係。如對於讀佛經的理由，周氏也曾耐心在文章中解釋自己並沒有專心研究佛教精義，僅把佛經當書來讀，讀菩薩戒本亦是出於好奇心而已。佛教規定，未受菩薩戒者，不得看戒本，以免因修為不夠、產生畏難情緒而根斷了解脫之緣，對這條禁止理由，他也感到極合理可愛，只是自己既非信徒自然也不受此限〔註80〕。即使這一點也反映出他的基本態度：不論任何觀點或行為，只要能明確認識到自我和他者的位置，就是「中道」的表現。在收入《藝術與生活》中的《訪日本新村記》《聖書與中國文學》《文學上的俄國與中國》〔註81〕等文章中，周氏也曾肯定因為越來越濃厚的宗教宣傳而飽受譏嫌的托爾斯泰「根本上的正確」，那即是這位俄國作家融合了莊禪與東正教的「東方哲學」那中和沖淡的自然法理觀。在周作人看來，與這種樸實而直接的觀念相比，托氏對迂腐的道德倫理的宣揚只是假動作罷了。

〔註79〕 周作人：《我的雜學》，《周作人散文全集》9，鍾叔河編訂，桂林：廣西師範大學出版社，2009 年，第 186～239 頁。

〔註80〕 周作人：《我的雜學（十九）·佛經》，《周作人散文全集》9，第 238 頁；《讀戒律》，《周作人散文全集》7，鍾叔河編訂，桂林：廣西師範大學出版社，2009 年，第 302～303 頁。

〔註81〕 參見《周作人散文全集》7，鍾叔河編訂，桂林：廣西師範大學出版社，2009 年，第 174～186；298～309；259～266 頁。

　　如是觀念貫穿了周作人一生的重要主題。40 年代成熟的「中道」體系是以「倫理之自然化」與「道義之事功化」〔註82〕爲雙翼，在認識論上，表現爲「知之爲知之，不知爲不知」，而他的詩學則是認識論的延伸──「想像力」「趣味」和「潤澤的情緒」都是因爲能「知」自己和他者。此即是「禮」，即是「誠」，在此意義上，釋家戒律與儒家禮節皆應是水到渠成一般自然的，主體的行爲順應萬物求存之常情，而非來自外界的強加和逼迫。這就是苦雨聽茶的「隱士」所代表的倫理意涵──「從容閑暇而自中乎道」〔註83〕。錢理群認爲，周氏要借中庸之道重塑國民性，而對於中國文化和中國國民性危害最大的卻正是「中庸」〔註84〕。在這裡，真正的問題不是周作人本身的思想，而是對「中庸」乃至於對「儒家」的解釋問題。周氏曾聲明自己是屬於儒家思想，不過「這儒家的名稱是我所自定，內容的解說恐怕與一般的意見很有些不同的地方。」〔註85〕「與漢以後尤其是宋以後的儒教顯有不同」〔註86〕，這個不同之處，就在於反對儒學的神化和體制化。他認爲中國人並非因孔子設教傳道而成爲儒教徒，儒家「通達物理人情」的「仁」乃是出於「疾虛妄，重情理」〔註87〕。周氏曾在《中國的思想問題》〔註88〕等文中詳論「仁」的含義，其意義大體不離上述所說的「個體本位主義」的範圍，而中庸則是思想和行動的動機、態度和程度意義上的觀念，「既不保守，也不急進」〔註89〕，錢氏所說的騎牆派般的「中庸」，恰恰是周作人語境中的僞道學，或「道士化的儒家」。

　　周氏兄弟是在晚清反體制儒學的思潮中成長起來的，他們是繼章太炎以後在現代思想史上對於「新」東西的「舊」靈魂最爲敏感、批判也最爲激烈

〔註82〕　此爲周氏 30 年代後常見語，爲其文章鎖鑰法眼之一。可參見《夢想之一》、《我的雜學（二十）·結論》，《周作人散文全集》9，鍾叔河編訂，桂林：廣西師範大學出版社，2009 年，第 160：240 頁。

〔註83〕　對於《禮記·中庸》中說聖人「從容中道」，孔穎達《疏》解釋爲「從容閑暇而自中乎道」。

〔註84〕　錢理群：《性心理研究與自然人性的追求》，選自程光煒：《周作人評說 80 年》，北京：中國華僑出版社，2000 年。第 474～499 頁。

〔註85〕　周作人：《我的雜學（四）·古典文學》，《周作人散文全集》9，鍾叔河編訂，桂林：廣西師範大學出版社，2009 年，第 195 頁。

〔註86〕　周作人：《我的雜學（二十）·結論》，同上，第 240 頁。

〔註87〕　周作人：《我的雜學（四）·古典文學》，同上，第 195 頁。

〔註88〕　《周作人散文全集》5，鍾叔河編訂，桂林：廣西師範大學出版社，2009 年，第 708～715 頁。

〔註89〕　周作人：《我的雜學（十一）·性的心理》，同上，第 215 頁。

的人物。與魯迅更關注「國民性」這種現代化的表述相比，周作人對秦以降、特別是宋明的「腐儒」和「玄儒」、「道士化的儒家」的厭惡看上去顯得更「舊」，卻也體現出他不願被「現實」中不斷遷變的話題所牽制、更傾向於從文明和文化的穩定本質來看取和分析一切現實問題的思路。在 1930 年的《論八股文》裏，他強調空喊打倒封建是無用的，必須瞭解它是什麼、如何起作用，否則，妖怪卸了八塊，雖無法復原整個，卻「一塊塊都是活著的」〔註90〕。這是非常有見地的看法，也是他始終以「文化人類學」爲方法論考察「國民性」的情由。正如學者哈迎飛所言，在中國現代文學史上，「周作人是爲數不多的始終對民衆宗教意識和宗教情緒予以高度重視的作家之一。」〔註91〕他所反對的當然不是「宗教」或「民族」本身，而是窄化了的「宗教」和「民族」意識。他一向認爲，原始儒家的精神與大乘佛教同出一脈，「儒家廣大的精神，總是以利他爲宗，與飢寒由己的思想一致」〔註92〕，而宋儒的氣魄胸襟都縮窄了。他批判其「度量褊窄，性情苛刻，就是眞道學也有何可貴」〔註93〕。宋明體制儒學的流毒遍佈此後中國的歷史和現實，上至帝官士大夫，下及庶民，其表現是鄙俗、暴力、迷信、愚腐、傲慢，歸根結底，它們都來源於對「自我」的狹隘認知和對「他者」的漠視。周氏認爲，與印度聖哲的「委曲詳盡，又合於人情物理」相比，「中國便很缺少這種精神，到了現在我們同胞恐怕是世間最不知禮的人之一種，雖然滿口仁義禮智，不必問他心裏如何，只看日常舉動很少顧慮到人情物理，就可以知道了。」〔註94〕從文化的角度，這種「不知禮」的倫理態度常常導致一種貧乏的詩學模式，他將之總結爲「窮則畫五子登科，達則畫歲寒三友」。〔註95〕

周氏這一譬喻特指「官本位」的文化思考模式：自詡爲君子的士大夫用歲寒三友來比擬人格的高潔，而民間百姓則用「懷抱鯉魚的童子」來表現對

〔註90〕　參見《周作人散文全集》8，鍾叔河編訂，桂林：廣西師範大學出版社，2009年，第697頁。
〔註91〕　參見哈迎飛：《半是儒家半釋家》，人民文學出版社，2007年，第97頁。
〔註92〕　周作人：《道德漫談》，《周作人散文全集》8，鍾叔河編訂，桂林：廣西師範大學出版社，2009年，第509頁。
〔註93〕　參見周作人：《我的雜學（二）‧古文》，《周作人散文全集》9，鍾叔河編訂，桂林：廣西師範大學出版社，2009年，第189頁。
〔註94〕　周作人：《讀戒律》，《周作人散文全集》7，鍾叔河編訂，桂林：廣西師範大學出版社，2009年，第305頁。
〔註95〕　周作人：《隅田川兩岸一覽》，《周作人散文全集》6，鍾叔河編訂，桂林：廣西師範大學出版社，2009年，第836頁。

權勢富貴的渴望。這表明國人對他者和世界的想像極爲狹隘，正是這種想像，將佛家的因果論和儒家的人倫精神腐化成了「烏鴉反哺」「羔羊臥乳」「腐草爲螢」等低俗、可笑而苛酷的倫常說、報應說和神怪論〔註96〕。它們充斥在浩如煙海的典籍著作中，讓周氏飽嘗對歷史的失望。他常歎一生讀書如披沙揀金，卻很難淘澄出一點點「疾虛妄」的誠意，更何況令人耳目一新的觀念和表述。「極喜歡，又是極不喜歡儒家」的言論，即來自於此〔註97〕。他認爲「中國的生活的苦痛，在文藝上只引起兩種影響，一是賞玩，一是怨恨。」〔註98〕所謂苛烈、殘酷和「吃人的社會」，以及「救救孩子」的急迫性，在這種狹隘、乏味的想像方式中就可見一斑。針對於此，在1944年的《夢想之一》〔註99〕中，周氏爲現代中國人的心理建設正式提出了「倫理之自然化」與「道義之事功化」的建議。如李亞娟所說，此後他的讀書筆記體文章基本上不出這兩個命題關涉的範圍〔註100〕。他希望中國人眞正地親近自然，摒棄腐儒式的想像和仙道修行的「迷信」，體察萬物自然的規律，對自然時序變化的感知而能用於人倫，眞正地「天人合一」；在政治上，「以物觀物」的雜學觀念則自然形成了站在普遍主義的角度去重組「世界文化」的文明論意識。儘管周作人極少從國族政治的角度來談論理想，但在1940年代的抗戰中，他卻常常強調「文藝復興」應該「是整個的」和「全體的」，是「立春之前」願得的好夢〔註101〕。在這裡，有著以文明寓國家的暗示：一個理想的國家，其主流的意識形態將會儘量呈現不同生命之間的差異，並因此而給予理解和尊重──以上，就是周作人總體的烏托邦邏輯。

〔註96〕　參見周作人：《夢想之一》，《周作人散文全集》9，鍾叔河編訂，桂林：廣西師範大學出版社，2009年，第106頁。

〔註97〕　周作人：《道德漫談》，《周作人散文全集》8，鍾叔河編訂，桂林：廣西師範大學出版社，2009年，第509頁。

〔註98〕　周作人：《文學上的俄國與中國》，《周作人散文全集》2，鍾叔河編訂，桂林：廣西師範大學出版社，2009年，第264頁。

〔註99〕　周作人：《夢想之一》，《周作人散文全集》9，鍾叔河編訂，桂林：廣西師範大學出版社，2009年，第106頁。

〔註100〕　參見李雅娟：《以「人」爲目標的文學政治實踐──周作人思想研究（1906～1946年）》（未刊稿），北京大學2013年博士論文，第167頁。

〔註101〕　參見《周作人散文全集》9，鍾叔河編訂，桂林：廣西師範大學出版社，2009年，第179～180頁。

二、佛教性──日本性：「東洋的悲哀」的構成

只有理解了周作人在儒、佛和「雜學」之間設置的內在關聯，我們才有可能不帶偏見地考察他與日本文化的密切關係。周氏於 1906 年到 1911 年留學日本，比起一般中國學生面對甲午海戰、日俄戰爭之後「崛起的日本」的心理震撼，他更加懷念在東京留學生活中感受到的「原鄉情調」。《日本的衣食住》等文章曾對此反覆詠歎：「我們在日本的感覺，一半是異域，一半卻是古昔，而這古昔乃是健全地活在異域的」〔註102〕。可以說，周氏對日本文化的認同直接來自於日本與自己故鄉紹興的相近之處，包括氣候和地理環境、飲食習慣、濃厚的民俗氣氛以及居民們對生活細節的關注。另一個使他感到親切的因素是「日本生活中多保存中國古俗」，而周氏自言是民族主義者，「凡民族主義必含有復古思想在裏邊，我們反對清朝，覺得清以前或元以前的差不多都好，何況更早的東西」〔註103〕。因此，他對於日本的懷念，也是「發思古之幽情」。他曾說章太炎初到日本時登在《民報》上的照相也是穿和服，於國人而言並不違和，因為與袍子馬褂一樣都有傳統之舊感〔註104〕。此外，因為異國人的身份，周氏在日本又「比真正的故鄉還要多有遊行自在之趣」〔註105〕。

在近代以來的文化史上，周作人在日本找到的「原鄉感」和「復古感」是具有一定代表性的。從明治時期的希臘人小泉八雲到 20 世紀 60 年代的羅蘭·巴爾特、70 年代的熱拉爾·馬瑟到 80 年代的列維－斯特勞斯，人類學家和文化思想家對日本文化氛圍的觀感都離不開「活的傳統」這類形容〔註106〕。人們普遍認為，這個國家的歷史並不長，卻能夠帶來古老悠長的質感，它能喚起來自不同國家的人們對各自民族悠久的歷史文化的懷舊式的溫存情意，卻又沒有模糊這些回憶的邊界──對於外來者而言，它仍然還是一個獨一無

〔註102〕 參見周作人：《日本的衣食住》，《周作人散文全集》6，鍾叔河編訂，桂林：廣西師範大學出版社，2009 年，第 658 頁。周氏引用的是岡千仞《觀光紀遊》中的句子。

〔註103〕 周作人：《日本之再認識》，《周作人散文全集》8，鍾叔河編訂，桂林：廣西師範大學出版社，2009 年，第 616 頁。

〔註104〕 周作人：《日本的衣食住》，《周作人散文全集》6，鍾叔河編訂，桂林：廣西師範大學出版社，2009 年，第 657 頁。

〔註105〕 周作人：《日本管窺》，《周作人散文全集》6，鍾叔河編訂，桂林：廣西師範大學出版社，2009 年，第第 590 頁。

〔註106〕 參見盧冶：《時空與心的辯證》，《讀書》2015 年第 3 期。

二的「異域」。總之，日本有著「吸收和模仿」異文化的強大功能，並能夠保持對象的差異性而生產出別一種文化模式，這種特殊性和普遍性的奇妙反差，就是近代以來人們所抽取的、日本文明的「神話性」特質。

從周作人的分析來看，日本之所以能如此，就在於其對他者文明的理解和同情。他認爲，日本文化出於中國的說法「不盡確當」，中國之於日本，如同希臘羅馬之於歐洲各國，雖血脈相連，但轉化和傳承的方式各有千秋。日本在轉化中國等他國文化的同時形成了一個令己文化和異文化和諧共處的優良傳統，這可以說是一種「創造的模擬」，有一種「模擬而獨創的好」〔註107〕。而綜觀周作人所舉之善例，如和歌、平安朝的物語和江戶的平民文化，不難發現其中一以貫之的佛教性格，特別是周氏最迷戀的江戶文化，可以說就是以佛教爲主的平民文化。在閉關鎖國的江戶幕府時代，宋代東傳的禪宗與儒家思想結合爲幕府上層及武士階層所執守，而平安時代的「貴族佛教」如天台宗、淨土眞宗、日蓮宗等卻向下流泄，成爲市民文化的支撐物。爲周作人所喜愛的和歌、物語、川柳等文學體裁以及人情本、能劇、戲曲淨琉璃等藝術形式，皆依託此一「世俗化」佛教世界觀而成熟、絢爛。周氏至死都對這些文學和藝術體裁情有獨鍾，直到 5、60 年代在國內較封閉的人文環境中，依然努力通過各種渠道尋找相關作品，翻譯、閱讀、收藏不倦。他認爲，在江戶文化裏有著豐富的想像、幽默的人情，以及浮世的哀傷。江戶人繼承了平安時代天台宗、淨土宗的苦空之觀，然而在「人世無常、國土危脆」的概歎中卻又有著下層町人「不備隔夜財」的達觀。周氏認爲，這種江戶文化是最高等級的藝術：

> 　　上者體察物理人情，直寫出來，令人看了破顏一笑，有時或者還感到淡淡的哀愁，此所謂有情滑稽，最是高品。其次找出人生的缺陷，如繡花針撲哧的一下，叫聲好痛，卻也不至於刺出血來〔註108〕。

在周作人眼裏，這是日本文化最優秀的一面，是惟有反觀自己和發現「他者」時才能具有的誠實和細膩的態度，它正是中國「道士化的儒家」所缺乏的。他在評述江戶戲劇大師近松門左衛門的名作《情死天網島》時說，「日本

〔註107〕　周作人：《日本近三十年小說之發達》，《周作人散文全集》2，鍾叔河編訂，桂林：廣西師範大學出版社，2009 年，第 41～56 頁。

〔註108〕　周作人：《我的雜學（十六）‧川柳、落語與滑稽本》，《周作人散文全集》9，鍾叔河編訂，桂林：廣西師範大學出版社，2009 年，第 227～228 頁。

的平民藝術彷彿善於用優美的形式包藏深切的悲苦，這似是與中國很不同的一點。」〔註109〕中國和日本，

> 譬如兩個人，都看佛經；一個是飽受了人世的憂患的人，看了便受了感化，時常說些人生無常的話；雖然是從佛經上看來，一面卻就是他自己實感的話。又一個是富貴的讀書人，也看了一樣的話，可只是背誦那經上的話。這便是兩樣模擬的分別，也就是有誠意與無誠意的分別。日本文學界，因為有自覺，肯服善，能有誠意的去「模仿」，所以能生出許多獨創的著作，造成二十世紀的新文學。〔註110〕

這裡當然包含著對日本文化所具有的「潤澤的情緒」的讚揚，以及對道士化的中國儒家思想的微辭，「讀佛經」更非隨意使用的喻體。周作人不止一次地暗示，日本「創造的模仿」的文化特性與佛教的包容精神有關。他在江戶文學和中國文學之間的對比，常常會微妙地過渡到儒佛之間、特別是已墮落為「偽道學」的腐儒與佛教之間的差別。儘管每每強調儒佛思想在「悲憫」和「理智」上的相同之處，然從世界觀的本源上，儒家思想缺少佛教反身觀照無常的「空觀」，或許正是它不能活潑或深情的原因所在。通過閱讀佛經和戒本，他認為佛教「嚴肅而幽默」，而「偽道學」有嚴肅而無幽默，「中國在文學與生活上都缺少滑稽分子，不是健康的徵候，或者這是偽道學所種下的病根歟。」〔註111〕

周氏這類頗具暗示意味的文化比較文章多集中在30、40年代，如《關於雷公》對比了中日兩國關於雷公的神話故事，認為日本的神話有灑脫之趣，「有活力與生意」，而中國的雷公神話則是用來導歸因果報應的教條而編造的。〔註112〕比起腐化一切新事物的中國式官學，日本人有誠意的模仿不但使它沒有因為「閉關鎖國」而失去文化上的活力，在明治維新以後模仿西洋的流弊中也起到了中和的作用。日本近代的西化主義「不止模仿（西方的）思想形式，

〔註109〕 周作人：《我的雜學（十七）·俗曲與玩具》，同上，第231頁。

〔註110〕 周作人：《日本近三十年小說之發達》，《周作人散文全集》2，鍾叔河編訂，桂林：廣西師範大學出版社，2009年，第42頁。

〔註111〕 周作人：《我的雜學（十六）·川柳、落語與滑稽本》，《周作人散文全集》9，鍾叔河編訂，桂林：廣西師範大學出版社，2009年，第229頁。

〔註112〕 參見《周作人散文全集》7，鍾叔河編訂，桂林：廣西師範大學出版社，2009年，第214頁。

卻將他的精神，傾注在自己心裏，混合了，隨後又傾倒出來」。〔註113〕

　　當然，周氏並非一味貶低中國文化。他強調自己始終是中國人，必須秉承中國人的文化性格而生活〔註114〕。中國人中正而現實的生活態度，來源於儒學體制化、官學化之前的先秦「原儒精神」，在其最佳狀態上是素樸而明亮的。與日本相比，中國的民族性格中缺少日本人神道教和佛教密宗性格中的神秘色彩，也缺少來源於佛教「苦諦」的深沉的哀傷。但另一方面，周氏仍然自覺不自覺地傾向於日本式、佛教式的哀傷。如 1937 年的《〈桑下談〉序》中婉轉地談到他不南下的心理情由，實在也有些佛教「業報觀」式的宿命感和存在主義的意味：「不佞乃是少信者，既無耶和華的天國，也沒有阿彌陀佛的淨土，簽發到手的乃是這部南贍部洲的摩訶至那一塊地方，那麼只好住了下來，別無樂行的大志願，反正在中國旅行也是很辛苦的，何必更多去尋苦吃呢。」〔註115〕在哀悼女兒若子之死的那些文章中，他感歎「我們哀悼死者，並不一定是在體察他滅亡之苦痛與悲哀，實在多是引動追懷，痛切地發生今昔存殞之感。無論怎樣地相信神滅，或是厭世，這種感傷恐終不易擺脫。」他並引用日本詩人小林一茶哀悼女兒之死的詩句：

> 露水的世呀，
>
> 雖然是露水的世，
>
> 雖然是如此〔註116〕。

　　在日本詩人中，周作人尤喜一茶。因爲「讀他的時候，引起的感覺，與讀普通厭世的文章的時候不同」，那是「生之悲哀」。如「這樣的活著，也是不思議呵！花的陰裏。」〔註117〕這樣的句子與上述「露水的世」一樣，是來源於日本化了的天台宗、淨土宗的浮世空觀，是在濃厚的現世生活中，當下即照破「浮世」的本質。在某些時候，較之儒家，周氏顯示出與這種空觀更

〔註113〕　周作人：《日本近三十年小說之發達》，《周作人散文全集》2，鍾叔河編訂，桂林：廣西師範大學出版社，2009 年，第 42 頁。

〔註114〕　參見周作人：《自己所能做的》，《周作人散文全集》7，鍾叔河編訂，桂林：廣西師範大學出版社，2009 年，第 700 頁。

〔註115〕　參見《周作人散文全集》7，鍾叔河編訂，桂林：廣西師範大學出版社，2009 年，第 702 頁。

〔註116〕　周作人：《唁辭》，《周作人散文全集》4，鍾叔河編訂，桂林：廣西師範大學出版社，2009 年，第 180 頁。

〔註117〕　周作人：《一茶的俳句》，《周作人散文全集》2，鍾叔河編訂，桂林：廣西師範大學出版社，2009 年，第 470 頁。

深的共鳴，如《結緣豆》中著名的句子：「人是喜群的，但他往往在人群中感到不可堪的寂寞，有如在廟會時擠在潮水般的人叢裏，特別像是一片樹葉，與一切絕緣而孤立著，念佛號的老公公老婆婆也不會不感到，或者比平常人還要深切吧」〔註118〕。這種「群」中之「獨」的感覺實並非精英主義式的「先覺者」之寂寞。雖然同是二元結構，爲周作人所欣賞的，並非蘇曼殊「出世與入世」的「既……又」結構，而是一種「即使……也」的邏輯：即使知道生命可能是一場虛空，也要擁抱生活。

日本近代「復古派」國學的締造者之一本居宣長（1730～1801）將日本文化和美學性格中最顯著的特徵「物哀」視爲日本本土神道教的產物，而周作人的觀點卻與日本現代佛教文化史家梅原猛接近：「物哀」乃是佛教性的。「在不完全的現世享樂一點美與和諧，在刹那間體會永久」〔註119〕，這種「一即一切」「刹那永恆」的美學雖然是中國大乘佛教的精髓，但它作爲大眾文化的真正普及之地卻在日本。在其名作《地獄的思想》中，梅原認爲日本人受到天台宗地獄思想和淨土宗的影響，既喜歡歌唱生之讚歌的哲學，又熱愛「凝視內心黑暗的哲學」：在人心黑暗的底層找到救贖，這種情感中同時含有悲傷和天真，充滿對「苦、空、無常」的感悟。以此「浮世觀」爲底色，呈現出難以至信的幽默、狂熱和感傷，其黑暗無盡之處，正是「物哀」之所在〔註120〕。就像周作人以優美和深邃的語言所譯的《平家物語》開頭的偈語一樣：「祇園精舍的鐘聲，有諸行無常的聲響／沙羅雙樹的花色，顯盛者必衰的道理／／驕奢者不久長，只如春夜的一夢／強梁者終敗亡，恰似風前的塵土。」〔註121〕

這種悲哀的基調是周作人著名的亞洲主義式的表述——「東洋的悲哀」的主要成分。他時常吟詠日本大正作家永井荷風的這段話：

〔註118〕　周作人：《結緣豆》，《周作人散文全集》7，鍾叔河編訂，桂林：廣西師範大學出版社，2009年，第360頁。

〔註119〕　周作人：《喝茶》，《周作人散文全集》3，鍾叔河編訂，桂林：廣西師範大學出版社，2009年，第568頁。

〔註120〕　（日）梅原猛：《地獄的思想》，劉瑞芝、卞立強譯，成都：四川人民出版社，第19頁。

〔註121〕　周作人譯：《平家物語》，北京：中國對外翻譯出版公司，2001年，第1頁。需要補充的是，比起《平家物語》這類描述王室和貴族戰爭的戰記，周作人更熱愛《浮世澡堂》《浮世理髮館》這類平民草子。佛教的無常觀在這兩類作品中所化現的情緒是有區別的。

我反省自己是什麼呢，我非咸耳哈倫（Verhaeren）似的比利時人而是日本人也，生來就和他們的運命及境遇迥異的東洋人也。……承受「勝不過啼哭的小孩和地主」的教訓的人類也，知道「說話則唇寒」的國民也。使咸耳哈倫感奮的那滴著鮮血的肥羊肉與芳醇的蒲桃酒與強壯的婦女之繪畫，都於我有什麼用呢。嗚呼，我愛浮世繪。苦海十年爲親賣身的遊女的繪姿使我泣。憑倚竹窗茫然看著流水的藝妓的姿態使我喜。……凡是無常無告無望的，使人無端嗟歎此世只是一夢的，這樣的一切東西，於我都是可親，於我都是可懷。
〔註 122〕

這是周作人研究中引用率最高的段落之一。論者一般多關注周氏蘊藏其中的人文主義精神，而於他對浮世繪這一繪畫體裁的愛好，誠可做進一步探究。他自述喜愛浮世繪有三點理由，一是對於線畫、著色畫、木板畫有兒童時代愛好之情，二是這些畫家自稱大和繪師，離開了正統的畫派，自成一家之風，三是所畫的是市井風俗，可看作江戶生活的一部分〔註 123〕。究其來源，周氏所言「正統的畫派」，主要指源自中國漢畫的「光琳派」等〔註 124〕，它們代表了中國儒家士大夫的觀世眼光，在日本主要爲宮廷和上流社會服務。相對來說，引文中的「浮世繪」可以說具有雙重意味，既是日本流傳最廣的大眾繪畫形式，又是佛教世界觀的表徵。相比於西方「古典主義」油畫的「三維透視」造成的立體感和逼眞的「現實感」，浮世繪與中國傳統繪畫一樣是散點透視的，表達誇張，不以「複製現實」爲榮，更重要的是，浮世繪並不以文人的主觀視角投射自然萬物，「絕無抽象或寓意畫，這是很特別的一件事。」〔註 125〕特別是爲周作人所喜愛的葛飾北齋、歌川廣重、富岡鐵齋的作品中，經常有以「花朵」「蟲子」等「非人類」的視點來建構整個畫面的奇異角度，以及搔癢等戲噱般的、非正統的題材〔註 126〕。周作人對此極其欣賞，認爲「世界上所作版畫最精好的要算日本」，從某種意義上，

〔註 122〕　周作人：《懷東京》，《周作人散文全集》7，鍾叔河編訂，桂林：廣西師範大學出版社，2009 年，第 330～331 頁。

〔註 123〕　周作人：《關於日本畫家》，《周作人散文全集》8，鍾叔河編訂，桂林：廣西師範大學出版社，2009 年，第 770 頁。

〔註 124〕　參見高雲龍：《浮世繪藝術與明清版畫的淵源研究》，北京：人民出版社，2011 年，第 40 頁。

〔註 125〕　周作人：《〈畫廊集〉序》，《周作人散文全集》6，鍾叔河編訂，桂林：廣西師範大學出版社，2009 年，第 543 頁。

〔註 126〕　參見周作人：《武者先生和我》，《周作人散文全集》8，鍾叔河編訂，桂林：廣西師範大學出版社，2009 年，第 806 頁。

正是因爲浮世繪已經含有「以物觀物」的倫理態度。他的想法與日本的文化保守主義者永井荷風和谷崎潤一郎等人有著相當的共鳴，特別是永井荷風對於浮世繪和西方油畫的解讀。永井認爲，浮世繪所透露出的「一抹暗色」是平民受專制之壓迫的悲哀，西方油畫的強烈色彩則透露出強者的意味和主張〔註127〕。這樣的解讀雖然帶著二元對立的簡化性，但弱者通過「板畫」而發出的暗淡之聲，已經具有了抵抗的意味。或許正是因爲這種共鳴，在後來的文學史研究中，日本學者對於周氏「東洋的悲哀」也頗多認同之聲，木山英雄就曾經在《北京苦住庵記》中指出，周作人即使在「民族危亡」這一壓倒一切的宏大敘事中，仍能注意到婦女們被壓迫的這種「東方式的黯黑」〔註128〕。

而在周氏的認知中，「他者」被碾壓和消彌的種種悲哀並不限於東方。在1944年的《草囤與茅屋》〔註129〕中，周氏表示贊同東洋人的命運與西洋迥異、「亞細亞是一個」的觀點，但他緊接著又讚歎畫家米勒的名畫《晚禱》《拾落穗》，將其中的農人在日常艱困生活中偶然流露出來的虔誠的刹那與東洋佛教世界觀「三界無安如火宅」〔註130〕的苦並置一處。周氏認爲，人類的苦是普遍的、根本的、存在性的，但要使被各種文化、民族、地理環境的「邊界」隔絕的人們相互懂得這一點卻至爲艱難。對他來說，眞正的哀傷，並不在於所發現的他者本身的存在的悲哀，而來自於能發現的這個主體，來自於「我」試圖打破樊籬的艱難感。

在1944年到45年左右，抗戰接近尾聲，周作人越來越多地表達了他的「共苦」思想。這讓人感覺到，「東洋的悲哀」的究竟立旨，並非以「西方」爲他者而建立起「東方同質主義」，而是抹平「東方／西方」這一對立的思維結構本身。在情感氣質上，周氏有時與發現「地獄」、禮讚「陰翳」的日本文化走得更近，然而中國的樸素明亮、日本的哀傷幽默，從「中道」來說只是風格差異，並沒有高下之分；正像許多時候他也把從西洋來的知識論劃爲

〔註127〕 周作人：《〈東京散策記〉》，《周作人散文全集》6，鍾叔河編訂，桂林：廣西師範大學出版社，2009年，第584頁。

〔註128〕 （日）木山英雄：《北京苦住庵記》，趙京華譯，生活・讀書・新知三聯書店，2008年，第19頁。

〔註129〕 參見《周作人散文全集》9，鍾叔河編訂，桂林：廣西師範大學出版社，2009年，第120頁。

〔註130〕 參見周作人：《〈桑下談〉序》，《周作人散文全集》7，鍾叔河編訂，桂林：廣西師範大學出版社，2009年，第702頁。

「知」，把日本的文化特質定爲「情」（如《明治文學之追憶》）一樣，雖有此氣質上的差別，「知」和「情」卻更多地卻是同一種世界觀的不同面向。同樣，儘管他反覆提到自己的故鄉，但從《懷東京》《北平的春天》《北平的好壞》等文中流露出的語氣來看，他不因大半生居住在北京而產生特別的感傷：他的「地方主義」，僅僅是爲反對「國家中心主義」的透明裝置才設立的。從更廣大的視野來看，周作人的世界主義文化觀是對唯現代歐美大國馬首是瞻的「西方論」的一種反撥。他試圖從「衰落的古老文明」裏提取新的資源，號召國人對於西洋文化，「不必積極於人家所共同研究者，而應是研究未經人開掘的，像印度，阿拉伯，希臘和日本」〔註131〕。這當然是一種共時性的世界主義的思維模式。在很多時候，他正是基於此一目的而談到與他的故鄉相近的「他鄉」日本。在周氏散文的總體語境中，「日本」不僅是映照出中國內部「中央──地方」之差異的一面鏡子，它對異文明別擇的能力也有其特殊的意義：一方面，周氏自言不把日本「當作一個特異的國看」，「只徑直的看去，就自己所能理解的加以注意，結果是找著許多與別人近同的事物，這固然不能作爲日本的特徵，但因此深覺到日本的東亞性」〔註132〕，另一方面，他稱日本雖吸取他者文化而爲自用，卻「善於別擇」，「唐時不取太監，宋時不取纏足，明時不取八股，清時不取雅片」，因此於近代反超中國國力，他自嘲同是「亞細亞人」而興衰禍福不同的這種論調不免「漆黑的宿命論」之嫌〔註133〕，而從他一向反專制、反八股道學的出發點來看，「日本」的別擇能力卻正是他的啓蒙理想。於周氏而言，對日本的這種認識論態度是早已有之，但卻是在戰爭期間才開始負荷沉重的「現實」意義。在《文藝復興之夢》〔註134〕中，他稱中國人的八股習氣，將外來的極好的思想也腐爲甜俗，在同一篇文章裏，他極爲正式地談到了希臘和日本文明在「知」與「情」上的相似性，文章最後說，立春之後的夢雖虛妄，卻願得好夢。

〔註131〕　周作人：《希臘之餘光》，《周作人散文全集》9，鍾叔河編訂，桂林：廣西師範大學出版社，2009年，第248頁。

〔註132〕　周作人：《日本之再認識》，《周作人散文全集》8，鍾叔河編訂，桂林：廣西師範大學出版社，2009年，第620頁。

〔註133〕　周作人：《日本的衣食住》，《周作人散文全集》6，鍾叔河編訂，桂林：廣西師範大學出版社，2009年，第666頁。

〔註134〕　周作人：《文藝復興之夢》，《周作人散文全集》9，鍾叔河編訂，桂林：廣西師範大學出版社，2009年，第179頁。

　　反對本質主義的二元論，建立「中道」，是貫穿周氏儒教——佛教——日本——希臘諸話題的紅線。而更重要的是，這條轉喻鏈也是與亞洲主義密切相關的論域。《文藝復興之夢》幾乎是超民族國家的亞洲主義迷思的一個縮微模型。像周作人散文的一般特性一樣，它的話題似乎是散漫的，卻有堅實的線索貫穿其中。立春之後的「好夢」，與竹內好的「火中取栗」一樣，是亞洲主義的夢想失敗的夢，也是知其不可而為之的夢。這個夢的本質仍然是中道思想，也是他談論希臘和日本的用意所在。

三、日本與希臘

　　作為歐洲文明的「搖籃」，希臘在現代的衰落對於被賦予「古老文明」符咒的亞洲國家來說，是一面「映照自我」的鏡子。像許多來自西方的資源在亞洲傳播的路徑一樣，1821～1829 年的希臘脫離土爾其的獨立革命運動和英國詩人拜倫支持希臘、死於戰場上的浪漫義舉，也同樣先經過日本知識界的譯介，後經梁啟超《新中國未來記》等作的渲染而進入中國。蘇曼殊對拜倫詩《哀希臘》、《贊大海》、《去國行》諸篇的翻譯及他本人的詩文創作更是繼梁氏之後掀起了晚清到民國初期「希臘情結」的高潮。在詩文和譯作中，梁、蘇等人都傳達了這樣的觀點：希臘作為歐洲文明的始源地而為現代歐洲所拋棄，乃是歐洲之不義。蘇曼殊嗟歎，「震旦萬事零墜，豈復如昔時所稱天國，亦將如印度巴比倫埃及及希臘之繼耳！」〔註 135〕很顯然，這些感喟表達的是一種自憐式的怨懟之感：中國曾以同樣發達的文化和思想澤被了周邊諸國，如今，亞洲諸國卻都欠了中國的債〔註 136〕。

　　值得注意的是，蘇曼殊對希臘和對佛教的關注大致在同一時間段達到高峰：那正是與章太炎等「國粹派」同遊，頻繁往返於中日之間的 1907～1909 年之間。如上一章所述，對於蘇曼殊來說，「希臘」、「佛教」和「晚明」等革命資源都是一種「失落的傳統」的表徵物，它們被同化為「民族國家」的浪漫主義詩學，其各自的特徵並未得到保留。周作人與蘇曼殊沒有特別的交情〔註

〔註 135〕　《文學因緣自序》，柳亞子編《蘇曼殊全集》第 1 冊，北京：中國書店影印北新書局版，1985 年，第 125 頁。

〔註 136〕　參見圓貌正芳、唐湘從：《哀希臘在中國的百年接受》，《湖南工程學院學報》，2003 年第 2 期，第 50～53 頁。

〔註 137〕　周氏《羅黑子手札跋》中提到蘇曼殊曾「隨未生來，枯坐一刻而別。」《周作人散文全集》2，鍾叔河編訂，桂林：廣西師範大學出版社，2009 年，第 252 頁。

137〕，但「希臘」和「日本」的話題，卻是兩人都感興趣、而且極有建樹的領域。學界對周作人希臘、日本的研究多矣，但周氏與蘇氏在思想論域上的相似卻似乏人議論。佛學、儒學、日本、希臘的論題都處於「民族國家」與「文明國家」的糾葛中，也正是在這些話題當中，章太炎、曼殊、周作人等人的思想又一次分出了遠近親疏。

　　儘管在「欠債」的問題上，周作人也表示了與蘇曼殊類似的看法〔註138〕，但他心中的「亞洲的希臘」，卻不是中國，而是日本。誠如學者王靖獻指出的，周作人試圖通過日本努力達到一種「文化融合」，「這種融合，他認爲，更容易在日本這個『小希臘』，而不是在中國發生。周作人試圖在日本的生活中體驗希臘文明……（尋找）酒神崇拜儀式在亞洲的對應物」〔註139〕。

　　在 1935 年的《日本管窺》中，周氏特別強調，「小希臘」這一稱謂對於日本來說「不是謬獎」〔註140〕。在《北大的支路》中他寫道：

　　　　日本有小希臘之稱，他的特色確有些與希臘相似，其與中國文
　　化上之關係更彷彿羅馬，很能把先進國的文化拿去保存或同化而光
　　大之，所以中國治「國學」的人可以去從日本得到不少的資料與參
　　考。〔註141〕

　　視日本爲「小希臘」的說法主要源自日本人，而且是 1910 年代左右一個相當流行的說法。如和辻哲郎就認爲「日本人比希臘人還希臘人」〔註142〕。周氏對此說的認可顯然來自於日本對他者的感受性和「雜學性」。在《文藝復興之夢》〔註143〕裏他強調，希臘是歐洲的公產，無有國族的旗幟和影子，而

〔註138〕　如《希臘的維持風化》中感歎希臘與中國都已不復古意，同時諷刺日人主持
　　　　　的《順天時報》「替我們維持禮教的厚意」。見《周作人散文全集》5，鍾叔河
　　　　　編訂，桂林：廣西師範大學出版社，2009 年，第 161～162 頁。
〔註139〕　王靖獻：《周作人的希臘文化觀》，孫郁、黃喬生主編《回首周作人·研究述評》，
　　　　　河南大學出版社，2004 年，第 115～116 頁。
〔註140〕　《周作人散文全集》6，鍾叔河編訂，桂林：廣西師範大學出版社，2009 年，
　　　　　第 590 頁。
〔註141〕　《周作人散文全集》5，鍾叔河編訂，桂林：廣西師範大學出版社，2009 年，
　　　　　第 733 頁。
〔註142〕　參見（日）酒井直樹：《主題（subuect）和／或者主體和文化差異的烙印》，
　　　　　賀照田主編：《東亞現代性的曲折與展開》，《學術思想評論第七輯》，吉林人
　　　　　民出版社，2002 年，第 301 頁。
〔註143〕　《周作人散文全集》9，鍾叔河編訂，桂林：廣西師範大學出版社，2009 年，
　　　　　第 176～180 頁。

儘管「我們（中國）希望文藝復興是整個的」，卻不能接受把「中國文化」、中國文明和作爲一個主權國家的中國分開來看待。

周作人的分析，與上文美國學者派伊關於中國和日本在「文明」和「國家」的組合方式上的論斷有所交通。他發現中國的國家觀和文化觀、宗教觀是不可能分離的，相對的是，日本卻能夠將「文明」從「國家」中分化出來單獨對待。這是他「選中」日本作爲對映於希臘的鏡子來反抗「古老文明／現代文明」之框架的原因。他將日本視爲能夠吸收儒家精神、乃至整個世界精神的儲存庫，但前提是日本要如希臘之於歐洲一般，讓精神是精神，國家是國家，更讓精神超越國家，即如章太炎等人成立「亞洲和親會」的宗旨一樣。

在這個意義上，周作人「先覺」的悲劇，或在於他在全世界都邁向「進步」時，他的「反國家主義」看上去是在「倒退」的。而這一點也正與竹內好「前進——後退」思路相符合。問題眞正的尖銳之處就在於，希臘精神成爲歐洲精神的象徵，是以其國族上的淡化、精神上的內化，也就是「去國家化」爲代價的，而現代希臘「恢復國家」的民族主義鬥爭乃是順應於民族國家「現代性」道路的必然選擇，卻是對作爲「文明國家」的希臘相對於整個「現代體系」的反抗意義的一種干擾。周氏也曾把目光轉向拜倫，而與蘇曼殊盯住「民族精神」不同，在他的詮釋中，這個英國人的目標不是爲了希臘的民族獨立，而是爲了不使希臘的精神遭到毀損。與蘇曼殊不同，周作人在關於希臘的文章中有意淡化了希臘的民族獨立的掙扎與歐洲各國對希臘文明的內在化之間的激烈矛盾，或許正像章太炎一樣，他同樣難於處理「民族國家」的建構和解構之間的難題。

並不是說，周作人眼中的希臘精神沒有民族的影子。但在他的行文中，同樣有著類似於章太炎的「民族」和「民族主義」的區別。在 1935 年那篇火藥味極濃的《關於英雄崇拜》中，他幾乎是「逆時代潮流」而動，在保家衛國的民族主義聲浪日漲的氛圍裏大談他心中的英雄與文天祥式的「民族英雄」的差別。他嘲諷地寫道，「文天祥等人的唯一好處是有氣節，國亡了肯死。這是一件很可佩服的事，我們對於他應當表示欽敬，但是這個我們不必去學他，也不能算是我們的模範。」在他看來，文天祥的愛國主義是一種無益於自己、也無實益於國家的不自然的理念模型，而眞正的英雄只是爲了生存而進行了本能的、合理的反抗。對此，他所讚佩的例子，有梁啓超所譯《意大利建國

三傑傳》中的加里波將軍以及斯巴達戰爭中守溫泉峽的三百士兵及其首領。他們同樣保家衛國，然而他們所保衛的並不是一個抽象的國家，而是生命存在本身的價值。這些戰士對於戰亂中的生存和死亡、對於敵我關係沒有誇大的理念，只有直接和本能的行動，他們的死認命而達觀，正如荷馬史詩的精神一樣。周作人讚歎他們「『依照他們的規矩躺在此地』，如墓誌銘說，這是何等中正的精神，毫無東方那些君恩臣節其他作用等等的渾濁空氣」〔註144〕。

　　中國歷史上並非沒有周氏心中的英雄——「我豈反對崇拜英雄者哉，如有好英雄我亦肯承認，關岳文史則非其選也。吾愛孔丘諸葛亮陶淵明，但此亦只可自怡悅耳」〔註145〕——在周作人的語境中，此三人代表著儒士「知其不可爲」「還要爲」和「不想再爲」幾派，他們的選擇各有其內外因緣、性情時世之異，但無一不是遵奉周氏心中「原儒」「眞儒」的中道用世觀，並無岳飛、史可法式的民族大義充滿著「強以大義」的暴凌和虛矯之氣。在《〈苦茶隨筆〉小引》中，周氏自稱喜歡《出師表》，並非表彰孔明的忠武，而是取其「不可爲而爲之的精神」，與陶詩的「衣沾不足惜，但使願無違」相似，都是「誠實的文章」〔註146〕。正像他常提的「疾虛妄」的「三盞明燈」（俞理初、王充、李贄）是晚清反體制儒學的風氣中醞釀出的「眞誠政治」的象徵符號一樣。

　　這些議論充分地說明了，周作人並未像梁任公和蘇和尙一樣從民族主義、浪漫主義的角度來看待希臘，因爲他所理解的希臘精神並非如此。他從希臘文化裏找到的三個特徵——求知、誠和美，與抽象的浪漫與感傷並不相同。值得注意的是，爲周氏所喜愛的希臘哲學流派斯多噶派、伊壁鳩魯派，是有著號稱「哲學起源地」的愛奧尼亞血統〔註147〕的哲學、歷史和美學觀。他認爲這些希臘哲人對宗教巫魘的「淨化作用」來自於對生存的誠實態度，因而能夠將迷信和暴力轉化爲美。而這從求生存的欲望中誕生的、充滿「知」與「美」的古希臘，不僅是他通過日本的轉譯而瞭解到的，也與他喜愛的江

〔註144〕　周作人：《關於英雄崇拜》，《周作人散文全集》6，鍾叔河編訂，桂林：廣西師範大學出版社，2009年，第479～480頁。

〔註145〕　同上。

〔註146〕　《周作人散文全集》5，鍾叔河編訂，桂林：廣西師範大學出版社，2009年，第797頁。

〔註147〕　參見（日）柄谷行人：《哲學的起源》，林暉鈞譯，臺北：心靈工坊文化出版社，2014年4月第1版。

戶日本有相似之處。在對比了中日關於雷公的神話後，他贊同哈里孫的話，認為希臘的詩人洗除宗教恐怖，而日本有希臘的流風餘韻，「中國文人則專務創造出野蠻的新的戰慄來，使人心愈益麻木萎縮，豈不哀哉。」〔註148〕作為周作人一生中「巨大的美學和哲學上的參照」，在止菴所謂「希臘靈魂」與「日本審美方式」之間〔註149〕，在「日本之情」與「希臘之知」之間流通的仍然是自然法理的中道思想。如果說，將「希臘之於歐洲」比擬為「中國之於亞洲」的言，更多地是出於本能的或策略的民族精神的話，他所真正鍾情的卻是作為「中道」思想的文明承載體的「希臘」和「日本」。在語義結構上，它們彼此之間是轉喻式的關係，其功能亦都是「反形而上學」的敘述主體。

早在 1918 年的《日本近三十年小說之發達》〔註150〕一文中，周氏即引英國人 Laurence Binyon 的《亞細亞美術論》，集中辨析了希臘、羅馬、中國和日本文明的異同，也表達了江戶子的瀟灑與希臘犬儒派的玩世都尊重自我和他者的存在，無論是執於生，還是執於死，都源自於「存在」本身的需要，而非凌駕於其上的觀點。也正是在這一意義上，他將《路吉阿諾斯對話集》與江戶文學中的經典之作《浮世澡堂》《浮世理髮館》視為晚年翻譯生涯中最重要的工作。路吉阿諾斯即琉善（約 120～180），是犬儒派虛無主義的諷刺作家，周氏稱他的作品有著「堅硬而漂亮的智慧」「有時候真帶著些野蠻的快樂」，這種基調與「浮世系列」中的滑稽和哀傷正是一致的。他讚揚日本和希臘文化「沒有宗教與道學偽善，沒有從淫逸發生出來的假正經」〔註151〕。

總的來說，周氏對希臘文明的判斷，特別是「現世主義」和享樂主義的觀點，很大一部分受到哈里森的影響，即認為希臘的「美」是一種「人化」和「肉身化」，把超驗的靈魂拉回此世。周氏對哈氏「希臘民族不受祭司而受詩人支配」〔註152〕的判斷尤其認同，並由此引申比附，認為宋儒使中國的文

〔註148〕 周作人：《關於雷公》，周作人散文全集》7，鍾叔河編訂，桂林：廣西師範大學出版社，2009 年，第 221 頁。

〔註149〕 「他的靈魂是古希臘的，而審美方式是日本的。」止菴：《苦雨齋譯叢總序》，《六醜筆記》，東方出版社，2000 年，第 150 頁。

〔註150〕 周作人：《日本近三十年小說之發達》，《周作人散文全集》2，鍾叔河編訂，桂林：廣西師範大學出版社，2009 年，第 42 頁。

〔註151〕 參見《懷東京》，《周作人散文全集》7，鍾叔河編訂，桂林：廣西師範大學出版社，2009 年，第 330～331 頁。

〔註152〕 周作人：《希臘神話引言》，《周作人散文全集》9，鍾叔河編訂，桂林：廣西師範大學出版社，2009 年，第 264 頁。

化思想走向偏狹，其實與希臘之後「越來越具有暴力傾向」〔註153〕的羅馬的歷史進程相近：羅馬帝國在其中後期經過了基督教的大一統之後，其性格開始由「多」轉向「一」，缺乏寬容和同情，充滿對異教的嚴厲，歐洲開始墮入中世紀的黑暗時代。與之不無相似的是，宋以後的「中國人實在太缺少求生的意志」「沒有堅定的人生觀，對於生命沒有熱愛」，雖然也「辯護酒色財氣的必要，只是從習慣上著眼」「並不是他個人以爲必要，倘若有威權出來一喝，說『不行！』，恐怕就會將酒色財氣的需要也都放棄了，去與威權的意志妥協」。對周氏而言，對物質的肯定有「先驗」與「經驗」的區分。在《新希臘與中國》〔註154〕裏，他強調古希臘人的物欲是自然的熱烈的生命之欲，而（被扭曲的）中國人「好像奉了極端的現世主義生活著，而實際上卻不曾眞摯熱烈的生活」。他並且認爲如今衰落的希臘已與現代的中國相似，有著狹隘的鄉土意識，爭權奪利和多神的迷信等，再不復古代的健康的求生意識。接著，他號召國人用易卜生的「全或無」精神與這種「被扭曲的中國歷史」決裂，將目光投向古希臘，並學習14世紀歐洲對希臘羅馬精神的重新闡揚〔註155〕。

由是而言，周氏最重要的學術貢獻之一，並不僅僅是爲希臘文學和日本文學的現代學科建設開闢疆土，而是在日本和希臘之間建立一種內在的思想上的關聯。「日本」的「模仿」和對「他者文明」的關照如佛教的主體論一樣能夠「無我」，因而成爲周氏視野中撬動「體制儒學」的一根楔。而日本與希臘的內在關聯，實際上也牽動著周作人的思想中另一組並未充分展開的對比：希臘與基督教。

無論就宗教意識形態對「形而上學」問題的爭鬥還是「文明與國家」的離合與衝突而言，希臘、猶太教與基督教之間的關係，都可以說是亞洲的儒佛辨正所對應的歐洲鏡象。周作人並未試圖從歷史和國族層面去分析基督教之於歐洲的政治和文化哲學意義，但，沿著同一種「中道」之路，他卻曾憑藉直覺好惡進行取捨。從博愛和寬容精神的角度，周氏亦肯定基督教的精神，認爲其某些精神不下於佛教，並曾敘及自己最初學希臘文的緣起，是爲了譯

〔註153〕　周作人：《希臘之餘光》，同上，第247～252頁。
〔註154〕　周作人：《新希臘與中國》，《周作人散文全集》2，鍾叔河編訂，桂林：廣西師範大學出版社，2009年，第411～412頁。
〔註155〕　周作人：《文藝復興之夢》，《周作人散文全集》9，鍾叔河編訂，桂林：廣西師範大學出版社，2009年，第179頁。

改《四福音書》爲古文〔註156〕。然而更多的時候，他也明確表示自己喜釋迦，不喜耶穌，因前者理智，寬厚而富人情，並無「宗教」的迷狂之意味。這種價值分野也自然地被他移置到對希臘和基督教的關係的辨析之中。在《歐洲古代文學上的婦女觀》〔註157〕、《〈畫廊集〉序》等文中，通過敘述歐洲思想文化史的流脈，他總是談及基督教的禁欲主義和嚴苛與希伯來思想的嫡裔關係。「古代已有斯多噶派伊壁鳩魯派那樣的高尚的道德宗教，勝過基督教多矣，可惜後來中絕了。本來我對於希臘之基督教化很有一種偏見，覺得不喜歡」〔註158〕。

希臘、猶太教與基督教的宗教博弈由來已久，而正像儒釋道的博弈在現代化的歷史語境中發生的意義變化一樣，在近現代的歐洲史上，宗教派別的衝突同樣意味著現代性與反現代性、「哲學」、「神學」與「科學」、民族、國家和文明論的爭鬥。叔本華、克爾凱郭爾、尼采、瓦格納、海德格爾等人的「希臘崇拜」，乃至於後來福柯的「譜系學」，正是沿著「反柏拉圖——基督教——笛卡爾——現代性」的道路而伸延的〔註159〕。周作人的文化直覺一向精準，他喜愛浮世繪、反感魏爾哈倫所代表的歐洲藝術的理由，與起始於「東方熱潮」的歐洲現代美術革命的走向恰相一致。從印象派、立體主義到超現實主義，「威耳哈倫感奮的那滴著鮮血的肥羊肉與芳醇的蒲桃酒與強壯的婦女之繪畫」，正是在「超克了希臘思想」的基督教的歷史脈絡中誕生的藝術「意識形態」〔註160〕。如前所述，周作人所擇取的希臘精神中，最主要的是伊壁鳩魯學派。它不僅被認爲是歐洲犬儒主義和虛無主義哲學的源頭之一，也是與柏拉圖主義鬥爭最爲激烈的派別，其反對把超驗世界凌駕於具體的事物之上的態度，與周作人所喜愛的「晚明」，特別是「三盞明燈」之一的李贄所代

〔註156〕　周作人：《我的雜學（十八）·外國語》，《周作人散文全集》9，鍾叔河編訂，桂林：廣西師範大學出版社，2009 年，第 234 頁。

〔註157〕　《周作人散文全集》2，鍾叔河編訂，桂林：廣西師範大學出版社，2009 年，第 422 頁。

〔註158〕　周作人：《〈畫廊集〉序》，《周作人散文全集》6，鍾叔河編訂，桂林：廣西師範大學出版社，2009 年，第 543 頁。

〔註159〕　參見（日）柄谷行人：《哲學的起源》，林暉鈞譯，臺北：心靈工坊文化出版社，2014 年。

〔註160〕　關於歐洲美術受到東方影響，以及美術與哲學、科學理念變遷中的彼此呼應，參見（美）：《藝術與物理學》，吳伯澤、暴永寧譯，長春：吉林人民出版社，2001 年。

表的陽明心學的理路有相近之處。總之，在其「沖淡」的文字中，周作人對國家主義和僞道學的厭惡，經常是通過建立這些豐富、微妙的文明參照系，在不同的篇章中，不斷反覆、參差對比，並以不溫不火卻愛憎分明的敘述態度傳達出來，形成一股低徊、執拗的力量。

第三節　「多元主義」：與周作人相近的亞洲主義者的「反現代性」邏輯

一、胡蘭成和三島由紀夫

周作人這一套完整的認識論思想體系和烏托邦憧憬，在佛教與儒學、中國、日本、希臘之間的轉喻性關係，雖與蘇曼殊畢竟殊途，卻與另一些亞洲主義者有相當強烈的呼應。西田幾多郎就曾對希臘神話和日本神話進行比較，將日本文化界定爲「情的文化」，認爲「情發之處，即成了藝術。就此來看，大概可以說，日本文化與中國的儒教文化截然不同，反而接近於希臘文化。」〔註161〕而如以周作人的反歐美中心主義的文化鏈來重新審視宮崎滔天到竹內好的「中國革命」思路，還需要同在這一思想鏈條上的另一些人物的串接，如二戰後逃亡日本的胡蘭成，以及在戰後崛起的日本作家三島由紀夫（Yukio Mishima，1925～1970）。

胡蘭成是中國現代思想史上最極端的文明論者（「只有中國文明，沒有西方文明」是他的口頭禪），也是文學史上鮮見的、始終以「文明」作爲關鍵詞的作家。他宣稱自己是在日本投降後被國民政府通緝，於國內逃亡期間隱匿在溫州圖書館中時，看到日本人撰寫的關於新石器時代的考古文章才始悟「文明」之光，及至來到日本「反觀祖國」，受西田幾多郎、西谷啓治和鈴木大拙等人的「禪學」的影響，悟出一個「無」字，才意識到文明問題「原是如此重要」〔註162〕。在50～70年代的「戰後日本」一系列著作中，他以儒、釋、道思想爲原料，特別是以黃老思想爲基礎勾勒了一整套「文明──禮樂方案」，內容涵蓋了本體論、認識論和實踐論，以反對西方現代資本主義「產業

〔註161〕　參見（日）高阪史朗：《近代之挫折：東亞社會與西方文明的碰撞》，吳光輝譯，石家莊：河北人民出版社，2006年，第3頁。

〔註162〕　胡蘭成：《華學、科學與哲學》，北京：中國長安出版社，2013年，第2～3頁。

社會」、樹立「華學」為宗旨，討論世界各國古文明的生滅現象和現實的政治文化建設。自 1962 年 5 月起，胡蘭成成為日本戰後的新興宗教組織「梅田開拓筵」的三大講師之一（另兩位是獲諾貝爾物理學獎的湯川秀樹和數學家岡潔），應筵主梅田美保的邀請，開辦學堂「斯道館」，聚眾講述《論語》《易經》心經等三教傳統經典，兼以書法琴法。其講義結集成以日文寫就的《心經隨喜》，借大乘佛教般若部最著名的經典《般若波羅蜜多心經》來詮釋他的「東方文明論」心得。在開篇的序言裏，他稱「印度人將日本和中國視如東方諸佛世界」，並引用溫庭筠的《花間集》「照花前後鏡，花面交相映」〔註163〕來形容中、日、印文明之間的關係。在此期間，他更一度與亞細亞研究會過從密，並且發起組織孫文蓮會，冀望成立太平洋協會〔註164〕，試圖從文明和宗教的角度來詮釋孫中山所代表的中國革命。雖然沒有實際的建樹，在某種程度上卻可以看作是對亞洲和親會及其「三國扇喻」的一種歷史的應和。此外，胡蘭成在日本文化界展開活動之際，與「日本浪曼派」的代表人物保田與重郎、尾崎士郎等人走得很近。這一文學流派以反諷戰時浪漫主義為武器，主張回歸日本傳統的古典美學，以抵抗追逐西方的「現代危機」。

與此同時，年輕的日本作家三島由紀夫也作為此一派別的最新成員正式登上文壇。這位作家在周作人的好友谷崎潤一郎的文風影響下追求純日本的古典主義〔註165〕，戰前和戰中，他也曾經浸淫在日本「民族主義」的浪漫主義之中，在「大正教養主義」所遺留的國際主義氛圍裏廣泛閱讀日本古典文學和西方文學，將日本傳統作為逝去的寶物，試圖捍衛「纖弱的日本古典美的堡壘」〔註166〕。而二戰末期和戰後民主主義初期的經歷，特別是廣島、長崎的原子彈、天皇的玉音放送，使他產生了世界末日、「文明劫毀」之感，而廢墟上的人們又是如此迅速地跟隨美國式的「民主主義」，以發展經濟的物質主義目標，假裝遺忘戰爭時的民族主義和浪漫主義理念，這種「空虛的」功利主義又讓他產生強烈的荒謬感，並由是反思「西方現代性」本質。他開始深刻地認識到，現代的癥結不在於現代人拋棄了傳統，而是在於他們重新發明了一種以「傳統

〔註163〕 胡蘭成：《心經隨喜》，小北譯，北京：中國長安出版社，2013 年。

〔註164〕 參見薛仁明主編：《天下事，猶未晚——胡蘭成致唐君毅書八十七封》，臺北：爾雅出版社印行，2011 年，第 74～76 頁；第 228 頁。

〔註165〕 （日）三島由紀夫：《日本的古典與我》，《殘酷之美》，唐月梅譯，北京：中國文聯出版社，2000 年，第 315 頁。

〔註166〕 （日）三島由紀夫：《我經歷的時代》，《太陽與鐵》，唐月梅譯，北京：中國文聯出版社，2000 年，第 79 頁。

回歸」來屏蔽傳統的方式，而民族主義和浪漫主義正是這種方式最主要的載體：「戰爭期間，日本浪漫派與右翼的國粹主義思想相結合，企圖從日本古典中摸索出新的東西，產生了一個相當強有力的運動。」〔註167〕

> 同時代的哲學家尼采在《悲劇的誕生》中，讓肯定現世的希臘悲劇同否定現世的基督教對立，並批評後者的卑劣。可是，擁有藝術是現世起源的歐洲進入 19 世紀末的清算時期，可以說，呈現出其深刻矛盾的現象之一，是採取了唯美主義。……不過，在哪裏也看不見希臘戲劇那樣肯定現世的悲劇。美，大都是現世的生活感情的情緒性裝飾，比起藝術的生活化來，更進一步作爲無害的「生活的藝術化」的一種規範〔註168〕。

這一節可以看作是三島對自己從浪漫派到反浪漫派的心路歷程。他反對被人們稱爲唯美性的作家，因爲他所喜愛的美已經被現代人視爲一種超驗的形而上學。在《師生》裏他寫道，現代，就是那喀索斯的時代——自戀者的時代。〔註169〕

由於目標已經改變，三島表示要用不同的觀念去運用自己已經掌握的文學養料。他以對「美學」與「古典主義」的建樹著稱，特別是對希臘文明和傳統日本文明極其狂熱。直到 1970 年，日本現代經濟增長達到最高潮之際，他以反諷的姿態在日本自衛隊發表了一番無人響應的演講之後，殉身天皇，切腹自盡。

三島是尼采的信徒，自稱是「以尼采式的思考來看待希臘的藝術」〔註170〕，以存在的直觀體驗作爲「唯意志論」的生發地來反對超驗的基督教精神。值得注意的是，他也是陽明心學的信徒。聯繫章太炎、周作人共通的思想譜系，我們會發現幾人在精神上的某種親緣性。在他們那裡，希臘——基督教、儒學——佛教、希臘——日本這幾組關係中有著共通的抵抗和同盟結構。可以說，他們都是既反現代、又反西方的文化保守主義者、心性論者和亞洲主義文明論

〔註167〕 （日）三島由紀夫：《日本文壇現狀與西方文學的關係》，《殘酷之美》，唐月梅譯，北京：中國文聯出版社，2000 年，第 443 頁。

〔註168〕 （日）三島由紀夫：《唯美主義與日本》，同上，第 362 頁。

〔註169〕 （日）三島由紀夫：《師生》，《太陽與鐵》，唐月梅譯，北京：中國文聯出版社，2000 年，第 16 頁。

〔註170〕 （日）三島由紀夫：《我迷戀的東西》，《殘酷之美》，唐月梅譯，北京：中國文聯出版社，2000 年，第 406 頁。

者，處於民族戰爭的橫向糾葛之中，卻都希望貫徹超民族問題的理念：讓古昔健全地活在當下。也正因此，儘管周作人、三島和胡蘭成的政治污名一向是阻擋研究者的銅牆鐵壁，但這污名與其詩學中蘊涵的哲學和政治哲學訴求之間的關係，卻恰恰可以幫助我們看清在「儒教中國」的內側難於看清的問題。

二、「日本」和「希臘」的「肉體性」（感受性），以及「無」與「多」的辯證關係

周作人對日本擅長「有誠意地模仿他者」的文化性格及日本文化與希臘精神的內在聯繫的論斷，在三島由紀夫寫於 1955 年的長篇隨筆、日記《小說家的休閒》中得到了充分的印證：

> 羅馬人泰倫提有一名句：「我是人，對我來說，但凡是人的東西，我都不疏遠。」如果模仿他的話來說，似乎就是「我是感受性，對我來說，**但凡能感受到的任何東西，我都不疏遠。**」諸如希臘思想、基督教、佛教、共產主義、實用主義、存在主義……還有諸如莎士比亞的戲劇、陀思妥耶夫斯基的小說、瓦來里的詩、拉辛的戲劇、歌德的抒情詩、李白和杜甫的詩、巴爾扎克的小說，還有托馬斯·曼的小說……不論哪一種，對這種稀有的、無私心的感受性都不疏遠。我之所以把乍看像混亂的無道德的享受，稱為前所未有的，乃是因為我覺得日本文化的未來性，正是從這種極限的坩堝中產生出來的緣故。為什麼呢？因為能夠泰然地忍受這種矛盾和混亂的能力，不是無感覺，而是與此相反的、無私的、銳敏的感受性相結合，在這基礎上，這種能力是什麼東西呢？在世界被縮小、而且思想對立的現代，世界精神之一的試驗性原型，正在日本文化中逐漸被創造出來……如果不性急地去謀求某種指導性的精神，那麼也許這種多樣性本身會被造型成一種廣泛的精神。保存古老的東西，包容新的東西，不論大小鉅細都一無遺漏地吸納過來，泰然地忍受諸多的矛盾，不陷入誇張，不委身於任何宗教的絕對性，置身於這種文化的多神教的狀態中，只要不失去平衡，它就會產生出一種世界精神吧。〔註171〕（黑體字為本文所加）

〔註171〕（日）三島由紀夫：《小說家的休閒》，《太陽與鐵》，唐月梅譯，北京：中國文聯出版社，2000 年，第 239 頁。

長久以來被冠名爲「病態的美學家」的三島由紀夫是相當「哲學化」的作家，這一段論述可以說是從辯證哲學的角度來談論日本的主體文化性格的。他認爲日本是「文化的坩鍋」，是一個無限包容的容器，而這正是它在現代的自我位置所在。這種思想顯然與周作人的「中道」「雜學」有相通之處，也可以說是西田幾多郎與鈴木大拙「絕對無」哲學的演繹版本。鈴木大拙通過日本禪學描述的日本人的美學性格即是如此：

> 日本人的不均衡，不對稱，偏於「一角」，安貧守寂，嗜簡，喜孤絕，所有這一切，莫不由深知禪理而來。
>
> 一在多中而不失其爲一，多在一中而不失其爲多；周遍含容，一多無礙。〔註172〕

現代以來傾向於佛教的日本亞洲主義者往往具有同類的思想邏輯，其直接來源是幕末以來在浪人之間極流行的陽明心學。日本武士不假思索的行動主義正可以追溯到「心即理」「當下即是」「直心是道場」等混合了天台、華嚴和南宗「頓教禪」的陽明學思想。這種「心性論」是反對現代性物質主義、功利主義異化的武器，卻也同樣是戰爭中那些瘋狂行動的「精神來源」。三島極力推崇的「武士道精神的教材」、德川時代的藩國武士山本常朝的《葉隱聞書》，就是德川時代陽明學——儒學一脈武士道思想的代表，後來成爲二戰時軍事動員的「精神食糧」〔註173〕。如上一章對蘇曼殊神話的分析，陽明心學的「頓悟」「狂禪」具有可以直接被國家主義吸收的危險性，另一方面它也生產著反線性時間觀和歷史目的論的解構思維。如梅原猛所說，在京都大學還保持著西田幾郎和田邊元的學風之時，所謂的京都學派的核心並非一味向歐洲哲學看齊，而是站在綜合東西方哲學的立場上。高阪史朗曾分析道，凡是取得近代日本思想領導地位的人，既不是完全傾向西方的人，也不是頑固執迷的東方主義者，而是綜合主義者〔註

〔註172〕　參見（日）鈴木大拙：《禪與繪畫藝術》，《禪與藝術》，徐進夫等譯，哈爾濱：北方文藝出版社，1988年，第12頁。

〔註173〕　戰後60年代，三島曾試圖爲《葉隱聞書》在戰時被利用、在戰後則被拋棄的「二次扭曲」的命運翻盤，最終以身殉「葉隱精神」。參見三島由紀夫：《葉隱入門》，隰桑譯，南京：江蘇文藝出版社，2011年。（日）袴谷憲昭：《「批判佛教」對抗「場所佛教」》，賀照田主編：《東亞現代性的曲折與展開》，《學術思想評論第七輯》，長春：吉林人民出版社，2002年，第95～124頁。

〔註174〕　（日）高阪史朗：《近代之挫折：東亞社會與西方文明的碰撞》，吳光輝譯，石家莊：河北人民出版社，2006年，第2頁。

174〕。這種綜合的中心，就是「絕對無」〔註 175〕：因爲能「無」、所以能「多」的「無我之我」的思想。影響過周作人的希臘籍日本學者小泉八雲也同樣受到這一脈日本哲學的感召，寫了一系列關於日本——亞洲——東方性格的文章，在中國和西方影響極大。在《和風之心》中他曾提到，東方的世界是無窮多的精神生活體現於一個人中，西方人的「靈魂」是單體的，而東方佛教性的「神識」（即唯識學的「阿賴耶識」）是複合體。科學、遺傳學和進化論不是被打倒了，而是被吸入東方的宇宙觀中去，而西方的神學對善與惡的單純的二元性定義卻走得偏頗了〔註 176〕。

　　特殊性與普遍性、同一與差異，始終是所有現代問題的「原型」。從這個角度去理解派伊關於「中國是國家即文明」，日本「既是一個國家又是一個文明」的判斷，可以發現中國現代路徑的特色是以「一」訓「多」，而「日本」的特色在於以「多」訓「一」。在三島的論述中，「多」不僅意味著發現文化差異，也意味著以具體性來對抗抽象性。像周作人眼中的「情之日本」一樣，三島認爲，日本文化對現事現物的感受性是稀有的。日本人迷戀於「具體事物」而不願進行「理性的」思考，日本的哲學和美學，是以直觀體驗向著「絕對」前進。三島極爲推崇的日本室町時代作爲皇家佛教祭祀而衍生出的戲劇形式——能樂的重要美學觀念「風姿花傳」，恰可以說明日本人眼中直觀經驗和絕對眞理的關係：風是無形的，它的意向要靠眼前花朵的搖曳來傳遞，正像演員要通過肢體來傳達無形的眞理一樣。然而無論風（眞理）還是花（現物），都是具體的、獨一無二的存在。與此同是，三島也認爲越是古老的日本藝能，「其背後就越搖曳著更多的、廣泛的、全亞洲的影子。」〔註 177〕在日本的文化裏，迴蕩著亞洲文明古老的、傳統的原鄉感與肉體的、生命性的感受體驗，在某種意義上，是周作人和三島的共感；對於日本「直觀感受」的性格，胡蘭成也有類似的評論：

〔註 175〕　參見吳汝鈞：《絕對無詮釋學：京都學派的批判性研究》，臺北：臺灣學生書局，2012 年；（日）袴谷憲昭：《「批判佛教」對抗「場所佛教」》，賀照田主編：《東亞現代性的曲折與展開》，《學術思想評論第七輯》，長春：吉林人民出版社，2002 年，第 95～124 頁。
〔註 176〕　（日）小泉八云：《和風之心》，楊維新譯，長春：吉林出版集團，2013 年。
〔註 177〕　三島由紀夫：《舞樂禮讚》，《殘酷之美》，唐月梅譯，北京：中國文聯出版社，2000 年，第 351 頁。

　　日本人雖學了中國的儒教，但是接受其形式，三倫五常是有形
式的，儀禮是有形式的，日本人可以情緒使之美化，但對於三綱五
常與儀禮背後的，尚在於物象之先的理，連情緒亦加不上的，則不
感興趣。便是儒教約有形式的東西也要是對於日本原有的形式是一
種補充與加深加廣的，才被歡喜的取爲己有……

　　中國人也講情緒……爲了「大寨」、「掛帥」、「一分爲兩」這種
口彩也可以喚起情緒，但比之日本的，則中國的還是知性的，但這
種口採只是知性的東西的遺蛻，中共雖利用之亦只可一時。日本人
的才純是情緒〔註178〕。

　　日本人是從佛教學得了無常這句話，平家物語的開頭就把來應
用曰、「祇園的鐘聲裏，人世的榮華無常」，而比佛教説的有感情顔
色。但是日本有萬世一系的天皇在，所以對無常這句話不大深刻去
想。他們尚也使用從佛教學來的劫字，也一般的沒有深刻去想。因
爲日本民族雖也有過洪水的記憶，但是其後沒有再經過什麼浩劫。
除非人必有死的這個劫，但這也因日本古事記的神道的強大存在，
有一種安穩，不去多想。日本人不像中國人有把事物來理論的學問
化的習慣。〔註179〕

　　日本人有回味而無反省，回味是情緒的，反省卻是要知性。日
本的歷史小説《平家物語》與《源平盛衰記》皆只是情緒的回味，《太
平記》寫南朝與北朝，奉皇室正統，而不知同時還有天數潛移。今
番日本對中國及英美大敗戰後，日本人一般是承認了事實就不去多
想，有不甘心的是不平，與諷刺玩世不恭者，亦皆只是情緒的，大
家都是從沒有所謂反省的〔註180〕。

在胡蘭成而言，日本人對於文明有「悟識」，卻是無意識的，缺乏中國易
學那樣的「學問化」能力。然而日本的直覺性卻是明快的，沒有西方的神學
「巫魘」。他在溫州圖書館讀到的日本考古學者對新石器時代的考證中，看到

〔註178〕　胡蘭成：《閒愁萬種》，北京：中國長安出版社，2012 年，第 133～136 頁。
〔註179〕　胡蘭成：《大千皆壞，且喜我這個也壞》，《今日何日分》，臺北：三三書坊，
　　　　　1990 年，第 38～39 頁。
〔註180〕　胡蘭成：《日本人所以恨中國人》，《閒愁萬種》，北京：中國長安出版社，2012
　　　　　年，第 137 頁。

了一句觸動信心的話，就是「阿瑙與蘇撒地域的新石器出土物沒有巫魘。」他因此感到，「當下把我所要曉得的事一下子都照明了」〔註181〕。這種「照明」的含義，與周作人所謂「希臘文明不靠祭司，而靠詩人來支撐」的觀點是一致的。胡蘭成常用的「巫魘」一詞，亦與周作人的「宗教」「虛妄」和三島的「精神性」相近，它們都是「神學性」「先驗性」「形而上學」的異名。他認為西洋的宗教是神創論，因此神對於人是壓迫性的，而東洋的人與神（佛）卻分享同一個悟識，因而能相悅，也就是「沒有巫魘」：

> 西洋人到了神前，只覺是什麼都不足道了，西洋的東西連同社會原也離脫了大自然，所以到了神前只有悵然自失。中國與日本的卻是在於神前，樣樣東西都變得尊貴了，神好比是風，吹醒了人世之景。連寺觀亦都成了人世的風景〔註182〕。

神學與二元對立不可分併導致專制和假道學，這是秉承「相即性」思維的心性論者的共同的理念。周作人是中國「假道學」不共戴天的敵人，而三島由紀夫的「怪異美學」（唐月梅語〔註183〕）和他的離經叛道也同樣來自於對日本「官學」「道學」的對抗。在三島看來，《葉隱聞書》雖然宣揚的是忠於家主的思想，卻也是針對於社會道德的偽善和功利主義的叛逆思想。正是基於此，此書雖然在戰爭中被軍國主義所利用，戰後的三島卻不避禁忌，大肆讚揚其叛逆精神，其理由與周作人讚揚日本江戶文化「沒有宗教與道學偽善，沒有從淫逸發生出來的假正經」〔註184〕正相一致；同樣，三島在日本戰後「民主主義」中的功利心態中寫出散文集《不道德教育講座》，其中的「禁欲與縱慾」「肉體與理性的平衡」等觀點，也與周作人如出一轍。周作人的「紳士與流氓」「叛徒和

〔註181〕 胡蘭成：《華學、科學與哲學》，北京：中國長安出版社，2013 年，第 1～2 頁。據一些學者考證，胡蘭成所讀到的日本考古學家的思想，在晚清到民國學界有一定的影響力，關於人類起源於大洪水、新石器時代以及帕米爾高源，不僅曾構成章太炎、宋教仁等人對於「華夏歷史」和以漢族為主導的「文明野蠻」觀的歷史論據，也對胡適等人的歷史考古形成了直接和間接的影響。更重要的是，它形成了一種關於「文明起源」的東方式敘述，對於形塑 20 年代以後的「東方文明論」功不可沒。胡蘭成的詩學和政論文章一向汗漫著「新石器大洪水後的文明古國」「洪荒」這樣的「極致抒情」，其思想根源或許來自於此。由於對此觀點來源未及細察，暫列為參考。
〔註182〕 胡蘭成：《今日何日兮》，臺北：三三書坊，1991 年，第 101 頁。
〔註183〕 唐月梅：《怪異鬼才三島由紀夫傳》，北京：作家出版社，1994 年。
〔註184〕 周作人：《懷東京》，《周作人散文全集》7，鍾叔河編訂，桂林：廣西師範大學出版社，2009 年，第 330～331 頁。

隱士」，都可以在三島的思想譜系中找到對應物。歸根結底，三島要復興的日本文化和周作人要復興的「理想中的應當如此的禮」，都是基於存在性和肉體性的觀念：「理想中的中庸，即大膽地微妙地混合禁慾與縱慾」。〔註185〕

　　認爲日本是感性的、肉體性的和多元性的觀點，在亞洲主義者這裡具有一定的普遍性，而這種對日本的認知也總是與對西方文明的判斷相關。如周作人對希臘文明與希伯來文明和基督教的比較性觀點，曾受到廚川白村的《文藝思潮論》〔註186〕的影響。在周氏的首部學術專著、也是「中國第一部歐洲文學史講義」《歐洲文學史》〔註187〕（1918）中，他像廚川一樣認爲古希臘人重享樂的現世主義不同於希伯來人重視靈魂的宗教歸宿，希臘屬「肉」，希伯來——基督教屬「靈」。三島由紀夫也同樣在「多＝具體性＝感受性」的意義上，以倫理道德的判斷標準爲核心將日本精神和希臘文明聯結在一起，認爲日本的道德觀「徹底屬於希臘的類型」，希臘的古典主義與日本一樣是「感受性的」「直觀的」，它們沒有基督教刻意製造的「形而上深度」，而是一種對刺激做出直接反應的「機能性」的文化。在三島而言，這才是具有文明性的道德：

　　　　簡單地把希臘的藝術説成是富有人性，是不可信的。迄今人類所從事的工作，更是別樣的工作。只有普羅米修斯的神話才是這種意義上的富有人性的。普羅米修斯從神那裡偷盜了火種。不是從神那裡偷盜**全部東西的雛形**，而只是偷盜了神的一種**機能**。〔註188〕（黑體字爲本文所加）

　　引文中三島所謂「全部東西的雛形」，乃是針對柏拉圖的「理念世界」和希伯來——基督教文化的「上帝的意圖」而言的。他認爲離開了主體的具體感受的「全面」和「整體」是不存在的，「古代希臘沒有什麼『精神』之類，只有肉體和理性的均衡。『精神』正是基督教的可惡的發明。」「希臘的城邦，就是原封不動的一種宗教國家……信仰在那裡並不像基督教那樣的『人的問題』，因爲人的問題只在此岸。」〔註189〕這類觀點都表達了對二元論的不滿。

〔註185〕　周作人：《禮的問題（給江紹原的信）》，《周作人散文全集》3，鍾叔河編訂，桂林：廣西師範大學出版社，2009年，第522～523頁。
〔註186〕　（日）廚川白村：《文藝思潮論》，樊從予譯，北京：商務印書館，1924年。
〔註187〕　參見周作人：《歐洲文學史》第一卷，石家莊：河北教育出版社，2002年。
〔註188〕　（日）三島由紀夫：《小説家的休閒》，《太陽與鐵》，唐月梅譯，北京：中國文聯出版社，2000年，第150～151頁。
〔註189〕　（日）三島由紀夫：《小説家的休閒》，《太陽與鐵》，唐月梅譯，北京：中國文聯出版社，2000年，第115頁。

三島認為，在古希臘，美即倫理，而在現代兩者卻被分開了。從柏拉圖的理念世界到康德所描述的「萬有宇宙」，都是對超越於經驗之外的整體主義的表達，它們構成了「現代國家主義」的神學基礎，也是工業文明時代「科學認識論」的基礎。易言之，基督教是現代的國家、科學和哲學背後的幽靈，而反現代的思潮則不斷以「希臘時代」「猶太教」作為對抗資源。儘管這些範疇內部充滿了多義性和歧義性，以希臘、文藝復興代表「多元」、以基督教代表一元化和二元論的普遍性論述卻是反現代思潮中一種常見的論述。尼采即是在此意義上支持希臘而反對基督教的精神譜系，並且建立了與佛教同盟關係。在《反基督教》裏這位瘋狂哲人寫道：

> 我反覆說過佛教具有百倍的冷靜、誠實和客觀性。佛教已經不需要把自己的痛苦、自己的受苦能力通過對罪的解釋使之成為一種禮儀說法——佛教直率地說出自己的所想：「我苦。」〔註190〕

尼采讚揚佛教哲學，是因為他所理解的「苦諦」直接來自於「我」對生命的存在性體驗，其認識論體系並不來自於對一個既定宇宙的整體的、先驗的預設，而是來自於對「我」在自身的範圍內能夠見聞覺知的一切生命和事相在存在意義上的體察。同樣，在周作人的「現世主義的希臘」，戰爭與犧牲的理由是保衛自身，《荷馬史詩》裏的英雄倒下，沒有什麼「英雄精神」要留存，反倒是不斷詠歎對死亡的恐懼和死後世界的虛無。這正是希臘的「誠實的美」。而基督教卻取消了「我」這一立足點，發明了超越於己身的普遍的精神體系，同時也通過設定「罪惡」，將痛苦和欲望對象化，變成自我的敵人。這種神學性的設定到了現代則以「科學」「理性」之名延續下來，並且成為「民族國家」的認識論基礎。就此而言，無論是尼采、周作人、三島還是胡蘭成都以日本和希臘的「直觀性」「機能」和「情」反對「整體主義」「宗教」「科學」的超驗設定。即如三島所說，「科學的目的就算是在於認識宇宙法則和宇宙結構，也不是在於摹寫它和製造它的雛形。因為這種全面性的東西是不起什麼作用的。」〔註191〕他曾用一個視覺上的描述來讚揚希臘文明的直接和明快——意大利和希臘的大理石在乾燥的空氣裏反射著陽光，沒有陰影。〔註192〕（著重號為本文所加）在深受三

〔註190〕（德）尼采：《反基督教》，轉引自柄谷行人：《日本現代文學的起源》，趙京華譯，北京：生活·讀書·新知三聯書店，2003 年版，第 105 頁。

〔註191〕（日）三島由紀夫：《小說家的休閒》，《太陽與鐵》，唐月梅譯，北京：中國文聯出版社，2000 年，第 151 頁。

〔註192〕（日）三島由紀夫：《我迷戀的東西》，《殘酷之美》，唐月梅譯，中國文聯出版社，2000 年，第 402～409 頁。

島影響的後結構主義思想家柄谷行人那裡，「陰影」是由笛卡爾式的一元論和二元論的「顛倒」和「偽深度」所產生的。而希臘的、尼采的、佛教式的「明快」則是直覺性和多元性的，來自於激烈的生存欲望和對欲望的直觀。

　　與之相近的是，周作人曾引用羅斯金評希臘人的語言：「心裏沒有畏懼，只是憂鬱，驚愕，時有極深的哀愁與寂寞，但是決無恐怖。這樣看來，希臘人的愛美並不是簡單的事，這與驅除恐怖相連結，影響於後世者極巨，很值得我們注意。」〔註193〕周作人終生沒有到過希臘，卻熟知希臘的語言，而三島由紀夫雖不通希臘語，卻通過在希臘實地遊覽強化和修改了他早先對希臘的認識。一個通過語言翻譯，一個通過感官體驗，通過共同的「中介」希臘，他們都找到了在現代的、黑格爾式的「全面」的世界史觀中，重新定位「古代文明」和「自我」的方式。胡蘭成也在同樣的意義上對周作人的「希臘風」表示讚賞。他認為，周作人在「希臘文明」中汲取的是一種明快的風氣，周氏為人執於日常之禮，講究時序與場合，正是受了希臘的影響：

> 不知道從什麼時候起的，中國人的生活變得這樣瑣碎，零亂，破滅。一切兇殘，無聊，貪婪，穢褻，都因為活得厭倦，這厭倦又並不走到悲觀，卻只走到麻木，不厭世而玩世。這樣，周作人在日常生活上的莊嚴，所以要使人感覺不是中國式的了。倘若說是外國式的，那麼，還可以更恰當地說，是希臘式的。〔註194〕

　　這裡所謂「中國式」與「希臘式」自然不是取主權國家的意涵。胡蘭成說，「希臘風的明快是文藝復興時代的生活氣氛，也是五四時代的氣氛，也是俄國十月革命的生活氣氛。」就日本和社會主義、共產主義曾在哲學上的內在邏輯聯繫而言，這種比擬亦並非隨意。

〔註193〕　周作人：《希臘之餘光》，《周作人散文全集》2，鍾叔河編訂，桂林：廣西師範大學出版社，2009年，第252頁。

〔註194〕　胡蘭成：《周作人與魯迅》，《中國文學史話》，北京：中國長安出版社，2013年，第211頁。1965年，鮑耀明曾將胡蘭成敘及周氏受日本影響文章轉敘於周（1965年6月2日），周回覆（1965年6月9日）：「在『勝利』以後已久不見了，現知在東京都（按：指胡蘭成在東京），很是有意思的事。」說到受日本的影響，周自認最顯著的可以算是兼好法師，「不過說到底他乃是貫通儒釋道的人物，所以或者不能說是日本的也未可知。」從這裡或可以看出，周氏更多地以文化、思想的態度來談論「民族」和「國家」。參見鮑耀明編：《周作人與鮑耀明通信集》，開封：河南大學出版社，2004年，第395～396頁。

　　三島等人如此詮釋希臘文明，同時是打破「傳統／現代」的非此即彼的線性二元論的嘗試。在三島眼中，「眞正的」、得以流傳下來的希臘的「古典」和「美學」無不在破壞「過去之物永不再來」的幻覺。他曾在日本傳統的《古今和歌集》中找到了希臘的知性和均衡，並以這種精神寫出了古典能樂的現代版本——《近代能樂集》，其出場者和故事都來自於現代日本，因爲能夠延續下來的不是戲劇的「題材內容」也不是「形式」，而只是對生活的態度。由於反現代的超驗主義的強烈需要，產生古典希臘的歷史因緣「不可能復蘇，但它的理念反而比任何現代藝術都更強烈地逼將過來」〔註195〕。1948 年，三島宣稱他理想中的現代倫理「就是把藝術作品當作實際生活上的倫理來思考的，就是復活中世紀的藝術家的精神」〔註196〕。這與周作人在抗戰中的「文藝復興之夢」的訴求顯然有相應之處。周氏歌頌古希臘發源於生命意志的知與美，批判現代希臘和中國的「無氣力」，其目的亦無非是呼籲讓古希臘精神作爲生活、而不是作爲對象化的藝術再現於當代。胡蘭成亦曾經在給唐君毅的信中屢次強調研究日本文化之於戰後中國思想文化和政治制度建設的重要意義：日本是復興儒佛道等傳統文化的「現鏈」，日本的容受性具有將「傳統」激活的能力，是以「學問的朝氣在日本」〔註197〕。

　　易言之，周作人等人對於希臘和日本的詮釋，可以說透露了一種「文明的存在主義」觀念，與蘇曼殊式的「民族浪漫主義」形成了鮮明的對比。

第四節　亞洲主義「失敗」的宗教——詩學意象：「空」的問題

　　周作人等人以佛教、希臘自然哲學爲基礎的認識論分析也反映了從章太炎、宮崎滔天到竹內好的「亞洲革命」的邏輯：章太炎在個人和國家之間「省略」了社會，與「日本」的亞洲主義者在「日本——亞洲」之間「省略」了「國家」這種直截了當的建構，都與其本體論和認識論哲學有關。從此一角

〔註195〕　（日）三島由紀夫：《我迷戀的東西》，《殘酷之美》，唐月梅譯，中國文聯出版社，2000 年，第 407 頁。

〔註196〕　（日）三島由紀夫：《反時代的藝術家》，同上，第 356 頁。

〔註197〕　參見胡蘭成致唐君毅第八十三（1969.12.30）、八十四（1970.4.1）封信，薛仁明主編：《天下事，猶未晚——胡蘭成致唐君毅書八十七封》，臺北：爾雅出版社印行，2011 年，第 291～293 頁。

度來說，亞洲主義之所以在日本提出，是日本性格中佛教式的心性論成分更
濃的緣故。現代以來的許多日本學者都強調日本的主體性是一個「空集合」，
這是日本的「佛教性」之所在，也是日本的「日本性」之所在。對宮崎滔天、
幸德秋水、竹內好們來說，日本的主體性僅僅是建立在對多種不同事物的感
受性之中，所以幸德秋水的朝鮮支持論才可以不帶日本色彩，而竹內好和宮
崎滔天等人則以中國革命作爲亞洲革命和世界革命的根據地。

　　然而，日本的亞洲主義轉換爲帝國主義卻也是直接建立在這樣的認識論
基礎上的。章太炎通過對「我」的絕對肯定來解構以「群體淹沒個人」、乃至
於「個體──群體相互制約」的二元論式的憲政體系，但章氏的「我」是絕
對的，它在「群」意義上的標識只能是「亞洲和親會」這樣「無我」（也因此
被質疑爲無效）的組織形態。岡倉天心、西田幾多郎等人卻將那個「自我否
定的我」直接等同於國家，以亞洲的「空集合」和精神「儲存庫」自居，這
就使原本要清除「國家」的整體主義和多元主義的意識因爲「國家」的詢喚
而變質成了帝國主義。儘管「東洋的悲哀」絕非「日本的悲哀」，但充滿佛教
思想的日本顯然不能像眞正的佛教徒那樣「無我」。如野村浩一所說：

　　　　在二戰以前的日本──其實，在二戰以後的日本，依然──不
　　管什麼樣的思想也好，意識也好，從右翼到左翼，在眞正意義上能
　　突破這一近代國際秩序觀念束縛的人，事實上一個也沒有。這一近
　　代國際秩序的觀念，恰像是一張巨大的網，將人們的思想全部束縛
　　在其中。確實，正如章太炎所說的那樣，帝國日本不能革帝國主義
　　自己的命。〔註198〕

這一思路在京都學派的內藤湖南的言論中體現得尤爲明顯：

　　　　縱使支那國家滅亡，竊以爲亦無過分悲哀之理由。若於支那民
　　族之大局而觀之，所言支那滅亡，絕非侮辱支那之語。若高於民族
　　之大局，立於世界人類之大處高處觀之，其於政治經濟之領域，國
　　家雖瀕於滅亡，然其鬱鬱乎文化之大功業則足以令人尊敬。與此大
　　功相比，國家之實無足輕重，無寧其文化恰能大放光輝於世界，支
　　那民族之名譽，定與天地共存，傳之無窮。〔註199〕

〔註198〕　（日）野村浩一：《近代日本的中國認識》，張學鋒譯，南京：江蘇人民出版社，
　　　　　2014 年，第 77 頁。
〔註199〕　（日）內藤湖南：《新支那論》，轉引自野村浩一《近代日本的中國認識》，張
　　　　　學鋒譯，南京：江蘇人民出版社，2014 年，第 63 頁。

言下之意，日本既然是亞洲精神的儲存庫，東方文明就可以在日本的「一國之內」實現了。對於章太炎這樣視「群體爲幻」的民族主義者來說，這種基於篡改「心性論」主體意涵而推出的跋扈結論是尤其不可容忍的。如彭春凌等學者的考察，章氏一早已發現了日本帝國主義的野心，其《儒術眞論》就是與借用陽明心學和儒學來妝點帝國主義野心的日本學者長期鏖戰的產物，而周作人同樣厭惡日本國家主義、帝國主義，並從中日跨文化性的角度來批判日本的軍國主義〔註200〕，這使周作人對日本的評價有了基於同一意識而呈現的兩種相反的面向：他始終堅持日本文化和思想建設超越了現代中國，甚至認爲在文化文學方面，1925 年的中國才走到日本明治三十年（1897 年）左右的樣子。「日本替我們保存好此古代的文化，又替我們去試驗新興的文化，都足以資我們的利用」。但他強調這是「照事實說」，並不是要中國走日本的路。他反對中日「同種同文」的說法，認爲中日思想的接近只是因爲地理相近，文化交通更加容易的緣故。因此，他「並不想提倡中日國民親善及同樣的好聽話，我以爲這是不可能的，但爲彼此能夠略相理解，特別希望中國能夠注意於日本文化的緣故，我覺得中日兩方面均非有一種覺悟與改悔不可。」〔註201〕事實上，在「文明國家」和「民族國家」、「民族的民族主義」和「國家的民族主義」的邊界相碰撞的過程中，反形而上學的認識論的「純潔性」不可能不受到「國家主義」的污染，這一點在中國和日本都有本質相近、結果卻不同的表現。儒教中國的「天下」意識形態因爲體制儒學的剝蝕而逐漸喪失了兼容性，佛教被挪移到「國家」層面後，也發生了類似的情況。也就是說，將多元性執著爲自我，它同樣會成爲「形而上學」。

　　1935 年到 1937 年，周作人在《國文週報》上陸續發表了四篇「管窺日本」的系列文章。用他的話來說，這是些「抗日時或者覺得未免親日，不抗日時似乎又有點不夠客氣的言論」，是他寫來「實在爲難」〔註202〕的作品。雖然艱難，他卻勉力號召國人瞭解日本，用自他相換的心情去感受「他者」的不同之處。這條另類溝通之路很快越走越窄，其直接原因自然是日本迅速的軍國

〔註200〕　參見彭春凌：《儒學轉型與文化新命　以康有爲、章太炎爲中心（1898～1927）》（第一章），北京：北京大學出版社，2014 年。

〔註201〕　周作人：《日本與中國》，《周作人散文全集》4，鍾叔河編訂，桂林：廣西師範大學出版社，2009 年，第 305 頁。

〔註202〕　周作人：《日本管窺》，《周作人散文全集》6，鍾叔河編訂，桂林：廣西師範大學出版社，2009 年，第 729 頁。

化，「文化多元性」的呼籲不可避免地被民族主義急迫而激烈的宏大敘事淹沒，但歸根結底，周氏「日本研究小店」的關閉並非來自於「外境」的逼迫。1937 年 6 月 16 日的《日本管窺之四》稱，「日本民族的矛盾現象」是幾年來自己一個「大的疑情」。日本「盡有他的好處，對於中國卻總不拿什麼出來，所有只是惡意，而且又是出乎情理的離奇」，「如關於此事我們不能夠懂得若干，那麼這裡便是一個隔閡沒有法子通得過。」〔註 203〕

對於這個疑情的解答，周氏仍是從宗教和民俗入手的。他一向認爲，「要瞭解一國民的文化，特別是外國的，須得著眼於其情感生活」，而最能表達情感生活、「窺見一國的文化大略」者，並非他早年所想的「文學美術」，而「非從民俗學入手不可」。因「自古文學美術之菁華，總是一時的少數的表現，持與現實對照，往往不獨不能疏通證明，或者反有牴牾亦未可知，如以禮儀風俗爲中心，求得其自然與人生觀，更進而瞭解其宗教情緒，那麼這便有了六七分光，對於這國的事情可以有懂的是希望了。」〔註 204〕「中國人民的感情與思想集中於鬼，日本則集中於神，故欲瞭解中國須得研究禮俗，瞭解日本須得研究宗教。」〔註 205〕在僑北大就職後的一篇演講《日本的祭禮》裏〔註 206〕，這個用來定位中國和日本的決定性的象徵場景，就是《日本管窺之四》中提及的日本鄉村神社祭祀「出會」時抬神輿的場面：

> 神輿中放著神體，並不是神像，卻是不可思議的代表如石或木，或可見不可見的別物，由十六人以上的壯丁抬著走，而忽輕忽重，忽西忽東，或撞毀人家門牆，或停在中途不動，如有自由意志似的，輿夫便只如蟹的一爪，非意識的動著。

文章繼而說，「日本的上層思想界容納有中國的儒家與印度的佛教，近來又加上西洋的哲學科學，然其民族的根本信仰還是似從南洋來的神道教，它一直支配著國民的思想感情」；「我想假如我能夠懂抬神輿的壯丁的心理，那麼我也能夠瞭解日本的對華行動的意思了吧。可惜我不能。」「可惜我自己知

〔註 203〕　周作人：《日本管窺之四》，《周作人散文全集》7，鍾叔河編訂，桂林：廣西師範大學出版社，2009 年，第 737 頁。

〔註 204〕　周作人：《緣日》，《周作人散文全集》8，鍾叔河編訂，桂林：廣西師範大學出版社，2009 年，第 441 頁。

〔註 205〕　《我的雜學（十四）·鄉土研究與民藝》，《周作人散文全集》9，鍾叔河編訂，桂林：廣西師範大學出版社，2009 年，第 221～223 頁。

〔註 206〕　（日）木山英雄：《北京苦住庵記》，趙京華譯，生活·讀書·新知三聯書店，2008 年，第 118 頁。

道是少信的，知道宗教之重要性而自己是不會懂得的，因此雖然認識了門，卻無進去的希望。」〔註207〕

「抬神輿」在周氏後來的生命中一直是一個深刻的烙印。在他所翻譯的日本十三世紀的戰記文學《平家物語》中，亦有描述「抬神輿」場面的段落，他在對原文的注釋中如是解說，「日本雖稱佛教國，實在民間信仰乃是神道教，頗有強橫的意味，即近世神社出巡，抬神輿者亦多橫衝直撞有如中惡，即過去自然更不必說了。《古事記》卷中記仲哀天皇之死，很有點可怕，即是一例。」〔註208〕因國際形勢的惡化而不能不擱置自己的興趣、站在本民族的立場上對異文化表示隔膜與不解，都是極為自然的事情，然而，將這個民間民俗儀式場景作為解析如此重大的悲劇性歷史事件的象徵符號和文化依據卻值得深思。從作者幾次描述這個場景的語氣來看，他的觀感是不適和厭惡的。他感到這個場景展現了日本國民性中迷狂、暴力的一面。由於秉承中道，周氏對於任何過激的情緒和態度都敬而遠之，如果說他對日本文化的好感來自於它的「緣情體物」，那麼「抬神輿」的場景則標誌著日本偏離他理想中的「中道」的迷狂一面，從佛教的觀點來看，那就是偏執於「空」。

從宗教性質上來說，周作人所說的抬神輿主要來自於日本本土神道教的儀式。他對日本的佛教不無親近之感，對於道教和神道教卻頗疏遠，或許正是因為日本神道與中國「道士化的儒教」一樣，都具有他眼中「宗教性狂熱」的神學嫌疑。周氏高揚生命哲學，讚揚日本江戶庶民文化中的幽默堅韌和希臘人的現世主義，批判中國人在偽道學扼殺下麻木了的生存狀態，但比起麻木，更為他所厭惡乃至恐懼的則是宗教性的迷狂。這種迷狂與他所喜愛的基於生存欲望的叛徒式的情感，從心理的起源和強烈程度上都不同。或許是性格使然，周作人所肯定的始終是介於冷靜和熱情之間的情緒。在熱情中有冷靜也是他對理想狀態的古希臘和中國的一種判斷。他贊同廚川白村的觀點，即「希臘人的感情雖無論怎樣熱烈，但是總不失其冷靜的理智。他們是在情熱的奔放中而不忘抑制理智的冷靜的民族。」〔註209〕在他眼中，情與禮的和合才是中道，他認為中國和日本各據擅場：日本以「情」勝，中國以「禮」勝：

〔註207〕　周作人：《日本之再認識》，《周作人散文全集》8，鍾叔河編訂，桂林：廣西師範大學出版社，2009年，第622～623頁。

〔註208〕　周作人譯：《平家物語》，北京：中國對外翻譯出版公司，2000年，第66頁。

〔註209〕　（日）廚川白村：《文藝思潮論》，樊從予譯，北京：商務印書館，1924年，第13頁。

　　本來禮是一種節制，要使得其間有些間隔有點距離，以免任情
恣意而動作，原是儒家的精意，所謂敬鬼神而遠之，亦即是以禮相
待，這裡便不自不會親密，非是故意疏遠，有如鄭重設宴，揖讓而
飲，自不能如酒徒轟笑，勾肩捫鼻，以示狎習也。中國人民之於鬼
神正以官長相待。〔註210〕

　　這段描寫是「中性」的，但抬神輿的場面卻反襯出了作者在這裡的認同
感。與洋溢著濃厚的人情倫理氣味、熱鬧而世俗的中國的民俗場面相比，日
本神道祭祀雖然同樣擁有熱烈的氣氛，卻也常帶有陰森之感。特別是祭祀中
所供奉的「神」常常只是石、鏡、劍等簡單的物品，甚至是什麼都沒有。或
許這正是周作人要表達的：日本壯丁抬著這抽象的神陷入醉酒般的迷狂，對
於總要抓住一個實在的人物「形象」——不論是自家祖宗、孔孟、老聃、財
神爺——的中國人來說，實在有一種怪異到悚然的感覺。儘管日本民間傳說
中的「百鬼」形象多來自於中國古代神話，但以「物」和「空無一物」作爲
祭祀的對象卻爲中國所鮮見。正像周作人反覆表達過的一樣，他信奉「存在
即合理」的態度，或許在某些宗教、民族的文化觀念中，「空」也可以是一種
「物」，因此日本民俗中的這一現象仍在他能夠理解的範圍內。另一方面，他
對於任何「宗教的狂信」的厭惡和懷疑都是一貫的，對於離開具體事物的超
驗理念尤其敬而遠之。大乘佛教的空有不二表達的是緣起的性質，並不是指
什麼都沒有。周作人也常常表示，他很喜歡「緣」「業」這樣的佛教詞彙，它
們讓人想到俗世生活的細密多結、千絲萬縷，以及綿延不斷的悲傷和喜樂。
而日本人把「空」也拿出來供奉的迷狂，其「情」顯然過了頭，突破了他「中
道」底線。這讓他感到，「日本人是宗教的國民，感情超過理性，不大好對付，
這是我從前看錯了的」。如果說，「東洋的悲哀」中同病相憐的現實依據更多
地來源於「人情日本」「佛教日本」「平民日本」的「浮世之苦情」，那麼「抬
神輿」這一場景，則作爲「神道日本」的表徵而使他感到恐怖。對暴力和迷
信的恐怖是他反覆談到的話題：「鄙人固素抱有宗教之恐怖，唯超理性的宗教
情緒在日本特爲旺盛，與中國殊異，此文正是事實，即爲鄙見所根據者也。」
〔註211〕

〔註210〕　周作人：《關於祭神迎會》，《周作人散文全集》8，鍾叔河編訂，桂林：廣西
　　　　　師範大學出版社，2009年，第793頁。
〔註211〕　周作人：《日本管窺之四》，《周作人散文全集》7，鍾叔河編訂，桂林：廣西
　　　　　師範大學出版社，2009年，第737頁。

　　周作人所談的「宗教」在不同語境中具有不同的意義。他並不否定「輪迴」和「因果」，甚至提出「現代的業報」之說，對於鬼神的存在也持中立態度，卻反對機械的報應說和「神我論」，在這一意義上，周氏「宗教」的所指就是「迷信」。作爲新文化運動中啓蒙主義的健將，他形成了一種堅持：任何自我神祕化的行爲，都很可能是壓迫和暴力的障眼法。《管窺之四》以此作結是自然而然的事：「日本文化可談，而日本國民性終於是謎似的不可懂，則許多切實的問題便無可談，文化亦只淸談而已。我既聲明不懂，就此結束管窺，正是十分適宜也。」〔註212〕而在「管窺系列」第一篇，即寫於中日關係日益緊張的1935年的《日本管窺》裏，他就已經在分析天皇的「萬世一系」時隱約地表達了對「空」和「有」的辯證性的看法。他認爲現在的日本以天皇爲中心組織軍國主義是對明治維新的反動。在他看來，此前江戶時代架空皇室而幕府專政頗有君主立憲的好處，天皇雖是虛位，卻維繫著人民的感情，一切的錯處和責任都由幕府來背負，而幕府的暴虐卻也是直爽的。明治以後雖取消了幕府，大正天皇還曾在出行時一家親的感覺，如今天皇卻眞正高高在上、「警蹕森嚴」，隔絕了「人民的信與愛」〔註213〕。這番時政議論雖不免淺而不切，但其對天皇之「位」的似虛而實、似實而虛的過程的分析，頗合「空有不二」的原理。結合他對「抬神輿」的評析，可以認爲他的思考方向是：供奉「空」沒有問題，問題是「空」以何種方式聯繫有「有」。胡蘭成也在此意義上認爲對於「位」的重視是文明覺悟的象徵：

　　　　文明是有絕對的東西，物不只是物之形，尚有物之象，人亦有形身與象身，象身猶云如來身。文明今惟中國與日本幸而尚存典型。日本人家的尋常婦人在裁衣做針線的端正姿勢，便覺是生在天下世界的風景裏。日本的男人休假日在家，換上家常穿的和服，那灑然的神情使人只覺有人世的穩定。民間的尋常人都是這樣絕對的，不必英雄美人，那絕對都與權力無關。是這樣的人世風景裏，所以可有朝廷與君王之位是絕對的。君王也不一定要是英主，尋常的庸主亦好，因爲人君之位是絕對的，可以是世襲的，或禪讓的，乃至

〔註212〕　周作人：《日本管窺之四》，《周作人散文全集》7，鍾叔河編訂，桂林：廣西師範大學出版社，2009年，第738～739頁。

〔註213〕　周作人：《日本管窺》，《周作人散文全集》6，鍾叔河編訂，桂林：廣西師範大學出版社，2009年，第594頁。

> 以革命更迭，只要是君，也不是爲領導，而是有君王郊祀天地與臨
> 御朝廷，就人世有主了。〔註214〕

胡、周二人對中日兩國在文明質感上的差異，可以用「中國的喜樂，日本的悲哀」來概括〔註215〕。在他們眼中，日本人細緻、幽默、哀憫，而中國人則粗放而喜樂。性格的差異是鮮明的，但在其各自的理想狀態中，它們都體現了中道思想。然而一旦把「空」與「有」、「一」與「多」割裂開來，日本就變成了宗教狂熱的國家，中國人則成了僞道學和功利主義的犧牲品。

　　周作人雖然把《平家物語》中的浮世之哀翻譯得極其優美，然而這種悲哀再深一步就凝滯成迷狂。在他而言，比起這部充滿哀傷和血腥的戰記，還是《浮世澡堂》這樣的作品更合中道，而胡蘭成亦認爲，「空」雖有它迷人的一面，然而，日本卻又反執於空，也就成了「巫魘」：

> 日本人缺少調和能力，對於好的東西是雖一條輪廓之線，亦都
> 很固定。畫家知道最難的是畫一條線。物體與空氣之間的界限，在
> 於似有似無的虛實之間。日本人把這一線定型化，而且固執於它，
> 因此張愛玲說日本的美是一種制約的美，它雖非常貞潔，但也包含
> 了一種悲哀。日本的音樂亦是非常哀調的。中國文明與日本文明的
> 極致是禮樂，禮以制約爲界限，樂以和暢爲界限。日本人有禮，而
> 樂還不夠。日本音樂非常美，但在和這一方面亦有所缺乏。〔註216〕

　　從政治哲學的角度來看現代以來的中日思想史，周作人等人的文化直覺可以說是非常敏銳的。丸山眞男、子安宣邦等人都對明治以來的國家主義與神道祭祀的關係進行過分析，認爲將游離的民心安定地確保於國家一側的確需要鬼神祭祀儀式。日本國家神道的內在結構就是將「空」作爲國家的自我，吸收了佛教、神道、儒學中的各種成分，把它們都轉化成「忠魂」〔註217〕。當代中國導演李纓在《神魂顚倒日本國》一書中對靖國神社「本體」的分析

〔註214〕　胡蘭成：《今日何日兮》，臺北：三三書坊，1990 年，第 110 頁。
〔註215〕　胡蘭成：《中國的禮樂風景》，臺北：三三書坊，1990 年，第 168 頁。
〔註216〕　胡蘭成：《日本的風物‧一線的制約》，小北譯。小北博客：http://blog.sina.com.cn/shinejue。
〔註217〕　子安宣邦在《國家與祭祀》（董炳月譯，北京：生活‧讀書‧新知三聯書店，2007 年，第 38～94 頁）中提出了「祭祀性的內化」：爲使明治日本成爲現代的世俗國家的樣本，國家神道是將歷史性的儒學話語進行「更爲政治神學式」的重構，是國體論意義上的意識形態體系。

讓我們更清楚地看到周作人所厭惡的石頭、鏡子或「無」的象徵物在國家層面最直觀的形態：作為國家主義的精神空間，靖國神社的「神體」是一柄日本刀。它由世代傳承的工匠所打造，代表一套生死的法則，不是藝術品，也不是道具，而是必須用做武器，這正是它的「美」之所在。「它吸聚了二百四十六萬的靈魂」〔註218〕。

　　日本的民族革命以多元主義、世界主義的面貌出現，日本的近代哲學也建立在「絕對無」的基礎上，然而國家主義卻又如黑洞一般吸收著這一切。這是日本革命的「精神悲劇」。宮崎滔天豔羨「中國革命」並以自己不是中國人而苦惱，或許正是反抗「國家主義黑洞」的無意識姿態。正如柄谷行人所說，在岡倉天心寫出《東洋的理想》的日俄戰爭前夕，日本充滿了與西方對峙的緊張感，也正是在那一時段，與中國人、印度人合唱的「亞洲主義」才有了市場。而在隨之而來的大正時代，這種來自外部的緊張感逐漸消失，人們試圖從內部、從自身的傳統中尋找自我同一性的意義，於是出現了回歸本文明傳統的熱潮〔註219〕。在這個意義上，西田幾多郎、鈴木大拙的佛教哲學作為對抗西方的原理被重新發現之際，已經具有近代化——西方化的傾向了：

> 他們脫離自古以來的佛教而與西方的佛教相遇。再加上，日本的哲學家們發現佛教當中存在一種動向，那就像叔本華所代表的，從佛教中尋找超越近代西方思想局限的鑰匙。如果是這樣，為了對抗近代西方，把佛教拿來就可以了。這種情況下，禪最為適合。

> 在西方，浪漫主義是最早的「近代批判」，其後的「近代批判」亦很默契地歸結於浪漫主義。日本也相同。他們（按：指岡倉天心、和辻哲郎）所說的佛教傳統已經是近代意識，而且只不過是從美學的想像力中被發現的〔註220〕。

　　這就是「文明國家」到「民族國家」邏輯轉換的地方：儘管在「反浪漫的浪曼派」的故事中，「回歸傳統」的思路蘊涵著打破「傳統／現代」的二元對立結構的意識，這種解構性意識卻始終不夠強大，最終則被這一結構本身

〔註218〕　參見李纓：《神魂顛倒日本國：靖國騷動的浪尖與潛流》，北京：中國青年出版社，2011 年 7 月。

〔註219〕　（日）柄谷行人：《歷史與反復》，王成譯，北京：中央編譯出版社，2011 年，第 65 頁。

〔註220〕　（日）柄谷行人：《歷史與反復》，王成譯，北京：中央編譯出版社，2011 年，第 165、167 頁。

淹沒了。諷刺的是，正是本應是同一陣營的東方的「傳統主義」的回歸，讓宮崎滔天們以「中國革命」爲楔來反抗國家主義的策略歸於失敗；原本爲抵抗「西方現代性」而毫無「我相」地支持中國革命的日本，被轉換成了「經受任何外來思想也不會動搖的」「無」的場所。〔註221〕文明聯合的可能性，在於以多化一、「一即一切」的中道辯證，而一旦將「一」與「空」獨立出來，也就製造了非此即彼的二元論，同國家的「兼容並包」「涵蓋一切」的自我認定混淆在一起。像陽明心學末流「滿街狂禪」的道德失恉一樣，由「平等」變成了專制。

　　雖然試圖以「民族的民族主義」來反抗「國家的民族主義」的敘事，卻始終放不下也擺不脫這種敘事＝先進文明的矛盾心理，是所有被視爲「後發現代」的國家中思想者共通的心理痛苦。仍如酒井直樹所說，

　　　　在近代的日本社會裏，天皇一手遮天地獨佔了日本的民族主義，因此，各種類型的反體制思想以及反體制運動，就必然地帶有國際主義的色彩，並且，或多或少，都不得不在國際主義的理念中尋找自己的據點。所以，可以說，近代日本的社會主義的歷史，反過來卻是思索怎樣才能將自己的思想或運動同民族主義結合起來的苦惱的歷史。〔註222〕

　　宮崎滔天越是期待自己是一個支那人，他就離這個目標越遠，原因也就在這裡：一方面，「國家」的「我執」變成了文明普遍主義的自反性的干擾因素，另一方面，需要爲亞洲革命的精神根基重新下定義，這就意味著要面對「宗教」問題。或許比起「民族性」的苦惱來說，宮崎更大的苦惱就在於此。像周作人因爲對「神道」的發現而止步一樣，晚年，宮崎滔天皈依了堀才吉主持的神秘宗教──大宇宙教（這類新興宗教在近代以降的日本層出不窮），意味著他與亞洲──中國革命的徹底告別。在去世前一年（大正十年），宮崎在最後一次中國旅行中受到孫文爲首的中國同志的熱烈歡迎，他卻拼命向他們灌輸大宇宙教的心靈現象。這種景象令評述者野村浩一感到可憐和凄慘。「這仍然是深深地橫在近代日本與中國之間的距離。」在日本的革命無果，

〔註221〕　（日）柄谷行人：《歷史與反復》，王成譯，北京：中央編譯出版社，2011 年，第 67 頁。

〔註222〕　轉引自（日）野村浩一：《近代日本的中國認識》，張學鋒譯，江蘇人民出版社，2014 年 6 月第 1 版，第 98 頁。

他沒有回歸到天皇制的日本，而是在一無所有、一貧如洗的狀態下，流連於自己的故鄉荒尾。在《狂人譚》中，他回顧了踏上（中國）大陸時那一瞬間的心情，那是一種「錯覺河爲海」的心情。最後，他在「在盆景似的京都」告別了他的「支那——世界」之夢。〔註223〕

宮崎滔天的例子很能代表曾經親近中國革命的日本革命者和亞洲主義者的一般情況。脫日入華的思想缺少一個共同的精神入口，這從另一個角度加速了「文明聯合論」走向帝國主義的趨勢。在此意義上，日本亞洲主義的失敗，乃是「不齊而齊」的平等論和多元主義的失敗，也是文明融合嘗試的失敗。這讓我們體察到，如同章太炎和蘇曼殊的「佛教論述」一樣，構成「文明國家」和「民族國家」的宗教——哲學基礎的元素往往是一致的，而不同的排列組合卻會產生鑽石與煤塊的差別。敘事的主體往往在兩種邏輯之間跳躍，卻難以找到一個「綜合性」的方法。

從某種意義上說，這可能是用來評判周作人的「文化民族主義」思想的一個原則性視角。錢理群認爲，周作人在民族戰爭時期要人們把日本軍國主義擱在一旁，而專去體味和同情同爲人類、爲東洋人的悲哀，看看在「互相殘殺的當中還有一點人情的發露」，乃是過分天眞之舉，因爲「當『侵略』與『被侵略』的政治、軍事、經濟衝突成爲中日關係中的主要事實時，周作人要以『純文化』的觀點考察中日關係，從邏輯起點上就走向了迷誤。」〔註224〕這種「不合時宜論」固然是客觀的，然而從周作人從抬神輿這一「純文化」的視覺景象作爲與日本主義決裂這一點來看，他也始終是「知行合一」的：無論是溝通還是決裂，他的角度始終是「文化第一」，這並不是他認爲「文化」能超越「軍事」「經濟」，而是因爲，他在根本上視世界的本質爲一種文化性的觀念結構，而並沒有一種視「軍事、經濟」爲「實」，視精神爲「虛」的二元論判斷，也就不可能有同時「以軍事爲主，以文化爲次」的折衷主義。在這一點上，周作人或許比包括魯迅在內的任何弟子都更深刻地繼承了章太炎的理念。

由此也可以感知到，宗教——文化對於政治理念的作用的內在性。這些「中國內部的亞洲主義者」對日本的認同來自於其宗教性格與文化性格，他

〔註223〕 轉引自（日）野村浩一：《近代日本的中國認識》，張學鋒譯，江蘇人民出版社，2014年6月第1版，第169頁。
〔註224〕 錢理群：《周作人正傳》，南京：江蘇文藝出版社，2010年，第93～94頁。

們的失望與批判也來自於此。木山英雄在《北京苦住庵記》中，曾對《管窺之四》進行過精彩的分析，他強調，在周氏以「抬神輿」結束「研究小店」時，距日本方面炮轟盧溝橋只有 20 多天。在這樣的氛圍裏，文章中這個戲劇性的場景乃是作爲「精神和歷史相分裂」的象徵物而出現的。由是，木山寫道：《管窺之四》將抬神輿作爲結束中日文化溝通之嘗試的理由，是非常重要的：那是作爲與中國人完全相反的東西提出來的。在追求共性的努力之後，最終不能不提出「同中之異」，並稱宗教正是自己最棘手的對象，只好放棄，然後陷入與軍國主義狂熱民族的「協力」，「這種經歷是不是更具有反諷意味呢？」〔註225〕

周作人沒有機會實地觀看「戰後日本」〔註226〕，而 50 到 70 年代身處日本的胡蘭成則將上述宗教文明論的思考路徑在這一新的歷史情境中延續了下去：他直接看到了三島由紀夫所批判的、在戰後的「廢墟」中崛起的「民主」與「自由」的空虛本質。在他看來，日本的「民主主義」其實是國家主義在「和平時期」的另一種延伸，其經濟體制不過是把戰時總動員轉化爲「產業社會」的全面飼育罷了。這仍然是「煤塊」，唯有「日本投降」的那一刻是「鑽石」，它是日本「空性」的精華所在。在 1965 年給好友唐君毅的信中，他用自己參究到的「絕對無」思想來詮釋「日本投降」時的場景：

> 日本的富士山，日本的天皇，亦是這個「無」。昭和天皇的停戰降伏詔書，那決斷其實非易。停戰有著許多問題與顧慮的，所以希特勒、墨索里尼都不能停戰，惟日本的天皇能舉一切問題與顧慮而無之，才做到了停戰。那停戰詔書，無悲憤，無抱歉，無辯明，眞是心無一物。日本天皇往見佔領軍麥克阿瑟元帥，亦沒有一點緊張的或何種不自然的表情。此是日本人的眞能把「無」字見之於行爲也。〔註227〕（黑體字爲本文所加）

〔註225〕（日）木山英雄：《北京苦住庵記》，趙京華譯，生活・讀書・新知三聯書店，2008 年，第 24 頁。

〔註226〕 通過與鮑耀明的書信往來，周作人也隱約得到日本的消息，也讀到一些文學作品，對於石原愼太郎小說《太陽的季節》的「思想感情」也曾「約略瞭解」，參見鮑耀明：《周作人與鮑耀明通信集》，開封：河南大學出版社，2004 年，第 24 頁。

〔註227〕 參見胡蘭成致唐君毅第七十二封信（1965 年 10 月 20 日），參見薛仁明主編：《天下事，猶未晚──胡蘭成致唐君毅書八十七封》，臺北：爾雅出版社印行，2011 年，第 262 頁。

在胡蘭成和三島看來，日本乾淨利落地承認失敗正像希臘的「明朗」「無陰影」一樣，別無曲折，也別無「深意」。三島甚至不無自豪地由是宣告，二戰戰敗，也是日本文化的「無我」的受容性特質的宿命，而「納粹德國的敗北完全是理念的敗北，由勝利的理念跌落地獄的深淵，與日本的戰敗是完全不同的。」〔註228〕

　　直觀地看，這或許只是失敗者的不甘罷了。但從「反現代的現代性」的命題以及「想像的共同體」這一範疇的意涵來說，文明和國家的本質究竟是什麼、這場戰爭的性質為何，是戰爭的各方都必須直面的問題，它顯然不能簡單地以「勝利」「失敗」來處理。值得注意的是，周作人的弟子、佛教文學家和思想家廢名，對於日本投降也有類似的觀感：

> 正如中國的農族制度，是天成的，不是人為的，要拿什麼封建思想去說他，那是主義家的邏輯，不是事實。它不但對於日本有好處，（日本國內因此可以不多事！）對於世界也有好處，只看第二次世界大戰日本投降舉國一致，便是天皇制度對於世界的好處了。如說日本，那是因為帝國主義，不是天皇制度。日本侵略，未必是日本人共同的意思；日本投降，倒確是日本人共同的意思，這時天皇是他們真正的代表，正如一個家長〔註229〕。

這些思想的近似性並非偶然。只要有同樣的「文化性」、「本體性」的、現象學式的觀察視角，就會自然地透過戰爭姿態和宗教儀式來體察民族的文化心理，在抬神輿時的迷狂和投降動作的「乾淨利落」中找到某種共通性也不足為奇。因此，周作人對「抬神輿」的反思是中日戰爭的序幕，代表「戰後之反思」的三島由紀夫，同樣表達了對「抬神輿」這一意象的關注：

> 幼年時代，我看到人們在酩酊大醉中，帶著無法形容的放肆表情，頭向後仰，更甚者把脖頸完全靠在轎槓上抬著神轎遊行的姿態。他們的眼簾裏映現出來的是什麼東西呢？這個謎曾經深深地擾亂過我的心。……很久以後，我開始學習肉體的語言，自己就主動去抬神轎，這時我才獲得了機會，得意地揭開了幼年時代那個深藏的謎。

〔註228〕　（日）三島由紀夫：《小說家的休閒》，《太陽與鐵》，唐月梅譯，北京：中國文聯出版社，2000年，第238頁。

〔註229〕　廢名：《莫須有先生坐飛機以後》，《廢名集》，王風編，2009年，北京：北京大學出版社，第1035～1036頁。

結果我明白了，原來他們只是仰望天空而已。他們的眼睛裏沒有任
何歡迎，有的只是初秋那絕對蔚藍的天空。……通過自己的詩的直
觀所眺望的蔚藍天空，與平凡的民間年輕人眼裏所映現的蔚藍天空
是同樣的。……它正是太陽與鐵的恩惠」。〔註230〕

在寫於 1965 年到 68 年期間，也就是三島自殺前數年的長篇自敘傳散文
《太陽與鐵》中，關於「抬神輿」的體驗蘊涵著三島對戰爭、發動戰爭的動
機、戰爭結果、文藝家與「民眾」的階級差異、「自我」與「他者」的定位等
多方面的思考。抬神輿的迷狂不僅對於周作人這個中國人來說是一個謎，它
也是一個超國家的階級之謎，而日本發動的「現代戰爭」中的階級性問題及
其與宗教和文明的關係，往往是中國學者容易忽略的一個視角。對三島來說，
在哲學上，抬神輿是代表「肉體」的民眾和代表「精神」的小說家、詩人之
間的鴻溝。他的迷思是：戰爭是由「肉體」的民進行的，卻是由「精神的」
領導者所發動的，這兩者在何種意義上是同一的呢？在戰後，曾經賦予戰爭
的宏大意義於瞬間被抽空，要怎樣定義眼前「全面發展經濟」「向美國看齊」
的生活呢？對於在戰爭中渡過了青春時代的三島來說，解開這個謎是至關重
要的。因此他選擇加入了「他者之謎」，讓「肉體」和「精神」合一。在親身
用肩膀體會到神轎的重量時，他看到了「空」的絕對性。爲了紀念這種絕對
性，他選擇結束了自己的生命。

三島對抬神輿的解讀與周作人的「抬神輿」形成了鏡象：它們是從國族
的宗教性格出發、站在同一場戰爭的不同時空側面進行思考，然而一個是關
於差異的「開始」，一個關於認同的「結束」。

如果我們注意到，抬神輿的意象與「民俗學」──這個把「傳統習俗」
建構爲一門現代科學的系統密切相關，就不難理解這種巧合了。在《消逝的
話語 現代性、幻象、日本》一書中，美國學者瑪里琳·艾維評價了柳田國男的
民俗學著作《遠野物語》的症候性意義並提到了三島由紀夫和周作人對它的
關注。她指出，周作人和三島從柳田國男的奠基之作《遠野物語》中找到了
同樣的矛盾，那就是「傳統與現代」的雙重性。

在三島於 1970 年自殺前六個月，曾爲《讀賣新聞》寫了一篇題爲《柳田
國男〈遠野物語〉──名著再現》的文章。作者聲稱自己不懂學問，只是從

〔註230〕　（日）三島由紀夫：《太陽與鐵》，選自《太陽與鐵》，唐月梅譯，北京：中國
　　　　　文聯出版社，2000 年，第 347 頁。

「素人」「文學家」的角度來談論這部現代的偉大學科的奠基之作：民俗學所描述的「事實」更接近一種「不可能的體驗」，它所描述是「另一個世界」的產物，「這個學科裏漂浮著死屍的味道。」〔註231〕迷戀於傳統的三島敏銳地發現，《遠野物語》是站在傳統與現代岔路口上的曖昧文本，它模糊了「生者與死者」的界線。民俗學作為一種傳統資源是反現代革命的借資之地，而作為一種新的「科學的學科」，它又是現代的產物。可以說，「民俗」被作為一種對象、一種活化石的科學主義態度，與「民俗」作為現實生活的某種殘留物的雙重性，造成了這門學科的神學化。它的締造者之一柳田國男本人的努力因此也是分裂的：一方面，他想通過保留宗教、神話、信仰的地方性和混雜性的差異來抵禦國家集權式的、現代的整一化；然而，要「整理」和「研究」日本的國民信仰、為「國民的宗教和思想」作紀念碑的努力又必然使這門學科被吸收進那個「中心」之內。同樣的矛盾性也發生在與柳田同時代的思想家井上圓了身上。井上曾著《妖怪學講義》，該作蘊涵了作者保留傳統文化和以現代的科學方法講解妖怪、為傳統的民俗信仰分類和祛魅的雙重動機。而1903 年到 1906 年，蔡元培和章太炎都曾參與到翻譯此作的工作中〔註232〕。

從柳田、井上到三島，從蔡元培、章太炎到周作人，「反現代」的思想家所面對的問題，就是他們生活在早已被「現代」改變了結構的語言環境中。在此意義上，三島由紀夫的美學和周作人的「文化民族主義」一樣具有歧義性。靖國神社所代表的國家美學正是這種被對象化的、「傳統」的博物館式的表達：「這些秩序中沒有等級，在事實與虛構、真實與幻象之間沒有最終的界限。一段據說為真的經驗和這種經驗的難以置信被一視同仁地包含在一個大的精神真實的概念中。」〔註233〕因此可以說，三島在策劃「為天皇殉死」的腳步加快之時回顧《遠野物語》是深具意味的。對於還來不及理解戰爭是什麼就目睹巨大世界崩毀的青年三島來說，剛剛過去的國家主義狂熱固然已經是一個自我的「他者之謎」，但戰後的「民主主義」又何嘗不是另一種意義上的「迷狂」？如果說日本因為對「無」的貢奉而封閉成了超驗的「民族國家」，

〔註231〕 參見（美）瑪里琳·艾維：《消逝的話語 現代性、幻象、日本》，牟學苑、油小麗譯，南京：江蘇人民出版社，2012 年 7 月，第 88～92 頁。

〔註232〕 參見蔣維喬：《章太炎先生軼事》，《追憶章太炎》（增訂本），陳平原、杜玲玲編，北京：生活·讀書·新知三聯書店，2009 年，第 401 頁。

〔註233〕 參見蔣維喬：《章太炎先生軼事》，《追憶章太炎》（增訂本），陳平原、杜玲玲編，北京：生活·讀書·新知三聯書店，2009 年，第 98 頁。

那麼要把這條路打開，就要加入神秘的「他者」——加入那個迷狂的隊伍，把「他」變成「我」。於是，三島由一個作家精神性的「書寫」，到組織「盾會」、參加日本反安保運動中的各種學生集會，並親身參加「抬神輿」去體驗當事人的「感受」，直到 1970 年殉死。他的作家和活動家生涯，是把「寫作是精神的」、「行動是肉體的」的二元性，在各自的意義上加以具現化、然後彼此交換，直到「辯證統一」的產物。在某種意義上，三島想要恢復的日本之象徵，或許正是「天皇」之「位」的肉體性（如周作人所懷念的「大正天皇」那樣）和肉身的精神性。他的殉死因而是一個反諷的行動：沒有人比三島更清楚他所「效忠」的對象的空虛性了。戰後的昭和天皇與曾經的「靖國神社」一樣，是美國所主導的「戰後民主主義」爲日本保留的一個「傳統」的活化石，一個資本化的「國家主義」的「空殼」。三島用「詩學」與「行動」的合一來對抗現代性的分裂——那是梁啓超和孫中山都試圖彌補的知與行的分裂。如上文所述，三島所信奉的是武士道的爽直而明快的「行動主義」，它的哲學基礎——禪宗和陽明心學，是關於「當下一念」的存在主義的生命哲學，雖然有一個「君主」或「國家」要「效忠」，但正像尼采的「閃電」和「打閃」一樣，這個被效忠的形象並非實體，不過是內心的影像的投射罷了。事實上，周作人認爲，日本傳統武士道精神在軍國主義的時期並沒有進步，反而是衰退了〔註234〕。而三島也知道，要在現代日本「復活」武士道是一件極怪異的事情，然而沒有什麼比「天皇」仍然在「民主時代」像化石一般的存在更爲怪異的吧？爲了要彼時興致勃勃邁向經濟騰飛的日本人認識到「當下」的錯位、對歷史的多重遺忘，不能不再次「建魅」，他的「不合時宜」的舉動，是另一種「否定之否定」的表現。右翼主義者三島的舉動，可以說是對「革命的」「左翼的」竹內好思想的呼應：日本沒有「戰後」，而是「一直在戰敗」，因爲它一直跟隨著「西方」——不論在戰前還是戰後都是如此。

〔註234〕　如在《日本管窺》中評判日本二二七兵變。現役軍人殺了首相，結果卻從寬處理，看似民主，實際上卻縱容了軍國主義。看到殺害大杉榮的少尉被減刑，親屬合掌下淚，「只覺得滿身不愉快，阿彌陀佛，日本的武士道眞掃地以盡了。」又如《談日本文化書之二》（1936）：「二十年來在中國面前現出的日本全是副吃人相，不但隋唐時代的那種文化的交誼完全絕滅，就是甲午年的一刀一槍的廝殺也還痛快大方，覺得已不可得了。現在所有幾乎全是卑鄙齷齪的方法，與其說是武士道還不如說近於上海流氓的拆銷。」（《周作人散文全集》6、7，鍾叔河編訂，桂林：廣西師範大學出版社，2009 年，第 596、338 頁。）

　　柄谷行人認爲，三島的行動是對近半個世紀前乃木希典將軍對明治天皇的「殉死」的一種呼應：「天皇」已經被「國家神道」塡充了，殉死是對「逝去的傳統」所作的一個假動作，一場虛無的悼念。它是戰前日本對民主國家的嚮往泡沫破碎的標誌，而三島的死則是對戰後「民主主義」——這個再次回到國權、民權問題上的「輪迴」的有意識的嘲諷〔註235〕。三島的最後的長篇小說四部曲《豐饒之海》，即利用唯識學的重要論典《攝大乘論》中的輪迴轉世說描述了日俄戰爭到 1960 年代的全部「日本現代史」，來對抗西方的線性時間觀對「日本現代歷史」的描述。這種大膽而又匪夷所思的方式，與章太炎的「俱分進化論」和尼釆的「永劫回歸」，乃至周作人的「現代的業報」符合若節。在他們那裡，輪迴就代表了「歷史」的反復。

　　在這重意義上，三島的殉死不是基於國家主義的命令，而是亞洲主義者們一直想要表達的超越國家的理念的一次象徵的「具現化」。他以個人的血肉之軀，讓人們意識到現代性關於民主國家的「理念」自身的問題，而要讓這個問題突顯出來，他本人不能不僭居一個最狂熱的帝國主義者的立場，這可以說是三島的眞正用意所在：

> 我們必須堅決地站穩相對主義的立場，必須警惕宗教和政治的惟一神教式的命題，必須警惕幸福的狂信。現代的不可思議的特徵，不是感受性，而是理性（錯誤的理性也罷）容易引導人走向狂信。
> 〔註236〕

　　這讓我們再一次想到，王德威在《抒情與背叛：胡蘭成戰爭與戰後的抒情政治》一文中提醒我們注意的胡蘭成的「背叛」邏輯：

> 當絕大部分中國文人與知識分子抱著愛之深責之切的心情，以激烈反傳統的方式表達他們對國家民族的認同時，胡蘭成反其道而行，宣稱他對中國傳統的感情如此濃烈，甚至超過了現代民族／國家主義的界限。他指出，現代民族或國家主義的概念其實源自西方，因此那些口口聲聲「愛國」的分子，愛的其實是西方定義下的「國」，而華夏文明博大精深，又那裡可以用這般舶來的、狹窄的「國」來

〔註235〕　參見（日）柄谷行人：《歷史與反復》，王成譯，中央編譯出版社，2011 年，第 79～81 頁。

〔註236〕　（日）三島由紀夫：《小説家的休閒》，《太陽與鐵》，唐月梅譯，北京：中國文聯出版社，2000 年，第 240 頁。

定義？胡蘭成不認爲自己是漢奸；他提醒我們早在他之前「大亞洲主義」已經是中國的政治論述的重鎮，倡導者不是別人，正是現代中國的開國之父孫中山。比起他來，五四以後的那些全盤西化派難道不更有裹通外國的嫌疑？他的傾向日本、主張借鑒大和文明——中華文明的海外眞傳——來抵禦西方，才眞正顯出他對中國的一往情深；他才是眞正的愛國者。」〔註237〕

　　由此再去閱讀周作人於淪陷區時期的「一說便俗論」和那首著名的述心之詩「流水斜陽太有情」〔註238〕，也會別有一番滋味。在此要注意的是，以福柯系的知識考古學爲理論資源之一的王德威所提出的「抒情傳統」與亞洲主義同樣關係密切。他「選中的」主體所抒之情與其說是心理學、美學上的情緒（「心理學」上的感傷主義，與「反浪漫的浪曼」一樣，正是這個抒情傳統所要解構的），莫如說是一種哲學上的本體自覺：是文明之情，是既倚身於「當下」、又試圖超越於此的情，是「既反現代、又反傳統」的悖論之情，是中國的喜樂，東洋的悲哀。

　　這些亞洲主義者用他們的詩學與行動的重重悖反，向我們呈現了兩個階段的「文明國家」的故事被迫終結的原因。其中，宗教性的狂熱不僅是對戰時行爲的一種解釋，它也是哲學上的「形而上學」與反形而上學界際之間的症候。其中，與佛教有著千絲萬縷關係的心性論的力量與它的危險性都是顯而易見的。與佛教「無我」哲學關係密切的後結構主義作爲一種認識論和方法論的活躍，以及它作爲「本體論」時的曖昧，在某種意義上也正是文明國家和民族國家的衝突所致。正如王德威所說，周作人和胡蘭成與尼采、瓦格納、海德格爾與納粹的關係，都是現代性的「歷史的怪獸」。現代的啓蒙走向其反面，而「反現代的現代革命」對多元主義、平等主義的呼喚，同樣隨時

〔註237〕（美）王德威：《抒情與背叛：胡蘭成戰爭與戰後的抒情政治》，呂淳鈺譯，《臺灣文學研究集刊》第 6 期，臺灣大學臺灣文學研究所 2009 年 2 月。第 32～73 頁。

〔註238〕即《知堂回想錄》中的三首打油詩第一首，「禹跡寺前春草生，沈園遺跡欠分明。偶然柱杖橋頭望，流水斜陽太有情。」身處淪陷區北京的周作人於 1938 年寫下了此詩。同一年他在一則讀書筆記中說道：《東山談苑》卷七，『倪雲鎮爲張士信所窘辱，絕口不言，或問之，元鎮曰，一說便俗』。……雲林居士此言，可謂甚有意思，如下一刀圭，豈止勝於吹竹彈絲而已哉。」見《讀〈東山談苑〉·看書餘記（一）》，《周作人散文全集》8，鍾叔河編訂，桂林：廣西師範大學出版社，2009 年，第 49 頁。

可能閉合其「多」的無限之通道，而走向「一」的規訓。在這一點上，真正的悲哀在於中日亞洲主義者思想矛盾的根本一致性。在鑽石與煤塊之間，是東方和西方、世界和中國這種地域與國別的宿命論間無休止的肉搏。蕩子、隱者、浪人都顯現出超越國家邊界的激烈果敢，但游蕩與迷失之間的界線往往是模糊的。同時作為「亞洲之子」與「本國之子」，是許多文明論者終生背負的債務。在「亞洲主義——佛教哲學」的脈絡中，相當於「海德格爾審判」的，正是80年代末日本由佛教徒松本史朗和袴谷憲昭等人針對京都學派的西田幾多郎、田邊元、鎌田茂雄、「莊禪哲學」的代表鈴木大拙、池田大作，及受其影響的所有現代學者和作家——包括大部分的「日本浪曼派」成員、川端康成、竹內好、三島由紀夫和梅原猛在內，對所有「利用了佛教為戰爭服務」的傳統主義者、亞洲主義者和文明論者所做的批判。在這裡，「國家美學化」成了「文明論者」的罪名，也成了「文化佛教徒」的罪名。

聯繫第一章，20世紀初中國佛學界針對蘇曼殊式的「狂禪」現象而展開的對「人間佛教」的批判，不難看到另一種「歷史與反復」的輪迴式結構。這兩場批判由佛教內部到儒佛之間，其背後真正的動力，仍是現代性與反現代性之間的文明討論：印度／中土、性寂／性覺；主體／客體，出世／入世；佛／儒……不可通約的哲學、思想和詩學體系卻以同心圓的方式環環相扣，而「宗教／哲學」「科學／玄學」之間的鴻溝卻也在此發生。「中華文明的主體」問題就在「即」字結構的辯證和壁壘中浮沉。正是這個過程中，原本是佛教徒的熊十力「背叛」了老師歐陽竟無，寫出《新唯識論》，建立了現代新儒家「熊學」一脈。